金融普及教育丛书

北京市一流专业建设系列成果

Financial Literacy

Implications for Retirement Security and the Financial Marketplace

金融知识

来自退休保障和金融市场的启示

Olivia S.Mitchell

Annamaria Lusardi

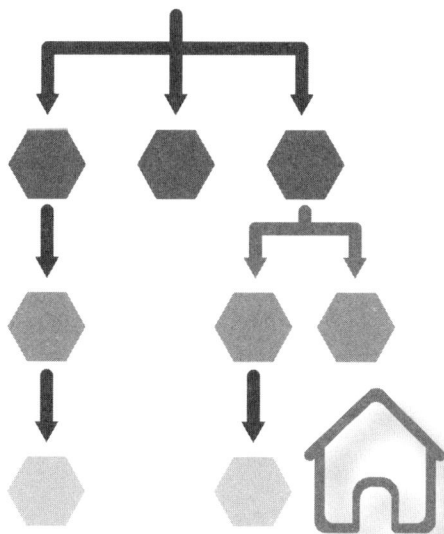

[美]奥利维亚·米切尔 安娜玛丽亚·卢萨迪 主编

尹志超 译

东北财经大学出版社

Dongbei University of Finance & Economics Press

大连

辽宁省版权局著作权合同登记号：图字06-2018-282号

图书在版编目（CIP）数据

金融知识：来自退休保障和金融市场的启示 / （美）奥利维亚·米切尔（Olivia S.Mitchell），（美）安娜玛丽亚·卢萨迪（Annamaria Lusardi）主编；尹志超译.一大连：东北财经大学出版社，2020.5
（金融普及教育丛书）
ISBN 978-7-5654-3781-6

Ⅰ．金… Ⅱ．①奥…②安…③尹… Ⅲ．金融学-通俗读物 Ⅳ．F830-49

中国版本图书馆CIP数据核字〔2020〕第029648号

东北财经大学出版社出版发行
    大连市黑石礁尖山街217号 邮政编码 116025
    网 址：http：//www. dufep. cn
    读者信箱：dufep @ dufe. edu. cn
大连图腾彩色印刷有限公司印刷

幅面尺寸：185mm×260mm 字数：302千字 印张：15
2020年5月第1版   2020年5月第1次印刷
责任编辑：李 季 刘东威   责任校对：李 鑫
封面设计：原 皓   版式设计：原 皓
定价：58.00元

教学支持 售后服务   联系电话：（0411）84710309
版权所有 侵权必究   举报电话：（0411）84710523
如有印装质量问题，请联系营销部：（0411）84710711

中文版序言

波澜壮阔的改革开放改变了中国，也影响了世界。在四十年改革开放的伟大历程中，金融作为实体经济的血脉，实现了从大一统的计划金融体制到现代金融体系的"凤凰涅槃"，初步建成了与国际先进标准接轨、与我国经济社会实际契合的中国特色社会主义金融发展路径。

经过四十年的努力，我们不断改革完善金融服务实体经济的理论体系和实践路径。持续优化完善传统信贷市场，为服务实体企业改革发展持续注入金融活水；建立健全以股票、债券等金融工具为代表的资本市场，畅通实体企业直接融资渠道，增强其可持续发展能力；推动低效产能有序退出市场、临时困难但前景良好的企业平稳渡过难关、优质企业科学稳健发展，鼎力支撑我国企业从无到有、从小到大、从弱到强，逐步从低端加工制造向高附加值迈进。

经过四十年的努力，我们基本构建了以人民为中心的居民家庭金融服务模式。不仅借鉴西方现代金融实践，支持家庭部门熨平收入波动，实现跨期消费效用最大化，而且充分利用我国银行业分支机构延伸到乡镇、互联网全面覆盖到村落等良好基础设施，逐步实现基础金融服务不出村，促使我国普惠金融走在了世界前列。同时，积极构建与精准扶贫相配套的金融服务体系，发挥金融在扶贫攻坚中优化资源配置的杠杆作用，为人民对美好生活的向往提供金融动力。

经过四十年的努力，我们探索了从国民经济循环流转大局增强金融和财政合力的有效方式。在改革开放过程中，我们不断优化财政支持与金融服务的配套机制，运用金融工具缓解财政资金使用碎片化问题和解决财政资金跨期配置问题，增进财政政策促进经济结构调整和金融政策促进经济总量优化的协调性，持续提升国民经济宏观调控的能力和水平，既避免金融抑制和阻碍发展，又防止金融风险过度集聚。

2008年，美国次贷危机引发的全球金融海啸引发了人们对金融理论和金融实践的深刻反思。金融理论是否滞后于金融实践，缺乏对金融实践的有效指引？金融实践是否已过度复杂化，致使金融风险难以识别、度量和分散？近年来，随着互联网、大数据、人工智能、区块链等技术的出现，科技发展在极大提高金融业服务效率的同时，也对传统金融业带来了冲击。金融业态正在发生重大变化，金融风险出现新的特征。在新的背景下，如何处理金融改革、发展、创新与风险监管的关系，如何守住不发生系统性金融风险的底线，已经成为世界性重大课题。在以习近平同志为核心的党中央坚强领导下，我国进入中国特色社会主义新时代。在这个伟大的时代，对上述方面进行理论创新和实践探索的任务非常艰巨，使命非常光荣。为完成这一伟大历史使命，需要建设好一流金融学科和金融专业，大规模培养高素质金融人才，形成能力素质和知识结构与时代要求相匹配的金融人才队伍。北京正在建设"政治中心、文化中心、国际交往中心、科技创新中心"，加强金融学科建设和金融人才培养正当其时。

欣闻首都经济贸易大学金融学成功入选北京市一流专业，正在组织出版"北京市一流专业建设系列成果"，这为打造高素质金融人才培养基地迈出了重要步伐，将对我国金融学科和金融专业的建设起到积极的推动作用，为促进我国金融高质量发展并建成现代金融体系做出应有贡献，为实现伟大复兴中国梦提供有益助力。

尚福林

前　言

　　在全球金融危机和随之而来的经济衰退之后，各种利益相关者——家庭、规划倡议者、金融服务公司和政府——正在寻找更有效的方法来控制金融风险。这一点在退休规划和退休储蓄领域尤为重要。在这一领域，金融知识欠缺的普遍现象，也正催生出各种各样旨在提高金融素养的新项目和帮助决策的工具。因此，我们十分自豪地向大家介绍养老金研究理事会、伯特纳养老金和退休研究中心最新的著作，这本著作探讨了危机之后在金融素养方面的教训，并试图帮助决策者做出更明智的经济选择。

　　在编写这本书的过程中，几位关键人物和机构发挥了重要作用。在编纂上，我的合作者安娜玛丽亚·卢萨迪提供了出色帮助，在金融知识研究领域，她是一位值得尊敬的同事。我代表理事会感谢她，感谢所有为本书撰稿的人、帮助完成这项工作的审稿人以及指导我们的理事会咨询委员会。美国社会保障署（Social Security Administration）金融素养研究中心是美国金融素养领域重要研究与发展的关键支持者之一，我和卢萨迪都与该中心有着密切合作。我们还要感谢我们的资深合作伙伴和养老金研究理事会的机构成员在知识和金钱上提供的支持，具体内容在本书的其他部分已列出。通过ICF基金（Impact Conference Funding），沃顿商学院慷慨提供了会议设施等很多帮助。另外，我们也获得了来自养老金研究理事会、伯特纳养老金和退休研究中心以及宾夕法尼亚大学沃顿商学院的拉尔夫·H.布兰查德纪念基金的额外财务支持。我们还要感谢牛津大学出版社，该出版社组织养老金研究理事会出版了一系列关于退休保障的书籍。本书由马修·罗森在安德鲁·加拉格尔的帮助下精心筹划并编辑。

　　半个多世纪以来，我们在宾夕法尼亚大学沃顿商学院养老金研究理事会、伯特纳养老金和退休研究中心的工作都集中于养老金和退休福利方面。对于所有关心金融知识和退休保障领域发展前景的人来说，这本著作将颇受欢迎。

奥利维亚·米切尔

养老金研究理事会执行主任

伯特纳养老金和退休研究中心主任

宾夕法尼亚大学沃顿商学院

目　录

第1章 金融知识研究展望

Annamaria Lusardi and Olivia S. Mitchell

随着金融市场日益复杂、一体化程度提升，个人和家庭越来越需要做出高度复杂且常常不可逆的经济决策。在退休决策上，这一点更加明显：半个世纪前，美国、日本、澳大利亚和欧洲大部分地区都采用传统的待遇确定型（DB）养老金计划，但现在这一计划已经在很大程度上被缴费确定型（DC）养老金计划取代。在这一过程中，个人需要自行做出相应的决策（也可以由他们选择的顾问协助），而不是由雇主和政府对储蓄多少和投资领域进行判断。此外，缴费确定型养老金计划参与者必须选择如何取出他们的养老金资产，并决定是采用年金的方式还是一次性获取收益。个人责任增加、金融复杂性加大的趋势也延伸至生活中的其他领域，例如关于信用卡的决策、可调整利率抵押贷款以及何时索取退休福利（Campbell，2006；Ferguson Jr.，2010）。此外，考虑到劳动力的人口因素和劳动力市场的结构，劳动者在退休之前可能会多次变换工作和雇主，退休后个人需承担的保障其财务安全的责任增加，这一现象将继续成为世界各地许多经济体的特征之一。

大量复杂的金融工具的确为制订更有针对性的金融计划提供了比过去更多的新机会，但这也可能会导致消息闭塞的投资人为糟糕的决策付出更大的代价。事实上，最近发生的2008年全球经济危机表明，当人们和机构在金融方面出现严重失误时，无论是对个人，还是对整个社会，糟糕的金融决策都会产生巨大的成本。[①]本书着重分析了危机后在金融决策方面的主要经验教训，探讨金融知识如何使人们在此方面的技巧和能力得以提高，从而做出明智的经济决策。以下章节涵盖了大量著名的研究人员和从业人员所做的前沿研究，他们正致力于探究金融知识如何影响理财规划和行为的成本效益这一问题。本书的研究报告阐述了几项主要的研究成果。第一，金融知识决定了人们如何制订和执行金融决策，包括储蓄、投资、从退休账户借款及退休规划。

---

① 例如，Bergstresser和Beshears（2009）、Gerardi等人（2010）以及Bucks和Pence（2008）的研究表明，最低水平的金融知识可能无法理解抵押贷款条件，取得条件复杂的抵押贷款，并不足以支付其房款。这些错误可能导致福利转移和其他转移支付，增加投资知识缺乏的公共成本。

第二，通过几次调查得到的新证据显示了金融知识的掌握（或欠缺）程度；金融知识对金融决策的影响超过了教育、性别、种族、收入以及之前发现的与金融知识欠缺有关的其他因素的影响。第三，研究人员正视并直接解决了其中重要的因果关系问题，即金融知识是否能增加储蓄、促进财富积累，或者二者的因果关系是倒过来的，即财富影响了金融知识。例如，人们可能会为获得金融知识进行投入，以便能了解复杂的金融资产，在这种情况下，知识水平和财富之间的正向关系并不意味着金融知识会促进投资。相反，缺乏金融知识可能会阻碍人们进行投资，或者没有钱的人可能无法了解金融市场。因此，本书中的一些研究人员创造了一些可控环境，试图厘清这些因果关系。这些研究结果表明，我们有理由相信金融教育项目确实能优化金融决策，增加资本积累。

本书介绍的研究不仅让学者和教师感兴趣，还能引起金融危机之后进行金融改革的各国决策者以及金融咨询和金融服务供应商的关注。全世界都逐渐意识到，有必要通过提高金融知识水平来改善退休保障水平。例如，美国总统金融知识咨询委员会（PACFL，2008）指出："虽然有很多原因导致金融危机发生，但不可否认的是，投资知识欠缺是根源之一。可悲的是，许多美国人不具备基本的金融技能来制定预算和平衡收支，不了解信贷，不了解投资工具，不清楚如何利用银行系统。提供基础的金融教育至关重要，它可以让人们更好地应对像这样的经济危机。"包括欧洲经济合作与发展组织在内的很多组织都认可这一观点，欧洲经济合作与发展组织鉴于金融知识的重要性，宣布要"明确最需要金融教育的个人以及提高金融教育水平的最佳方式"（OECD，2010）；印度储备银行发起了在全国各地建立金融咨询中心的倡议；俄罗斯正与世界银行合作实施一项旨在建立消费者金融成熟度的重大举措（The Financial，2010）。本书还涉及了其他国家，如新西兰也采取了重大措施来解决人们金融知识欠缺的问题。这些措施是在考虑了各国个人金融能力水平的基础上制定的，为其他国家提供了重要参考。

本书的研究对那些正小心翼翼地进入现代金融体系的个人和家庭也有所助益，他们有的已经经历了重大失误。接下来，我们将简要概述主题并强调重点问题。

1.1 金融知识和金融决策

在前期（Lusardi and Mitchell，2007a，2007b，2007c，2008，2009）及本书的研究中（Lusardi and Mitchell，2011），我们分析了不同群体对于基本金融概念和退休规划的理解，本书的这一章将探讨美国老年人如何制定理财规划，如何收集所需的信息并实施他们的规划。此外，我们还阐释了金融知识对退休规划的影响。

研究表明，金融知识欠缺的现象普遍存在，特别是在理解利率计算、通货膨胀影响以及关于更详细的风险分散概念时，这种现象更加明显。调查中只有一半的受访者正确回答了关于利率和通货膨胀的两个简单问题，只有1/3的人正确回答了上述两个问题以及风险分散问题。在美国老年人中普遍存在金融知识欠缺的问题，但问题最严重的人集中在妇女、少数民族和受教育程度最低的群体。此外，精通金融知识的人更有可能制订计划并取得成功，他们更倾向于借助退休金计算器、退休研讨会和金融专家等的帮助，而不是依赖于家人、亲属或同事。我们认为，有针对性的金融教育项目在填补这些知识空白方面可能最为有效。

工作场所的金融教育项目是人们接受金融教育的重要途径，特别是在工人即将退休的时候。在 Robert L. Clark 等人（2011）的一项研究中，作者调查了雇主赞助的退休规划会议对于制订退休规划的作用。借鉴案例研究方法，他们针对提供给个人的关于强制性 DB 计划和自愿性 DC 计划的研讨会进行了研究。在这些研讨会上，员工了解了退休规划以及个人收益和养老金分配规则的详细内容。为了探究研讨会的作用，将在会前和会后分别询问与会者的退休意愿，以此确定研讨会是否与退休意愿和计划的变化相关。

作者的结论是，在那些会前表示将采用一次性付款的方式参与 DB 养老金计划的受访者中，有 1/3 的人在研讨会后决定不采取这种方式。原本计划不采取一次性付款的人中，有近一半的人在会后改变了主意。至于 DC 养老金计划研讨会，几乎一半的人改变了他们的计划，并根据会上获得的信息决定不再选择年金养老金，相比之下，1/5 的人在了解了更多退休选择后决定将他们的养老金年金化。那些表示将一次性支付养老金的人往往更加了解与退休相关的金融知识。从这个意义上说，许多表示不会采取一次性支付方式的人在研讨会之前并不知道他们有这一选择。但该调查仅反映对意愿的表述而并非实际行动，作者表示，在实际做出最终决定时，有 2/3 的员工选择一次性分配。总体而言，这项研究表明，员工并没有充分了解养老金的相关内容，向其提供有关信息和知识可以影响他们的行为。

利用养老金收益的另一种方式是计划贷款，特别是在美国实行 401（k）计划的背景下。Steve Utkus 和 Jean Young（2011）探讨了从个人 DC 养老金计划账户借款的方式与金融知识水平之间的相关性，并指出几乎有 1/5 的 401（k）计划参与者在任意给定的时间内有未偿贷款，平均贷款额为计划余额的 16%。作者还发现，较低的金融知识水平与养老金贷款相关；也就是说，知识水平测试得分更低的人进行贷款的可能性更大。还有一个令人惊讶的研究结果表明，高收入人群更有可能从其 401（k）账户中借款。总而言之，金融知识与养老金借贷有关，但不应该将这种行为与家庭整体资产负债情况孤立来看。

Joanne Yoong（2011）在研究中将缺乏对股市的了解与股票投资联系在一起，结果表明，金融知识在股市投资决策方面也起着关键作用。她聘请一个互联网调查组织——美国生活小组（ALP）来研究股票市场行为。她首先发现，不进行股票投资与错误的金融认知或其他重要变量无关，如风险厌恶和收入。她进一步认为，人们倾向于回避股市，主要是因为他们不了解股市。因此，即使雇主设计的养老金计划将"违约"员工纳入股权投资的投资组合中，投资者为了做出明智的投资决策，仍会去了解金融市场如何运作，且从中受益。

1.2 评估提高金融知识水平的措施

毫无疑问，未受过教育的消费者在面对复杂的金融决策、风险问题和较长的时间范围时，往往无法做出正确的决策，但至少金融知识能够为决策过程提供相应信息。因此，下一章将针对试图提高金融知识水平的各种方法进行评估。Justine Hastings 等人（2011）撰写的那一篇文章主要关注了智利的国家强制性 DC 养老金计划，探究了在养老选择中如何支付手续费和相关费用，智利的工人们需要在五项养老金计划中选择一项投资。研究人员使用具有全国代表性的个人调查，研究了受访者的金融知识水平，并将金融知识与能帮助其进行退休投资选择的五名基金经理联系起来。受访者表示，影响他们选择基金的前三大因素是朋友建议、基金盈利能力以及为了帮助推销员（可能是因为推销员会为参与者提供一些帮助或以小礼物作为回报）。实证研究表明，受教育程度更高和收入更高的受访者更有可能选择投资回报最高的基金经理。这一群体更倾向于征询基金经理的建议。低收入的受访者更加依赖广告和朋友推荐。这表明受教育程度较低的人更容易受到虚假信息的影响，也就意味着对于知识水平最低的群体而言，对信息和计划设计进行监管可能是重要的保护措施。

鉴于人们可以聘请顾问，因此他们自己可能不需要了解金融知识，但很多人并不清楚学习金融知识的途径和向谁学习。这是 Angela Hung 等人（2001）撰写的那一章的主题，他们与顾问和经纪商一起研究了投资者的知识和经验水平。美国的经纪交易商和投资顾问扮演着截然不同的角色：经纪人进行证券交易，为投资者买卖证券，投资顾问提供投资规划服务和证券咨询，而咨询顾问只提供建议。但实际上，二者之间的区别可能是模糊的，因此为了更好地了解消费者对于这些区别的理解程度，研究人员对 ALP 成员进行了调查，并采用了小组座谈方法。他们发现，很多人似乎都了解经纪商和投资顾问之间的区别，但很少有人能区分投资顾问和咨询顾问。此外，已经与专业金融人士进行合作的人往往倾向于与他们建立长期的信任关系。但许多受访者表示由于资产不足，他们无法享受这些服务。金融业面临的一个主要挑战是如何以较低的成本提供公正、经验丰富的和高质量的投资建议，并且为财务状况及需求不同的人提供服务。

Susan Carter 等人（2011）研究的主题是详细分析有限资产的个人如何运用金融体系。在部分人口（subpopulation）中，替代金融服务提供商的机构发挥了关键作用，包括发薪日贷款机构和典当行，这些机构往往可以提供急需的现金，但成本很高。那些使用这些融资渠道的人会获得小额贷款和短期贷款，通常大约300美元，为期两周，利率非常高。为了更好地了解发薪日贷款，作者比较了使用电子借记卡的信用合作社成员和其他拥有发薪日贷款的成员。出乎意料的是，那些获得了发薪日贷款的人与他们的同行相比，有更高的信用评分、更高的预期收入和更小的贷款额。此外，相对于其他借款人，这些借款人拥有更高的初始账户余额，一半的人可能使用支票或储蓄账户，或者利用更便宜的信贷额度，而不是费用昂贵的发薪日贷款。这些调查结果表明，研究所有金融途径都十分重要，它们会影响长期的金融安全。

消费者面临的另一个风险是他们的寿命可能超过退休财富足够花费的年限，这也可能与金融知识水平有关。Julie Agnew 和 Lisa Szykman（2011）的研究探讨了为什么许多工人似乎不愿意把他们的退休金年金化，即使有相对低成本的年金为长寿风险提供了必要的保护。在实验环境中，研究人员首先对参与者进行短期测试来评估他们的金融知识水平。接下来，参与者将参与一个模拟投资与年金化决策的游戏，即将退休或已经退休的人可能会面临这些决策。该实验简化了年金选择，允许将参与者的金融知识与自我报告的认知、情绪压力、信心和满意度进行比较。分析师发现，具有较高金融知识水平的人更有可能选择投资，而那些心理压力较大的人倾向于选择年金。其中一个含义是，如果人们担心退休保障不足，那么他们将简化其退休规划。就像智利一样，评估退休规划如何促使参与者在不知情的情况下选择无法实现最大利益但"阻力最小的途径"是十分重要的，特别是在缺乏金融知识的情况下。

缺乏金融知识给个人和社会带来了高额成本，这就意味着教育项目应该帮助消费者和计划制订者更好地实现退休安全目标。Sumit Agarwal 等人（2011）在针对辅导如何影响抵押贷款需求的研究中探讨了这一问题。作者研究了两个项目：芝加哥强制性的两小时抵押贷款报价审查和印第安纳州的自愿性两年辅导计划。在前一个项目中，伊利诺伊州要求十个邮政编码归属地的借款人在四个月的时间内提交抵押信息，供住房和城市发展部（HUD）认证的辅导员审查。申请高风险抵押贷款产品或信用评分较低的借款人需要参加辅导。研究人员表示，为了不参与辅导，贷款标准宽松的小额借贷者和借贷能力低的消费者会退出市场；其他潜在的借款人将选择风险较小的产品来回避贷款辅导。也就是说，这一项目看似已经实现了其目标，但并没有实际提供辅导。在后一个自愿项目中，参与者可以了解信贷和预算、制订投资计划，每个月与顾问进行一对一面谈。如果他们的投资计划进展顺利，他们将有权从合作贷款机构获得贷款。在第二种情况下，研究结果表明，参与过教育项目的人的贷款表现比控制组好得多。尽管如此，这一研究仍存在因果关系问题，因为参与者可能更有动力在该项目中取得成功。

1.3 营造金融知识环境

正如 Gal Zauberman 和 B. Kyu Kim（2011）所讨论的那样，退休储蓄不足可能部分是由时间知觉引起的。他们的研究表明，尽管人们知道像退休储蓄这样的短期决策会影响重要的长期目标，但他们仍然倾向于更多地考虑现在而不是未来。作者用"资源闲置"这一术语来描述这种心理，"资源闲置"是指，人们今天对某些事物的偏好和未来对某些事物的偏好取决于现在和以后的资源数量。研究人员指出，在经济模型中，时间经常被看作是一种有限的资源，但在实验中假定，比起实际可以做到的，人们认为他们未来会有更多的时间做某事，这有助于解释他们为什么推迟当下要做的事，比如退休储蓄。相关研究发现，为了将来获益而现在的储蓄能力明显不足，这是对时间本身缺乏理解的表现。作者指出,人们认为现在的时间是膨胀的,但将来的时间会被压缩。因此,如果退休是二十年、三十年或四十年以后的事,那么由于未来是被压缩的,退休看起来似乎遥不可及。他们除了相信未来会有更多的时间储蓄,还认为未来会比现在拥有更多的钱,这进一步促使他们推迟退休储蓄。有很多心理研究表明,一般而言,人们通常无法把握时间的线性特征,因此未来的折现率会呈现双曲线变化。

设计预先承诺计划是减少时间错觉对退休储蓄影响的方法之一。因此,有学者试图将退休储蓄与年度纳税申报过程联系起来,以此来实现储蓄自动化。反过来,这又促使人们探讨如何用行为方法论来鼓励储蓄,如可以强制工人参与缴纳养老金,或者可以制定规则,要求人们为退休进行充分的投资。这一主题贯穿全书,将在书中各章节进行讨论。

Melissa Kearney 等人(2011)的工作重点是建立一个有趣的奖金模式来鼓励退休储蓄行为。他们阐述了如何建立一个类似彩票系统的项目,利用低赔率、高回报的特征来鼓励退休储蓄。现已证明,当保留初始资本时,这种方法可以吸引那些喜欢用低赔率"赢得大奖"的人,包括进行退休储蓄。例如,所谓的百万冒险债券就指这种模式,该债券在17世纪90年代推出并在英国出售,是为战争发行的一种债务融资。第二次世界大战后,英国以"激动人心的储蓄"为口号推出了含有奖金的溢价证券。当今,该计划有超过2 000万名债券持有者。类似的,南非推出了一项由第一国民银行赞助的个人(投资)计划,名为"月入百万账户",它享有比其他任何产品更高的存款利率。

作者曾帮助推出了一项名为"多存,多赢"的储蓄项目,它由美国信用合作社运营并含有奖金。当局认为这与国家彩票业形成竞争,因而叫停该项目,在此之前,它吸引了很多参与者。不过,该项目在某些方面提供了一些设想,即如何吸纳难以通过传统储蓄实现投资目标的人进行储蓄。我们还试图对世界各地正在开展的增加金融知识的项目进行更多了解。就新西兰而言,Diana Crossan(2011)介绍了退休委员会为将金融知识上升为国家战略所做的努力,以及众多私营部门和非政府组织所做的工作。具体而言,完善退休准备的国家战略涉及与银行和其他组织的合作,这些组织能够帮助评估市场需求并制订计划来提高金融知识和退休储蓄充足性。一个精心设计且信息丰富的网站在这项工作中扮演着重要的角色,它能够供所有年轻人和老年人使用;迄今为止,新西兰1/3的人口已经在该网站上进行了咨询并使用退休金计算器。此外,作者还强调了政府应如何在学校和高等教育机构中进行金融教育。

此外,在提高贫困人口金融知识水平的工作方面,非政府组织在世界各地扮演着越来越重要的角色。世界银行的 Robert Holzmann(2011)建议应为中低收入国家量身定制符合其特点的项目,而不是单纯吸取发达国家的经验教训。例如,许多低收入国家的人缺少获得基本金融服务的机会,首要考虑之事是日常需求,而不是长期规划。贫穷国家的农村性质也是一个重要的影响因素,因为在这些国家,资产可能是种子或牛，而不是房产或投资账户。此外，贫穷国家在非正规经济中工作的人更多，这就限制了进行有组织干预来提高金融能力的作用范围，金融能力的概念不仅包括金融知识，还包括金融行为。最后，发展中国家的市场风险可能比发达国家更复杂、更私人化，这就使发展长期金融能力的激励机制受到限制。因此，作者建议决策者应多做一些工作来对项目进行监督和评估。而且，他倾向于直接改变人的行为，包括已经在其他领域（提升人们其他能力的项目）发挥作用的社会营销方法，例如改善健康状况（特别是对于艾滋病毒携带者/艾滋病患者）。这些策略也可以用来提高中低收入国家人民的金融能力。

由 J. Michael Collins （2011）撰写的那一章重点关注了非营利组织在美国的作用，他指出非营利组织并非为了惠及其他利益相关者，因此可能享有更多的公信力。此外，非营利组织往往被视为一种多元化力量，能够覆盖到无法服务的人群。作者使用"信用辅导"或"金融教育"的术语来审查免税组织的税务申报，并且他认为这些组织往往规模较小而且非常多元化。有些是仅有志愿教师的小型社区组织，而另一些则是拥有能够提供多种服务的专业人员的大型机构。他发现值得注意的是，很少有非营利组织专门开展提高金融知识的项目，相反，很多组织将金融教育课程作为其他项目的一部分。例如，美国住房和城市发展部住房咨询计划已经资助了 1 000 多个非营利组织来开展与住房相关的金融辅导项目。此外，美国财政部社区金融机构发展基金开展了一项金融教育和辅导的试点项目，该项目为关注金融知识的非营利组织提供捐款。在仔细分析了非营利项目之后，作者指出，低收入客户在目标设定和编制预算方面确实得到了基本的帮助。随着非营利组织日益复杂化，它们倾向于提供信贷管理，帮助人们学会利用金融机构，并为所得税申报和储蓄策略提供帮助。有些人认为非营利组织所提供的金融教育比私人顾问更便宜，但作者指出，鲜有证据表明非营利组织能在提供金融知识教育方面发挥作用。

1.4 结论

在日益复杂的经济环境中，金融知识欠缺这一普遍的问题使普通消费者及其家庭面临越来越大的挑战。尽管我们推测，生活在发达国家的人可能具备简单计算及应对通货膨胀和风险的能力，但这一问题仍考验着他们，而且相对于高收入国家，金融上的挑战可能会给中等收入国家和低收入国家的人们带来更大困难。此外，金融知识欠缺不仅不利于个人退休保障，也会破坏全球金融体系的稳定。美国前总统奥巴马曾在一次讲话中指出，"经济危机是华尔街不负责任的行为和普通群众日常选择的结果……许多美国人获得了他们根本无法承担的贷款，或者在未充分了解条款的情况下签了合同。想要确保这种危机不再发生，需要新的规则来保护消费者，赋予投资者更多的权利"（Alarkon，2010）。

出于所有这些原因，提高金融知识运用技能对经济和社会福利至关重要——不仅对于这一代人，对于后代也是如此。找到最有效的（也就是成本最低的）方案和金融决策结构是十分重要的。该任务需要通过精心设计的实验和基于事实进行评估的实证研究来完成，本书对于这些实验和研究进行了阐述。尽管要提高金融知识水平有很多工作要做，但首先要知道哪些群体是最大受益者；正如本书的几篇文章中所述，受教育程度最低、低收入水平者和女性的金融知识水平往往较低，增加金融知识将有助于人们做出更好的金融决策，从而更好地保障他们免受经济困难和老无所依之苦。

参考文献

Agarwal, S., G. Amromin, I. Ben-David, S. Chomsisengphet, and D. D. Evanoff (2011). 'Financial Counseling, Financial Literacy, and Household Decision-Making,' in O. S. Mitchell and A. Lusardi, eds, *Financial Literacy: Implications for Retirement Security and the Financial Marketplace.* Oxford, UK: Oxford University Press.

Agnew, J. and L. Szykman (2011). 'Annuities, Financial Literacy and Information Overload,' in O. S. Mitchell and A. Lusardi, eds, *Financial Literacy: Implications for Retirement Security and the Financial Marketplace.* Oxford, UK: Oxford University Press.

Alarkon, W. (2010). 'Obama Names April National Financial Literacy Month,' *On The Money*, April 4. http://thehill.com/blogs/on-the-money/801-economy/90435-obama-names-april-national-financial-literacy-month.

Bergstresser, D. and J. Beshears (2009). 'Who Selected Adjustable-Rate Mortgages? Evidence from Surveys of Consumer Finances,' Harvard Business School Working Paper No. 10-083. Cambridge, MA: Harvard University.

Bucks, B. and K. Pence (2008). 'Do Borrowers Know their Mortgage Terms?' *Journal of Urban Economics*, 64: 218-33.

Campbell, J. (2006). 'Household Finance,' *Journal of Finance*, 61: 1553-604.

Carter, S. P., P. M. Skiba, and J. Tobacman (2011). 'Pecuniary Mistakes? Payday Borrowing by Credit Union Members,' in O. S. Mitchell and A. Lusardi, eds, *Financial Literacy: Implications for Retirement Security and the Financial Marketplace.* Oxford, UK: Oxford University Press.

Clark, R. L., M. S. Morrill, and S. G. Allen (2011). 'Pension Plan Distributions: The Importance of Financial Literacy,' in O. S. Mitchell and A. Lusardi, eds, *Financial Literacy: Implications for Retirement Security and the Financial Marketplace.* Oxford, UK: Oxford University Press.

Crossan, D. (2011). 'How to Improve Financial Literacy: Some Successful Strategies,' in O. S. Mitchell and A. Lusardi, eds, *Financial Literacy: Implications for Retirement Security and the Financial Marketplace.* Oxford, UK: Oxford University Press.

Collins, J. M. (2011). 'Improving Financial Literacy: The Role of Nonprofit Providers,' in O. S. Mitchell and A. Lusardi, eds, *Financial Literacy: Implications for Retirement Security and the Financial Marketplace.* Oxford, UK: Oxford University Press.

Ferguson Jr, R. W. (2010). *The 2010 Martin Feldstein Lecture—National Bureau of Economic Research.* Cambridge, MA: NBER. http://www.tiaacref.org/public/about/news/gen1007_229.html.

Gerardi, K., L. Goette, and S. Meier (2010). 'Financial Literacy and Subprime Mortgage Delinquency: Evidence from a Survey Matched to Administrative Data,' Federal Reserve Bank of Atlanta Working Paper No. 2010-10. Atlanta, GA: Federal Reserve Bank of Atlanta.

Hastings, J., O. S. Mitchell, and E. Chyn (2011). 'Fees, Framing, and Financial Literacy in the Choice of Pension Manager,' in O. S. Mitchell and A. Lusardi, eds, *Financial Literacy: Implications for Retirement Security and the Financial Marketplace.* Oxford, UK: Oxford University Press.

Holzmann, R. (2011). 'Bringing Financial Literacy and Education to Low- and Middle-Income Countries,' in O. S. Mitchell and A. Lusardi, eds, *Financial Literacy: Implications for Retirement Security and the Financial Marketplace.* Oxford, UK: Oxford University Press.

Hung, A. A., N. Clancy, and J. Dominitz (2011). 'Investor Knowledge and Experience with Investment Advisers and Broker-Dealers,' in O. S. Mitchell and A. Lusardi, eds, *Financial Literacy: Implications for Retirement Security and the Financial Marketplace.* Oxford, UK: Oxford University Press.

Kearney, M. S., P. Tufano, J. Guryan, and E. Hurst (2011). 'Making Savers Winners: An Overview of

Prize-Linked Saving Products,' in O. S. Mitchell and A. Lusardi, eds, *Financial Literacy: Implications for Retirement Security and the Financial Marketplace*. Oxford, UK: Oxford University Press.

Lusardi, A. and O. S. Mitchell (2007a). 'Baby Boomer Retirement Security: The Roles of Planning, Financial Literacy, and Housing Wealth,' *Journal of Monetary Economics*, 54: 205-24.

—— —— (2007b). 'Financial Literacy and Retirement Planning: New Evidence from the RAND American Life Panel,' Pension Research Council Working Paper No. 2007-33. Philadelphia, PA: Pension Research Council.

—— —— (2007c). 'Financial Literacy and Retirement Preparedness: Evidence and Implications for Financial Education.' *Business Economics*, 42: 35-44.

—— —— (2008). 'Planning and Financial Literacy: How Do Women Fare?' *American Economic Review Papers and Proceedings*, 98: 413-17.

—— —— (2009). 'How Ordinary Consumers Make Complex Economic Decisions: Financial Literacy and Retirement Readiness,' NBER Working Paper No. 15350. Cambridge, MA: National Bureau of Economic Research.

—— —— (2011). 'Implications for Retirement Wellbeing of Financial Literacy and Planning,' in O. S. Mitchell and A. Lusardi, eds, *Financial Literacy: Implications for Retirement Security and the Financial Marketplace*. Oxford, UK: Oxford University Press.

Organisation for Economic Co-operation and Development (OECD) (2010). *Financial Education*. Paris, France: Directorate for Financial and Enterprise Affairs. http://www.oecd.org/department/0,3355,en_2649_15251491_1_1_1_1_1,00.html.

President's Advisory Committee on Financial Literacy (PACFL) (2008). *Annual Report to the President: Executive Summary*. Washington, DC: PACFL. http://www.ustreas.gov/ offices/domestic-finance/financial-institution/fin-education/council/exec_sum.pdf.

The Financial (2010). 'The World Bank Supports Russia's Government Efforts to Improve Financial Literacy, Education,' *The Financial*, August 12. http://goldenbrand. finchannel. com / Main_News / Business / 77063_The_World_Bank_Supports_Russia% E2%80%99s_Government_Efforts_to_Improve_Financial_Literacy,_Education/.

Utkus, S. P. and J. A. Young (2011). 'Financial Literacy and 401(k) Loans,' in O. S. Mitchell and A. Lusardi, eds, *Financial Literacy: Implications for Retirement Security and the Financial Marketplace*. Oxford, UK: Oxford University Press.

Yoong, J. (2011). 'Financial Illiteracy and Stock Market Participation: Evidence from the RAND American Life Panel,' in O. S. Mitchell and A. Lusardi, eds, *Financial Literacy: Implications for Retirement Security and the Financial Marketplace*. Oxford, UK: Oxford University Press.

Zauberman, G. and B. K. Kim (2011). 'Time Perception and Retirement Saving: Lessons from Behavioral Decision Research,' in O. S. Mitchell and A. Lusardi, eds, *Financial Literacy: Implications for Retirement Security and the Financial Marketplace*. Oxford, UK: Oxford University Press.

第一部分　金融知识和金融决策

第2章 金融知识和规划：对退休福利的影响

Annamaria Lusardi and Olivia S. Mitchell

大多数美国老年人对于他们为退休储蓄所做的努力的有效性完全没有信心，事实上，50多岁的成年人中有1/3的人根本就没有做任何退休储蓄规划（Lusardi，1999，2003；Yakoboski and Dickemper，1997）。如何解释这种低水平的退休准备呢？为什么人们在设计和执行退休储蓄规划时做得这么差呢？在本章中，我们探讨了一个假设，缺乏规划可能是缺乏金融知识的主要结果。也就是说，我们评估中那些无法进行退休规划或不能执行退休储蓄规划的人，也是那些最不了解在生命周期中配置经济福利的基本经济概念的人。

虽然已有研究回答了人们为什么不进行退休规划，但很少有人研究规划和信息成本可能对退休储蓄决策产生的影响。其他学者提供了相关问题的证据，如 Calvert 等（2007）表明，越有经验的家庭越倾向于购买股票并进行更有效的投资[①]，Hilgert 等（2003）、Lusardi 和 Mitchell（2009）证实了金融知识和金融行为之间的紧密联系。我们的贡献在于我们为2004年健康和退休调查（Health and Retirement Study，HRS）设计的计划和金融知识的专门模块，该模块使我们能够研究员工如何做出储蓄决策，如何收集决策所需的信息，以及他们是否拥有做出这些决策所需的金融知识。根据调查结果，我们认为知识欠缺是至关重要的，因为它对终身福利有很大影响。

2.1 方法和数据

传统经济框架在构建消费和储蓄决策模型时假设理性和前瞻性消费者从终生消费和休闲中获得效用。在其最简化的形式中，消费者问题是用生命周期期望效用或贴现到当前的期间效用总和的期望值 $U(c_j)$，乘以从员工当前年龄 j 到可能的最长寿命 D 的生存概率 p_j 来建模的：

$$E\left[\sum_{j=s}^{D} \beta^{j-s} U(c_j)\right]$$

---

① 参见 Campbell(2006)对家庭在做出金融决策时所面临的种种问题的讨论。

每个时期的资产和消费（a_j 和 c_j）都是在满足跨期预算约束条件下，通过最大化这个函数内生性因素决定的；这里，e_j 表示劳动收入，ra_j 代表家庭资产 a_j 的收益，SS 和 PP 代表取决于员工退休（R）年龄的家庭社会保障福利和养老金：

$$y_j = e_j + ra_j, \quad j \in \left\{ s, \cdots, R-1 \right\}$$

和

$$y_j = SS_j(R) + PP_j(R) + ra_j, \quad j \in \left[R, \cdots, D \right]$$

此外，消费取决于收入、资产和福利，因此有：①

退休前：$c_j + a_{j+1} = y_j + a_j, \quad j \in \left[S, \cdots, R-1 \right]$

和

退休至死亡（D）：$c_j + a_{j+1} = y_j + a_j, \quad j \in \left[R, \cdots, D \right]$

换言之，经济模型假设消费者对未来的生存概率、贴现率、投资回报、收入、养老金、社会保障福利和通货膨胀有所预期。此外，假定消费者使用该信息来制定和执行最优消费和储蓄规划。

该模型更清楚地指出了退休储蓄需要足够的信息和金融知识，以及规划和实施储蓄规划的工具。但是"现实人"是否能应对这一挑战是当前备受关注的一个话题，考虑到员工负责储蓄、管理他们的养老金投资并在自我管理的退休环境中提取他们的退休资产的趋势，这一点尤为重要。为了进一步考察家庭依赖的信息来源与金融知识和规划之间的关系，我们设计了一个退休规划的专门模块，以评估金融知识水平以及消费者在预算、计算和制订退休储蓄规划方面所做的努力。我们在HRS中实施了该项调查，HRS是针对50岁以上的美国人的具有全国代表性的追踪数据集。这项自1992年以来每两年进行一次的调查旨在通过追踪老年人家庭的健康、资产、负债和福利模式来解决这些问题。核心调查包括对符合年龄的受访者及其配偶进行的90分钟核心问卷调查。另外，我们专门的金融知识和规划模块包括三个关于金融知识的问题，具体如下：

● 假设您在储蓄账户中有100美元，利率为每年2%。如果您将资金留在账户中，5年后，您认为您有多少钱：超过102美元，正好102美元，少于102美元？我不知道；我拒绝回答。

● 假设您的储蓄账户的利率是每年1%，通货膨胀率是每年2%。一年后，您能用这个账户中的钱购买的东西比今天多、相同还是少？我不知道；我拒绝回答。

● 您认为下面的说法是对还是错？"购买单一公司股票的回报通常比购买股票共同基金的回报更安全。"我不知道；我拒绝回答。

我们将前两个题目称为"利率"和"通货膨胀"题目，它们表明受访者是否掌握了关键的经济概念，这对于储蓄至关重要。第三个问题，我们称之为"股票风

---

① 在传统的经济模型中，生命最后阶段的资产不会超过零，消费者会在死前偿清债务。

险"，用来评估风险分散的知识，它对明智的投资决策至关重要。

我们还询问了受访者如何计算退休储蓄需求。为此，我们复制了员工福利研究所（EBRI）在其退休信心调查和TIAA-CREF调查中询问退休人员是否有退休规划的问题（Ameriks et al.，2003；EBRI，1996，2001）。我们还询问了人们是否评估过他们的退休储蓄需求以及这种评估的结果。关于退休规划的三个HRS模块化问题如下：

- 您是否尝试计算您的家庭需要为退休而储蓄多少？
- 您是否进行退休储蓄规划？
- 您能坚持执行该规划多久：始终、通常、很少还是从不？

最后，我们评估人们用什么工具来制订和执行退休储蓄规划。具体而言，我们询问受访者是否咨询了朋友、亲属或专家，以及他们是否使用退休计算器。此外，我们询问受访者是否记录他们的支出并确定支出预算。具体的规划工具问题如下：

- 请告诉我您尝试计算出您的家庭需要多少钱的方法。
- 您是否与家人和亲属交流过？
- 您是否与同事或朋友交流过？
- 您是否使用计算机或互联网计算器或工作表？
- 您是否咨询过理财规划师、顾问或会计？
- 您记录实际支出的频率是始终、通常、很少还是从不？
- 您为支出设定预算目标的频率是始终、通常、很少还是从不？

利用受访者对这些问题的回答以及他们的社会人口统计特征信息，我们可以评估金融知识普及率、退休预算以及人们为制定和执行规划而使用的工具。另外，我们确定了那些缺乏基本经济概念的人似乎也是那些在制定和执行规划时有困难的人。在下文中，我们提供了数据的表格和多元分析，以评估那些金融知识更丰富的人是否更倾向于做规划并成为成功的规划者。

2.2 金融知识调查结果

我们关于美国老年人这一样本的金融知识的第一组调查结果如表2-1面板1所示，只有2/3的受访者可以完成关于利率的简单计算[①]。这是一个令人沮丧的发现，因为这一代人在其50多岁和60多岁的时候已经做出了许多在整个生命周期中十分重要的金融决策。大部分受访者（3/4）可以正确回答通货膨胀问题，并且知道如果利率为1%而通货膨胀率为2%，他们一年后的购买力会下降。然而，只有一半的受访者知道持有单一公司股票的风险回报比股票共同基金更高。区分那些能给出正确答案的人与那些给出错误答案或者说他们"不知道"（DK）的人也很有意义。有趣的是，

①　请注意，这些数据来自2004年HRS 50岁以上人群样本的实验模块。

错误/DK回答的比例因问题而异。例如，只有9%①的受访者在利率计算问题上回答不知道，但超过1/5（22%）的受访者做出了错误回答。在通货膨胀问题上，10%的受访者回答不知道，而13%的受访者回答错误。股票风险问题回答DK的最多：样本中有1/3（34%）的受访者表示不知道，而较少部分（13%）的受访者给出了错误答案。

表2-1 健康和退休研究中的金融知识结构

	正确	不正确	不知道	拒绝回答
面板1：金融知识问题回答情况分布（%）				
利率	67.1	22.2	9.4	1.3
通货膨胀	75.2	13.4	9.9	1.5
股票风险	52.3	13.2	33.7	0.9
面板2：金融知识问题回答正确的联合概率（%）				
	三题均正确	两题正确	一题正确	全部错误
比重	34.3	35.8	16.3	9.9

资料来源：作者基于2004年健康和退休研究规划模块的未加权数据计算得到；见本文。

因为前两个问题对金融计算能力十分重要，只有略超过一半（56%）的样本能正确回答这两个问题，这令人不安。同样令人不安的是，只有1/3（34%）的受访者能正确回答三个问题，36%的受访者能正确回答两个问题（参见面板2）。另一个有趣的发现是，"DK"回答是高度相关的：也就是说，金融知识欠缺在不同领域间的分布存在规律。例如，既不能回答利率问题也不能回答通货膨胀问题的受访者之间有70%的相关性。回答错误的受访者则较为分散，只有11%的相关性。②

这些结果进一步证实了美国关于老年调查对象的研究发现（参见Bernheim，1995，1998；Hogarth and Hilgert，2002；Moore，2003；Lusardi and Mitchell，2007b，2007c）。作者们一般认为，这些个体通常不了解关键的金融概念，尤其是有关债券、股票、共同基金和复利的问题；他们还报告说这些个体通常不了解贷款（特别是抵押贷款）。③美国年轻人的情况也是如此：2005年全国经济教育理事会（NCEE，2005）对高中生和有工龄的成人的研究表明，人们普遍缺乏对基本经济概念的了解。Mandell（2004）和Lusardi等（2010）关于美国高中生的研究也得出了类似的结果。④显然，这些结论均是非正向的：美国人的金融知识水平较低。

哪些人被认定为掌握了金融知识？接下来，我们评估不同群体中金融知识的异质性程度。具体而言，我们关注知识结构是否因种族/民族和教育而异，如图2-1所示。

---

① 本书作者取约数，与表2-1略有出入。其他数据同此处理——编辑注。
② 为简洁起见，这些表格没有报告。
③ 其他关于债券、股票和共同基金金融知识的研究也有类似结果。
④ 国际上也有类似的发现：Miles（2004）表明英国借款人对抵押贷款和利率的理解也很有限，Christelis等人（2010）使用来自几个欧洲国家的SHARE调查表明，这些受访者在金融计算和知识方面得分也较低。

首先关注的是白人、黑人和西班牙裔人之间的知识差异。①具体而言，只有不到一半的西班牙裔人可以正确回答利率问题，余下的一小部分表示他们不知道答案。主要原因可能是许多西班牙裔人往往没有银行账户而且没有支票账户（Hogarth et al.，2004）。与通货膨胀有关的问题也出现了类似的情况，西班牙裔人又是最有可能回答错误的。西班牙裔人和黑人在回答风险分散这一问题时均表现不佳：只有1/3（37%）的黑人回答正确，超过40%的人不知道这个问题的答案。这可能会进一步解释为什么如此多的黑人不持有股票（Haliassos and Bertaut，1995）。图2-2是按教育水平调查的结果。

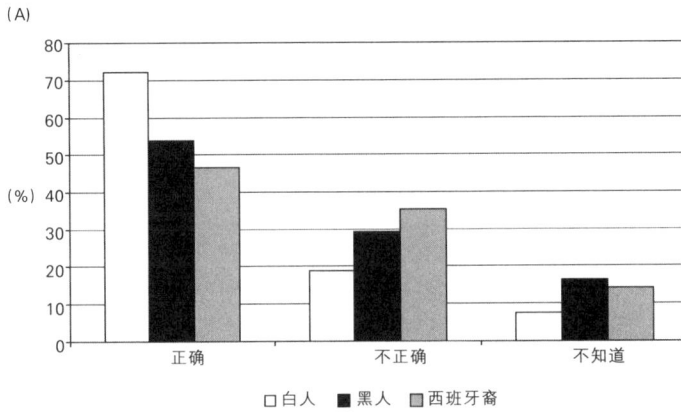

图2-1A 按种族调查回答分布情况。面板A：利率问题

资料来源：作者基于2004年健康和退休研究规划模块的未加权数据计算得到；见本文。

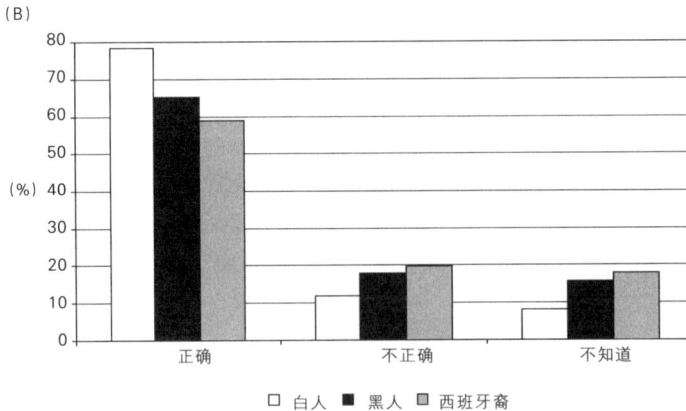

图2-1B 按种族调查回答分布情况。面板B：通货膨胀问题

资料来源：作者基于2004年健康和退休研究规划模块的未加权数据计算得到；见本文。

---

① 为简洁起见，我们删除了其他少数群体和那些未回答问题的人(样本量很小)。

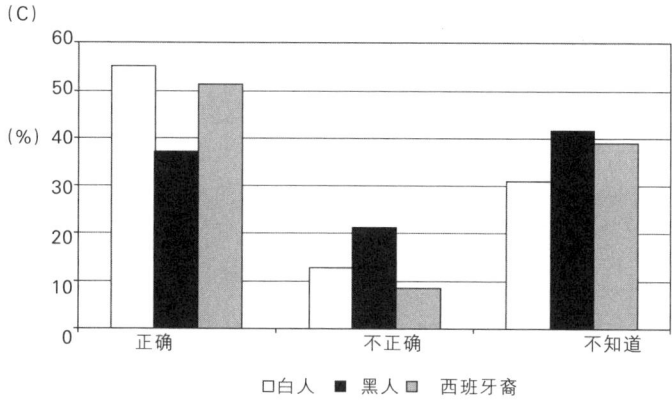

（C）

图2-1C　按种族调查回答分布情况。面板C：股票风险问题

资料来源：作者基于2004年健康和退休研究规划模块的未加权数据计算得到；见本文。

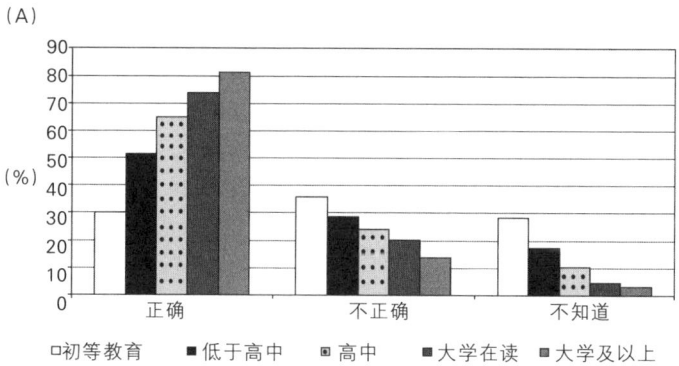

（A）

□初等教育　■低于高中　▨高中　■大学在读　▨大学及以上

图2-2A　按教育水平调查回答分布情况。面板A：利率问题

资料来源：作者基于2004年健康和退休研究规划模块的未加权数据计算得到；见本文。

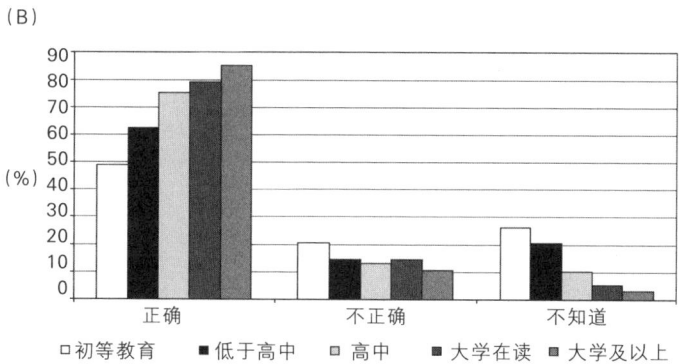

（B）

□初等教育　■低于高中　▨高中　■大学在读　■大学及以上

图2-2B　按教育水平调查回答分布情况。面板B：通货膨胀问题

资料来源：作者基于2004年健康和退休研究规划模块的未加权数据计算得到；见本文。

(C)

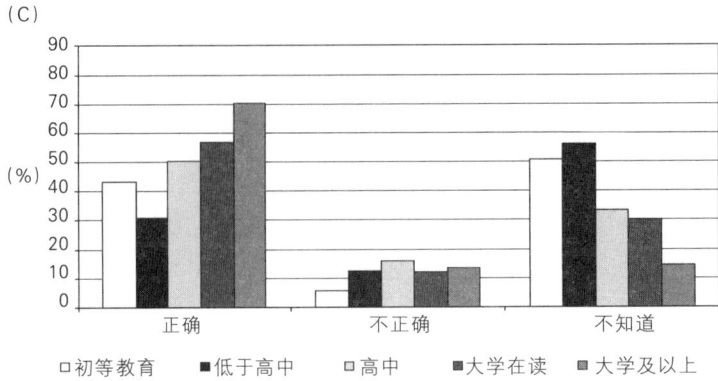

图2-2C 按教育水平调查回答分布。面板C：股票风险问题

资料来源：作者基于2004年健康和退休研究规划模块的未加权数据计算得到；见本文。

图 2-3 给出了按性别分类的回答结构，结果证实女性的金融知识水平通常低于男性（参见 Lusardi and Mitchell，2008）。相较于男性，女性正确回答风险分散问题的可能性更低，并且相较于回答错误，回答不知道的可能性更高。所有问题均回答正确的女性少于男性。为简洁起见，对于其他方面的金融知识结果我们仅简要概述。值得强调的是：婴儿潮时期出生的人（2004年年龄为51~56岁）对于通货膨胀了解较少，这或许是因为他们所经历的历史通货膨胀有限或者是因为在20世纪70年代和80年代的高通货膨胀时期，他们正是20多岁的年龄。此外，老年人（老年组）的金融知识水平急剧下降。虽然无法在一个横截面上区分年龄和群体效应，但年长个体/代际的金融知识比50岁以下的个体更低。

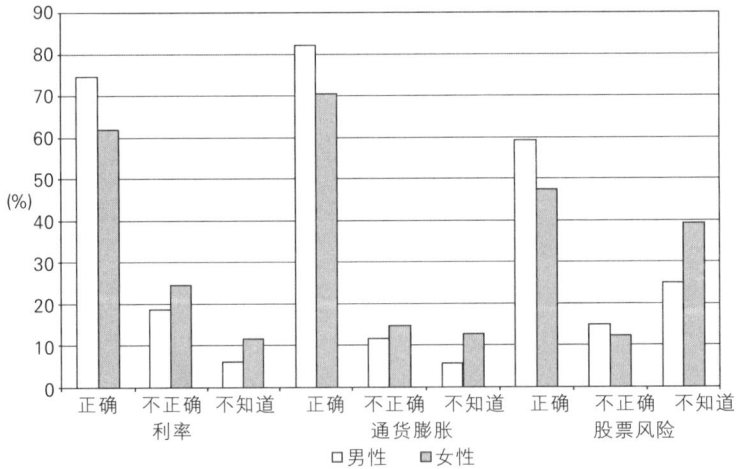

图2-3 按性别调查回答分布情况

资料来源：作者基于2004年健康和退休研究规划模块的未加权数据计算得到；见本文。

2.3 关于退休规划的研究结果

接下来，我们来评估标准的经济模型的一些其他预测，其中假设了人们将未来考虑在内并计算他们需要为退休储蓄的金额。为此，我们的HRS模块向受访者询问他们是否曾尝试计算出应为退休储蓄多少，表2-2报告了结果。令人沮丧的是，不到1/3的样本受访者（31%）表示他们确实尝试过进行退休储蓄计算；我们称他们为简单规划者。该群组的规模小证实了HRS老年组的结论，在老年组，大部分人表示他们很少会考虑退休问题，即使在离开工作岗位几年后也是如此（Lusardi，1999，2002，2003）。我们的研究结果也证实，即使在受过教育的人中也普遍缺乏退休规划（Yakoboski and Dickemper，1997；Ameriks et al.，2004）。这也与Mitchell（1988）、Gustman和Steinmeier（1999）的结论一致，他们发现员工似乎对他们的退休财富的两个重要组成部分（社会保障和退休金福利）知之甚少。事实上，据Gustman和Steinmeier（2004）分析，HRS中接近一半的员工不能回答他们的养老金规划类型，而更大一部分人对未来的社会保障福利一无所知。[①]

表2-2	健康和退休研究中退休规划计算的普遍性		
问题	回答		
面板1：各组规划者比例（%）			
您是否尝试计算退休所需的储蓄？	是	否	拒绝/不知道	
	31.3	67.8	0.9	
您是否有规划？	是	或多或少	否	拒绝/不知道
	58.4	9.0	32.0	0.6
面板2：全样本中规划者比例（%）			
简单规划者：您是否尝试计算退休所需储蓄？	是		
	31.3		
认真规划者：您是否有规划？	是/或多或少		
	21.1		
成功规划者：您是否坚持执行规划？	始终/通常		
	18.5		

资料来源：作者基于2004年健康和退休研究规划模块的未加权数据计算得到；见本文。

---

① 还有证据表明，有关养老金和社会保障的知识会影响退休决定；参见Chan和Stevens（2003），Duflo和Saez（2003，2004）以及Mastrobuoni（2005）。

与以前的核心HRS问题和其他调查相比，模块的一个关键优势是我们进一步调查了与进行规划和相关计算有关的结果。表2-2面板1表明，在尝试制订规划的人中，只有58%的人确实制订了规划，还有一小部分人（9%）"或多或少"地制订了规划。后文中我们将这两组人群称为认真规划者。制订规划的高失败率强调了退休预测难以实现的事实。令人失望的是，如果我们考虑那些对这个问题做出肯定回答的人，有多达一半的简单规划者没有成功制订规划。此外，在认真规划者的组中，只有1/3（38%）的人能够始终坚持自己的规划，而其中一半"通常"能够坚持自己的规划（后文中我们称这些受访者为成功规划者）。这说明在全样本中，成功规划者的比例不足19%。当然，家庭可能会面临意外的冲击，使他们偏离规划，但事实仍然是很少有受访者遵循经济模型行动。换句话说，为退休制订规划是困难的，很少有人这样做，认为他们做到了的人更少。

为了进一步评估规划意味着什么以及人们在进行规划时实际做了什么，我们还要求受访者回答他们在这个过程中使用了哪些工具。那些使用简单的或不准确的工具的人也可能是那些规划成功率低的人。事实上，受访者用来计算退休需求的工具多种多样（见表2-3第1小节；注意这些问题只询问了尝试计算退休储蓄的人）。结果显示，1/4到1/5的受访者使用的方法是与家人/亲属或同事/朋友交流，而1/3或更多的受访者使用了正式的方法，如使用退休计算器、参与退休研讨会或咨询金融专家等。成功规划者更倾向于使用正式方法（超过40%），而简单规划者——尝试进行规划但失败了的那部分——倾向于使用不太正式的方法。该表还显示，尽管不稳定，金融知识与规划工具是相关的。工具清单并没有列明受访者的所有可能行为，事实上，多达1/4的自我认定规划者（self-reported planners）表示他们没有使用任何清单所列示的工具。

那些对利率和通货膨胀问题回答正确的人更有可能参加了退休研讨会，这表明这些研讨会可能提供信息（没有进一步的控制变量，我们无法保持其他背景变量不变）。那些了解风险分散的人也倾向于使用正式而非非正式的工具进行规划。表2-3面板2还揭示了规划者的金融知识水平与他们在规划工作中所使用工具之间的相关性。与那些依赖于个人沟通的人相比，使用更为成熟工具的人在回答金融知识问题时正确率更高。此外，利率问题的知识差距相对最大。面板3显示，相当大一部分受访者——几乎占所有受访者的3/4（74%），始终或通常对其支出进行记录，超过一半（51%）的受访者始终或通常尝试设置支出预算目标。鉴于退休规划水平较低，这令人印象深刻。目前尚不清楚进行支出预算工作仅仅是为了避免每月花光所有的钱，还是这些工作可以表明对退休储蓄需求和规划更加敏感。之前的研究已经证实，规划对财富积累具有重要意义（Lusardi and Mitchell，2007a，2007b）。为此，我们在表2-4中报告了不同规划类型净财富总和的分布情况，并强调在中位数处，规划人员的财富积累是未规划人员的三倍。此外，规划的程度也很重要，那些能够制订规划的人和那些坚持执行规划的人积累的财富远高于简单规划者。

表2-3 健康和退休研究中规划工具、规划成功与金融知识的关系

关系	回答				
面板1：规划者所用工具（%和相关系数）					
	简单规划者（n=397）	成功规划者（n=235）			
与家人或亲属交流	21.1 (0.409)	17.4 (0.380)			
与同事或朋友交流	24.7 (0.432)	21.3 (0.410)			
参加退休研讨会	35.3 (0.479)	40.4 (0.492)			
使用计算器或工作表	37.8 (0.485)	43.4 (0.497)			
咨询理财规划师	39.0 (0.488)	49.4 (0.501)			
面板2：规划、所用工具、金融知识间相关系数（%）					
	简单规划者（n=397）	与家人或亲属交流（n=84）	与同事或朋友交流（n=98）	参加退休研讨会（n=140）	使用计算器或工作表（n=150）	咨询理财规划师（n=155）
利率问题回答正确	75.3	65.5	69.4	77.9	83.3	80.6
通货膨胀问题回答正确	84.4	82.1	88.8	88.6	89.3	86.5
股票风险问题回答正确	52.2	65.5	71.4	80.0	79.3	73.5
面板3：预算问题：全部受访者（%）					
	始终	通常	很少	从不	拒绝/不知道	
记录支出	43.2	30.8	14.7	11.0	0.3	
设置支出预算	23.6	27.6	22.4	26.0	0.5	

资料来源：作者基于2004年健康和退休研究规划模块的未加权数据计算得到；见本文。

表2-4 健康和退休研究中规划与财富持有（2004，美元）

	未规划者	简单规划者	认真规划者	成功规划者
第1个四分位数	30 400	107 750	171 000	197 500
中位数	122 000	307 750	370 000	410 000
第3个四分位数	334 500	641 000	715 000	781 500
均值	338 418	742 843	910 382	1 002 975

注：本表报告了不同规划类型的净财富总和分布情况。"简单规划者"是那些尝试计算他们需要为退休储蓄多少钱的人；"认真规划者"是那些能够制订储蓄规划的人；"成功规划者"是那些能够坚持执行他们的储蓄规划的人。观测值总数为1 269。

资料来源：作者基于2004年健康和退休研究规划模块的未加权数据计算得到；见本文。

2.4 将金融知识与规划相联系

人们不能或者不能成功地进行退休规划的一个原因，可能是他们缺乏金融知识。在这种情况下，他们可能很难理解或是很难解决关于利率计算、通货膨胀和风险分散的问题。通过三个被解释变量：规划者、制订规划者、坚持执行规划者的多项 Probit 分析，表 2–5 阐明了金融知识的重要性及其与规划的关系。[①] I 列中，如果受访者的金融知识问题回答正确则赋值为 1（否则为 0）；II 列中增加了一个指标，如果受访者表示不知道答案则赋值为 1（否则为 0）；III 列中被解释变量不变，但是增加了人口统计特征控制变量：年龄、种族、性别、受教育程度、是否婴儿潮时期出生的哑变量（表格中报告的是边际效应）。

表 2–5　健康和退休研究中简单、认真和成功规划者的 Probit 分析（边际效应）

	简单规划者（n=1 269）			认真规划者（n=1 269）			成功规划者（n=1 269）		
	I	II	III	I	II	III	I	II	III
利率问题回答正确	0.068**	0.032	0.024	0.064**	0.037	0.004	0.061**	0.037	0.007
	(0.028)	(0.031)	(0.032)	(0.024)	(0.025)	(0.027)	(0.022)	(0.024)	(0.024)
通货膨胀问题回答正确	0.104***	0.079**	0.053	0.073***	0.057*	0.038	0.072***	0.062**	0.043
	(0.030)	(0.035)	(0.037)	(0.026)	(0.029)	(0.030)	(0.024)	(0.027)	(0.027)
股票风险问题回答正确	0.165***	0.109***	0.094***	0.155***	0.101***	0.086***	0.137***	0.088***	0.067***
	(0.026)	(0.038)	(0.038)	(0.022)	(0.032)	(0.032)	(0.021)	(0.031)	(0.029)
不了解利率		-0.171**	0.162***		-0.138**	-0.127**		-0.130**	-0.117**
		(0.056)	(0.056)		(0.042)	(0.040)		(0.036)	(0.032)
不了解通货膨胀		0.025	0.035		0.036	0.047		0.057	0.068
		(0.080)	(0.081)		(0.077)	(0.078)		(0.078)	(0.079)
不了解股票风险		-0.071*	-0.044		-0.070*	-0.044		-0.064*	-0.038
		(0.042)	(0.043)		(0.035)	(0.036)		(0.033)	(0.330)
人口特征	否	否	是	否	否	是	是	是	是
Pseudo R^2	0.048	0.056	0.107	0.060	0.069	0.133	0.060	0.069	0.142

注：*表示系数在 10% 的水平上显著；**表示系数在 5% 的水平上显著；***表示系数在 1% 的水平上显著。
资料来源：作者基于 2004 年健康和退休研究规划模块的未加权数据计算得到；见本文。

---

① 因果关系也可能以另一种方式出现：也就是说，那些进行规划的人也可能变得有丰富的金融知识并且具备进行退休计算的能力；关于内生性考虑的讨论，请参见 Lusardi 和 Mitchell（2007a）。

所得估计值表明，首先，金融知识与规划正相关，并且该结果在5%的水平上显著。也就是说，所有类型的规划者都更有可能正确回答我们的金融知识问题（I列）。其次，风险分散知识掌握情况能够最好地区分成熟和不成熟的受访者。即使在控制了受访者的人口特征后，它的边际效应也远大于正确回答利率和通货膨胀问题，并且结果显著。最后，知识欠缺也很重要。即使是跟那些不能正确回答问题的来比较，那些不会回答问题的人进行规划和成功执行规划的可能性也更低（II列）。缺乏利率知识最为明显，这是合理的，因为基本计算对于退休储蓄计算至关重要。III列报告了控制了人口特征后的估计值，即使在我们考虑到这些因素后，一些金融知识指标仍然具有统计显著性。例如，金融知识明显与规划相关，超出了教育的效果。因此，金融知识变量中提供的信息可能对解释我们观察到的家庭退休财富积累方面的差异非常有用。

2.5 财富积累与金融知识

金融知识欠缺会导致规划质量低或不进行规划，可能会影响财富积累。Lusardi（2003）发现退休前规划积累更多财富的人更倾向于投资股票。此外，规划者对退休生活的满意度更高，这可能是因为他们在停止工作后的金融资源更丰富。表2-6面板1报告了净财富总和对三个度量金融知识的哑变量及一系列人口特征的简单回归。此处，财富被定义为支票和储蓄账户、存款证明和其他短期资产、债券、股票、其他资产、房屋产权、其他不动产、个人退休账户和基奥（Keoghs）规划、企业股权和车辆的总和减去全部债务。[①]控制变量包括年龄、性别、种族、受教育程度、婚姻状况、出生地和收入。我们对模型分别进行了全样本和财富分布的四分位数分样本估计。

结果表明，收入低、学历低和财富匮乏者的金融知识欠缺尤为明显。此外，金融知识与财富分布底部的财富水平正相关，这表明具有基本金融知识的人能够更好地进行储蓄。那些掌握基本计算能力和懂得风险分散的人也拥有较高的财富水平，该结果是显著的，因为我们已经控制了在其他方面与缺乏金融知识相关的人口特征变量（种族、性别和低收入），受教育程度被考虑在内。

表2-6面板2报告了股权的Probit模型估计结果。这里的假设是，金融知识会对投资组合选择产生影响：如果投资者不了解利率、通货膨胀或风险分散，他们不太可能投资于股票等复杂资产。我们控制了前面列出的社会人口特征变量，并增加了净财富总和。研究结果表明股权与风险分散知识之间存在显著的正相关关系，无论是全样本还是跨教育水平分样本。基本计算能力（利率计算）也起着一定的作用，但主要针对那些受过高等教育（定义为拥有高中以上学历）的人；即使控制了教育和净财富

---

① 这里的分析使用了2004年的财富数据，其中包括那些没有报告资产或债务的人的估算。

总和，情况也是如此。这些发现也许会帮助解释家庭有限参与股市之谜（Haliassos and Bertaut，1995）。此外，它们还可以揭示家庭调查中另一个令人困惑的发现，如对消费者财务状况的调查。当受访者被问及愿意承担多少风险时，绝大多数（超过60%）表示他们不愿承担任何财务风险。这可能不仅是由于强烈的风险厌恶，而且因为许多受访者不了解风险分散。

表2-6　　　　　　　　　　　　健康和退休研究中的财富积累与金融知识

	全样本	第1个四分位数	中位数	第3个四分位数
面板1：OLS和分位数回归				
利率问题回答正确	40.85	19.72	29.18***	21.29
	(25.66)	(16.91)	(10.43)	(27.28)
通货膨胀问题回答正确	31.23	3.44	17.96	34.51
	(27.71)	(7.54)	(11.28)	(29.39)
股票风险问题回答正确	11.68	19.39***	26.95***	20.73
	(23.79)	(6.44)	(9.67)	(26.31)
人口特征	是	是	是	是
Pseudo R^2	0.32	0.14	0.20	0.24

	全样本	低等教育	高等教育	
面板2：股权Probit分析				
利率问题回答正确	0.064**	0.041	0.101*	
	(0.030)	(0.030)	(0.051)	
通货膨胀问题回答正确	0.035	0.001	0.027	
	(0.033)	(0.037)	(0.057)	
风险分散问题回答正确	0.121***	0.077**	0.202***	
	(0.027)	(0.032)	(0.042)	
人口特征	是	是	是	
Pseudo R^2	0.173	0.257	0.168	

注：*表示系数在10%的水平上显著；**表示系数在5%的水平上显著；***表示系数在1%的水平上显著。

资料来源：作者基于2004年健康和退休研究规划模块的未加权数据计算得到；见本文。

2.6　结论

随着越来越多的人接近并超过退休阈值，确定他们是否真的知道如何规划退休储蓄以及他们是否能够有效执行这些规划是至关重要的。我们的HRS模块在这方面提供了大量信息，因为它既通过人们对利率和通货膨胀的理解方面考察了基本的金融知识，同时也涉及了有关更微妙的风险分散的概念。令人不安的是，只有一半的受访者可以正确回答有关利率计算和通货膨胀的问题，只有1/3的受访者可以同时正确回答这两个问题和风险分散问题。这表明在美国老年人中普遍存在金融知识欠缺的现象。关于人们是否尝试计算出他们需要多少退休储蓄、他们是否制订了规划，以及他们是否成功执行了规划的结果也不好。不到1/3的即将退休的人曾试图进行退休规划，只有2/3获得了成功。在整个样本中，只有不到1/5的美国老年人有着成功的退休规划。在退休边缘的这个群体中，只有不到1/3的人曾尝试进行退休规划，其中只有2/3成功了。在全样本中，这些美国老年人中，只有不到1/5成功进行了退休规划。

此外，我们发现金融知识和规划是显著相关的，并且记录支出和制订预算似乎有利于退休储蓄。最后，我们评估人们使用的规划工具。有意思的是，相较于与家人/亲属或同事/朋友交流，进行规划的受访者更可能使用退休计算器、退休研讨会或咨询金融专家等正式手段。由于规划是储蓄和投资成功的一个重要预测因素，我们可能已经给为什么家庭财富持有水平不同，为什么有些人以低财富水平进入退休生活找到了重要的解释（Mitchell and Moore，1998；Lusardi，1999；Moore and Mitchell，2000；Venti and Wise，2001）。这里的实证分析表明，金融知识可以在储蓄和投资组合选择上发挥关键作用。

我们的工作在多个方面与政策有关。首先，理财规划产品和服务提供商长期增长（Hung et al.，2011）。此外，政府和非营利组织赞助了普及金融教育的项目，雇主也越来越多地为员工提供退休培训（Clark and D'Ambrosio，2008；Clark et al.，2011；Collins，2011）。尽管一些研究人员认为这些项目对储蓄的影响不大，但我们的研究表明这可能是由于缺乏有针对性的内容。例如，如果金融知识欠缺在某些雇员当中普遍存在，一次性金融教育课程可能不足以影响规划和储蓄决策。相反，专门针对特定子集的教育项目可能更适合解决偏好和储蓄需求的实质性差异。

致谢

该报告是美国社会保障署（SSA）资助的退休研究联盟（RRC）和沃顿商学院退休研究理事会、伯特纳养老金和退休研究中心项目的一部分。除此之外，我们感谢Alberto Alesina、Rob Alessie、Maristella Botticini、John Campbell、Andrew Caplin、Sewin Chan、Gary Engelhardt、Alan Gustman、Mike Hurd、Arie Kapteyn、Mauro Mastrogiacomo、Mary Beth Ofstedal、William Rodgers、Chris Snyder、Maarten van Rooij、Arthur van Soest、Steve Utkus提供的评论意见。达特茅斯大学、哈佛大学、兰德公司、国家经济研究局、RRC、荷兰中央银行和美国经济协会的工作人员和与会者提供了有用的建议。Mark Christman和Jason Beeler给我们的研究提供了许多帮助。文责自负，与作者所在机构无关。调查结果和结论并不代表SSA、联邦政府的任何机构或RRC的观点。

参考文献

Agnew,J. and L. Szykman (2005).'Asset Allocation and Information Overload: The Influence of Information Display,Asset Choice and Investor Experience,'*Journal of Behavioral Finance*, 6:57-70.

Ameriks,J.,A. Caplin,and J. Leahy (2003). 'Wealth Accumulation and the Propensity to Plan,'*Quarterly Journal of Economics*,68: 1007-47.

—— ——(2004).'The Absent-Minded Consumer, 'NBER Working Paper No.10216. Cambridge, MA: National Bureau of Economic Research.

Bernheim, D. (1995).'Do Households Appreciate their Financial Vulnerabilities?An Analysis of Actions, Perceptions, and Public Policy, ' in *Tax Policy and Economic Growth*. Washington, DC: American Council for Capital Formation,pp. 1-30.

—— (1998). 'Financial Illiteracy, Education, and Retirement Saving, ' in O. S. Mitchell and S. Schieber,eds,*Living with Defined Contribution Pensions*.Philadelphia,PA: University of Pennsylvania Press,pp. 38-68.

Calvert,L.,J. Campbell,and P. Sodini (2007). 'Down or Out: Assessing the Welfare Costs of Household Investment Mistakes,'*Journal of Political Economy*,115: 707-47.

Campbell,J. (2006). 'Household Finance,'*Journal of Finance*,61(4): 1553-604.

Chan,S. and A. H. Stevens (2003).'What You Don't Know Can't Help You:Knowledge and Retirement Decision Making.'*The Review of Economics*,90(2):253-66.

Christelis,D.,T. Jappelli,and M. Padula (2010). 'Cognitive Abilities and Portfolio Choice.'*European Economic Review*,54: 18-38.

Clark,R. and M. D'Ambrosio (2008),'Adjusting Retirement Goals and Saving Behavior: The Role of Financial Education,'in A. Lusardi,ed.,*Overcoming the Saving Slump: How to Increase the Effectiveness of Financial Education and Saving Programs*. Chicago,IL: Chicago University Press, pp. 237-56.

——M. S. Morrill,and S. G. Allen (2011).'Pension Plan Distributions: The Importance of Financial Literacy,' in O. S. Mitchell and A. Lusardi,eds,*Financial Literacy: Implications for Retirement Security and the Financial Marketplace*. Oxford,UK: Oxford University Press.

Collins,J. M. (2011). 'Improving Financial Literacy: The Role of Nonprofit Providers,'in O. S. Mitchell and A. Lusardi,eds,*Financial Literacy: Implications for Retirement Security and the Financial Marketplace*. Oxford,UK: Oxford University Press.

Duflo,E. and E. Saez (2003). 'The Role of Information and Social Interactions in Retirement Plan Decisions: Evidence from a Randomized Experiment,'*Quarterly Journal of Economics*,118: 815-42.

—— ——(2004). 'Implications of Pension Plan Features,Information,and Social Interactions for Retirement Saving Decisions,' in O. S. Mitchell and S. Utkus,eds,*Pension Design and Structure: New Lessons from Behavioral Finance*. Oxford,UK:Oxford University Press,pp. 137-53.

Employee Benefits Research Institute (EBRI) (1996). 'Participant Education: Actions and Outcomes,'*EBRI Issue Brief* 169. Washington,DC: Employee Benefit Research Institute.

——(2001).'Retirement Confidence Survey (RCS),Minority RCS,and Small Employer Retirement Survey,'*EBRI Issue Brief* 234. Washington,DC: Employee Benefit Research Institute.

Gustman, A. and T. Steinmeier (1999). 'Effects of Pensions on Savings: Analysis with Data from the Health and Retirement Study,'*Carnegie-Rochester Conference Series on Public Policy*,50: 271-324.

—— ——(2004). 'What People Don't Know about their Pensions and Social Security,' in W. Gale, J. Shoven and M. Warshawsky,eds,*Private Pensions and Public Policies*. Washington,DC: The

Brookings Institution, pp. 57-125.

Haliassos, M. and C. Bertaut (1995). 'Why Do So Few Hold Stocks?,' *Economic Journal*, 105: 1110-29.

Hilgert, M., J. Hogarth, and S. Beverly (2003). 'Household Financial Management: The Connection between Knowledge and Behavior,' *Federal Reserve Bulletin*, July:309-22.

Hogarth, J. and M. Hilgert (2002). 'Financial Knowledge, Experience and Learning Preferences: Preliminary Results from a New Survey on Financial Literacy,' *Consumer Interest Annual*, 48(1): 1-7.

Hogarth, J., C. Anguelov, and J. Lee (2004). 'Why Don't Households Have a Checking Account?,' *The Journal of Consumer Affairs*, 38: 1-34.

Hung, A., N. Clancy, and J. Dominitz (2011). 'Investor Knowledge and Experience with Investment Advisers and Broker-Dealers,' in O. S. Mitchell and A. Lusardi, eds, *Financial Literacy: Implications for Retirement Security and the Financial Marketplace*. Oxford, UK: Oxford University Press.

Lusardi, A. (1999). 'Information, Expectations, and Savings for Retirement,' in H. Aaron, ed., *Behavioral Dimensions of Retirement Economics*. Washington, DC: Brookings Institution Press and Russell Sage Foundation, pp. 81-116.

——(2002). 'Preparing for Retirement: The Importance of Planning Costs,' *National Tax Association Proceedings*, 2002: 148-54.

——(2003). 'Planning and Saving for Retirement,' Dartmouth College Working Paper. Hanover, NH: Dartmouth College.

——and O. S. Mitchell (2007a). 'Baby Boomer Retirement Security: The Roles of Planning, Financial Literacy, and Housing Wealth,' *Journal of Monetary Economics*, 54(1): 205-24.

—— —— (2007b). 'Financial Literacy and Retirement Planning: New Evidence from the RAND American Life Panel,' Pension Research Council Working Paper No. 2007-33. Philadelphia, PA: Pension Research Council.

—— —— (2007c). 'Financial Literacy and Retirement Preparedness: Evidence and Implications for Financial Education,' *Business Economics*, 42: 35-44.

—— ——(2008). 'Planning and Financial Literacy: How Do Women Fare?,' *American Economic Review* P&P, 98(2): 413-17.

—— ——(2009). 'How Ordinary Consumers Make Complex Economic Decisions: Financial Literacy and Retirement Readiness,' NBER Working Paper No. 15350. Cambridge, MA: National Bureau of Economic Research.

—— ——C. Curto (2010). 'Financial Literacy among the Young: Evidence and Implications for Consumer Policy,' *Journal of Consumer Affairs*, 44(2): 358-80.

Mandell, L. (2004). *Financial Literacy: Are We Improving?* Washington, DC: Jump$tart Coalition for Personal Financial Literacy.

Mastrobuoni, G. (2005). 'Do Better-Informed Workers Make Better Retirement Choice? A Test Based on the Social Security Statement,' Princeton University Working Paper. Princeton, NJ: Princeton University.

Miles, D. (2004). *The UK Mortgage Market: Taking a Longer-Term View*. London, UK: HM Treasury http://news.bbc.co.uk/nol/shared/bsp/hi/pdfs/12_03_04_miles.pdf

Mitchell, O. S. (1988). 'Worker Knowledge of Pensions Provisions,' *Journal of Labor Economics*, 6: 28-9.

——J. Moore (1998). 'Can Americans Afford to Retire? New Evidence on Retirement Saving Adequacy,' *Journal of Risk and Insurance*, 65: 371-400.

Moore, D. (2003). 'Survey of Financial Literacy in Washington State: Knowledge, Behavior, Attitudes, and Experiences,' Social and Economic Sciences Research Center Technical Report 03-39. Pullman, WA: Washington State University.

Moore, J. and O. S. Mitchell (2000). 'Projected Retirement Wealth and Saving Adequacy,' in O. S. Mitchell, B. Hammond, and A. Rappaport, eds, *Forecasting Retirement Needs and Retirement Wealth*. Philadelphia, PA: University of Pennsylvania Press, pp. 68-94.

National Council on Economic Education (NCEE) (2005). *What American Teens and Adults Know About Economics*. Washington, DC: NCEE.

Venti, S. and D. Wise (2001). 'Choice, Chance, and Wealth Dispersion at Retirement,' in S. Ogura, T. Tachibanaki, and D. Wise, eds, *Aging Issues in the United States and Japan*. Chicago, IL: University of Chicago Press, pp. 25-64.

Yakoboski, P. and J. Dickemper (1997). 'Increased Saving but Little Planning. Results of the 1997 Retirement Confidence Survey,' *EBRI Issue Brief* 191. Washington, DC: Employee Benefit Research Institute.

第3章　养老金计划分配：金融知识的重要性

Robert L. Clark，Melinda S. Morrill，and Steven G. Allen

　　退休资产的处置是退休员工面临的最重要和最长期的决定之一。如果员工被传统的待遇确定型（DB）计划所覆盖，那么默认的选择是在他们离开公司或达到计划退休年龄时开始获得终身年金。然而，许多DB计划为员工提供在退休时接受一次性分配的选择，大致等于年金的现值。[①]通常，这是员工在退休时必须做出的一次性选择。如果选择一次性付款，退休人员就不能再选择年金。当然，他们可以随后购买私人年金，但这个过程很可能会导致个人承担更高的成本和管理费用。同样，在现金余额计划中，工人必须选择终身年金或一次性付款。[②]

　　拥有缴费确定型（DC）计划的员工（例如401（k）、403（b）或457）在接受一次性付款还是生存年金方面面临类似的选择，但分配选择的框架不同。[③]在这些计划中，退休人员知道他们的账户价值，并且必须决定如何在退休期间分配这些资金。退休金福利如何报告或构建的差异可能会影响退休工人的分配决策。本章考虑了影响员工选择默认选项偏好的因素，并探求了他们的DB和DC计划中分配的可选择形式。

　　标准的经济理论预测，资产公平精算的年金会提升风险厌恶人群的福利，因为它提供了长寿风险的对冲并且资产更持久。然而，在美国和其他地方，只有相对较少的人会自愿在公开市场上购买年金。[④]许多作者试图通过拓展经济模型并引

---

①　美国劳工统计局（BLS，1990）报告，在1989年，大中型企业只有2%的DB计划给了工人一次性分配的选择权，但到了1997年，这些企业的包括一次性分配的计划比例已经上升到23%（BLS，1999；Moore and Muller，2002）。来自全国薪酬调查的数据显示，DB计划覆盖的工人中在2003年有48%、在2007年有52%处于这样一个计划中：为员工提供一次性分配而不是接受终身年金的选择（BLS，2005，2007；Purcell，2009）。

②　DB计划的一次性分配通过确定承诺年金的现值的利率计算。计划用于进行此转换的利率可能不等于个人的折扣率。因此，即将退休的工人可以评估一次性分配在效用方面比终身年金的价值更高还是更低。

③　Ameriks（2002）通过研究TIAA-CREF参与者对其分配政策变化的反应，提供了DC计划中个人一次性分配意愿的证据。在1989年之前，TIAA-CREF要求参与者对其账户余额进行年金分配。在取消这一限制之后，2001年选择终身年金的参与者比例降至46%。

④　这种调查的例外是瑞士退休人员的行为。Avanzi（2009）报告说，瑞士几乎有2/3的人将其所有退休资产转换为年金，而只有1/4的人要求将所有资产一次性支付。

入这样一个概念——选择框架决定了人们是否选择年金而非一次性付款——来解释退休人员选择退休储蓄账户一次性分配的这种趋势。[①]尽管如此，很少有研究将 DB 计划中的一次性支付选择作为退休收入计划的组成部分。[②]在本章中，我们将考察 DB 和 DC 计划在积极的养老规划中的分配。因此，我们需要研究养老金分配选择的两种不同方式。对于 DB 计划，默认选项是年金。我们发现只有 30% 的人计划对他们的养老金进行一次性分配。另一方面，DC 计划默认为一次性付款，我们发现只有 22% 的人计划选择年金。除了描述个人选择外，我们还需要评估个人如何将这两种选择相结合。

分配形式的选择必须基于个人的金融知识和退休计划的知识。本章通过两个大型雇主的调查数据来考查养老金计划的分配情况。这些数据是我们针对雇主为符合退休条件的雇员提供的退休规划研讨会的参会者所作的调查的一个新的独特数据集的一部分。利用这些数据，我们估计老年员工是否计划从他们的 DB 计划中进行一次性付款分配，以及他们是否打算在 DC 计划中将部分或全部账户余额年金化。分析侧重于金融知识在福利选择方面的作用以及参加研讨会之后这种选择如何变化。

3.1 年金和一次性付款选择的经济学

学者将这种年金的低需求称为"年金之谜"，并给出了很多个人偏向于选择一次性支付而非年金的可能原因。对于这种看起来不太理想的选择，一种可能的解释是其他年金收入来源，例如社会保障，可能在很多退休人员总财富中占很大一部分。个人可能更喜欢一次性分配的其他原因包括可分担风险的配偶和亲属、遗产动机以及对大额和不稳定的未来支出（特别是与医疗保健相关的支出）的担忧。退休人员也可能担心物价上涨和与年金有关的固定退休收入。

最近，一些研究表明年金选择的框架往往会影响个人是否购买年金。Hu 和 Scott（2007）认为个人对年金的看法决定了他们是否购买年金。他们将此称为心理账户，并得出结论认为，"年金不受欢迎最重要的潜在原因是心理账户"。此外，这种心理账户会导致退休人员认为购买年金是一种会增加风险的冒险（Hu and Scott，2007：18）。Brown 等人（2008）提出看待年金有两种可能的方法："消费框架"，重点是随

---

① Mitchell 等（1999）、Johnson 等（2004）和 Brown（2008）深入调查了为什么很少有人购买年金来平滑其退休时期的消费和其他方面。与精算相比，个人可能对其预期寿命了解更多。因此，个人年金的价值可能与要约价格不同。对于健康状况不佳或预期寿命较短的个人，年金的价格可能过高，选择一次性分配将是最佳选择。事实上，面对想要购买年金而寿命未知的人群的卖家，这一产品的价格对于普通退休人员来说可能过高（Friedman and Warshawsky，1990）。Davidoff 等（2005）通过一个正式的模型，以这种方式解释了年金需求的不足。

② 大多数分析从 DB 计划中进行一次性分配的研究集中于在退休前终止服务的工作人员。这些研究的重点往往在于资金是用于当前消费还是为退休储蓄。相比之下，这项研究考察了从职业生涯中退休的员工的计划分配选择。

时间变化的消费;"投资框架",允许个人认为总支出取决于生存年限,因此使年金成为风险投资。小规模实验(Agnew and Szykman, 2011)表明,如果将选择放在消费框架中,个人将选择年金;然而,如果将选择置于投资框架中,个人会倾向于一次性将资产分配到储蓄账户。

大多数文献都侧重于退休储蓄账户或个人退休后其他资产的使用情况。换言之,问题是退休人员在用这些基金购买年金时做出了什么决定,而不是保留对他们资产的控制权,并逐渐将其归入退休后的金融消费。然而,一个相关决定会涉及许多拥有DB计划的个人。根据法律,DB计划为退休人员提供终身年金,但计划赞助人也可以将其他选择包括在内,如一次性分配。因此,这一选择应被视为许多退休人员面临的终生年金需求的一部分。考察这两种计划的分配情况,使我们可以考查与其他决定退休基金获得与管理的潜在因素相比,选择框架的重要性。

我们用于分析的数据库是为了考查雇主提供的金融教育和退休前计划方案的有效性。退休研讨会(PARS)参会者数据库是基于6个大型雇主2008年和2009年在全国各地举办的约90次研讨会而得来。超过1 000名的参会者在研讨会前后完成了一项调查,包括他们自己(及其配偶)的经济和人口信息。参会者还被问及他们的退休计划,包括他们是否计划从其DB计划中进行一次性分配(拒绝年金并接受一次性支付),以及他们是否准备将其DC账户的部分或全部进行年金分配。符合退休条件的员工被邀请参加这些课程,时间从半天到两天不等。[①]

在本章中,我们将重点关注样本数量最多的两家公司,Progress Energy 和 Becton, Dickinson and Company(BD)公司的研讨会参会者。如表3A-1中样本均值所示,样本员工平均年龄为58岁,其中男性占58%,已婚者占78%。这些员工的平均工作年限为27年,几乎有一半是大学学历。所有员工都参加了DB计划,并且都可以使用DC计划。有趣的是,约有40%的受访者计划在他们从目前的工作岗位上退休后继续工作。总的来说,这是一个收入相对较高的老年员工样本,他们的平均富裕程度比较高,并且他们的健康状况良好。

员工被问到他们的雇主是否允许他们从DB计划中进行一次性分配,如果是这样,他们目前是否计划选择一次性分配。在研讨会之前,不到30%的人报告打算一次性分配他们的退休金,而这个数字在参会后下降到不到28%。此外,与会者被问到他们是否计划将其DC账户中部分或全部资金年金化。在研讨会之前,约有22%的人表示计划将其DC中的资金年金化;研讨会结束后,这一比例增至29%。接下来,我们探讨这些选择的决定因素以及改变计划的个人特征。

---

① 关于这个项目、雇主合作伙伴和调查的更详细的描述可以在 Clark 等(2010)的研究中找到。

3.1.1　公司福利和分配选择框架

由于这项分析中的两家公司提供了DB计划、401（k）计划和退休人员医疗保险，他们的员工显然比许多美国员工享有更为优厚的福利。两家公司都允许退休人员从他们的DB计划中选择一次性分配。此外，Progress Energy公司会定期公布可用的一次性总分配账户余额。Progress Energy 401（k）计划不提供年金选项，但BD公司的计划提供年金选项。这些差异使我们能够考察DB和DC计划中的分配选择，并且还可以比较传统DB计划和现金余额计划的框架。

Progress Energy停止使用2003年的最终平均薪酬养老金公式，并转换为现金余额养老金公式。①发给每位员工的年度报表列明他们在旧公式下可以收到的年金和现金余额计划中的账户余额。在退休时，有旧公式和新现金余额公式计算出的年金值和一次性支付值。个人退休时从Progress Energy得到的养老金总额包括两个公式中较高的年金值和两个公式中较高的一次性支付值。考虑到旧公式在2003年被停止使用，以及在向现金余额公式转换时的过渡条款，参加2008年和2009年研讨会的大多数人从现金余额公式中获益更高。支付选项包括各种终身年金选项、分期取款和一次性总额分配。401（k）计划中的账户余额可以一次性提取，退休者可以指定每月支付，资金可以转入个人退休账户（IRA），也可以留到以后。个人无法通过计划购买年金，但他们可以将资金转入IRA并通过IRA购买年金。允许退休人员保留雇主提供的健康计划。

BD公司保证最终平均薪酬计划的最终赔偿为按1%计算，最终超额赔偿为按1.5%计算。②退休时，个人可选择单一终身年金、几个联合和留存年金或一次性分配。BD公司还提供了一项储蓄奖励计划，金额为雇员贡献的前6%的薪资的75%。退休人员也有资格保留其BD公司的健康计划。

3.1.2　选择分配选项

为了模拟受访者的计划分配选择，我们使用调查中的两个问题的回答，如表3A-2所示。请注意，对于其中一个问题，两名雇主之间的措词略有不同。我们考虑工作人员是否计划主动选择非默认选项而不是回答"否""尚未决定"，或者并未回答问题。

表3-1将参与者参加研讨会之前的分布偏好分为几类：

"样本占比"后第1列表示受访者计划以默认的形式接受养老金支付。换句话说，就是从DB计划中接受年金，将DC计划中的账户余额进行一次性支付。超过一半的人表示计划采用默认选项，表明默认选项是计划的重要预测指标。

---

① 2003年以后,员工可能不会在旧计划中获得新的收益。

② 在2007年,BD公司引入了现金余额计划,并为工人提供了一次性转换现金余额计划的选项。几乎所有工龄较长的老员工都会在旧计划中拥有更高的价值,因此会选择留在旧计划中。

表 3-1 不同受访者特征的分配选择（%）

	样本占比	默认选项	一次性分配 （DB 选择）	年金化 （DC 选择）	非默认选项
全样本	100	56.1	21.8	14.4	7.7
Progress Energy	38	61.9**	13.1***	19.1***	5.9
BD公司	62	52.6**	27.1***	11.5***	8.9
女性	42	60.9**	22.1	12.0	5**
男性	58	52.8**	21.5	16.0	9.7**
已婚	78	52.9***	22.6	15.4	9.1**
未婚	22	67.4***	18.8	10.9	2.9**
大学	47	56.7	24.6	11.6*	7.2
高中	53	55.7	19.3	16.8*	8.3
工作年限<20年	22	64.7**	19.9	8.8**	6.6
工作年限20年以上	78	53.7**	22.3	15.9**	8.1

注：两个类别的差异的统计显著性，*代表在10%的水平上显著，**代表在5%的水平上显著，***代表在1%的水平上显著。样本包括所有完成调查并在调查1和2（允许不超过4个空白）的9个知识问题中至少回答5个的调查对象。样本还剔除了出生年份、教育程度、工作任期、婚姻状况和性别数据缺失的个人。该样本仅限于1943年至1959年间出生的人。此处列出的计划选择都是受访者参加研讨会之前的回答。数据来自作者在2008年和2009年进行的调查。样本量为620。

资料来源：作者计算得到；见本文。

第2列表示两种计划都准备接受一次性分配，即不接受DB计划中的默认年金，而是接受DC计划默认的一次性分配。22%的受访者表示计划两者均选择一次性分配。

第3列代表计划从他们的DB和DC退休计划中均接受年金的受访者。该组报告的结果为计划从DB计划中接受默认年金，并将401（k）计划中的账户余额年金化。14%的受访者有此规划。

第4列表示在两个计划中将采用非默认选项的回答者。有8%的老年员工规划了这种养老金分配组合。该组表示他们将在401（k）计划中将账户余额年金化，并选择DB计划的一次性分配。计划选择一次性分配养老金资产的员工比例与Hurd和Panis（2006）报告的健康和退休调查中的受访者的比率基本一致。

接下来，我们描述了选择上述每种可能处置组合的各组所占百分比。所报告的显著性水平表明了组间平均数差异。相较BD公司的员工，Progress Energy的员工更有可能选择这两种计划的默认选项，并且更有可能选择将两者年金化（选择DB的默认选项并将DC年金化）。有趣的是，Progress Energy不允许从401（k）计划中购买年金，而BD公司允许，但Progress Energy的员工选择年金的更多。然而，在下面的回归分析中，当模型中额外增加一个控制变量后，Progress Energy和BD公司的员工退休储蓄计划中的一些或全部关于年金化的选择没有统计学差异。

接下来的两行介绍按性别细分的计划分配选择。以前的研究发现，尽管女性的预期寿命较长，但由于金融知识水平较低或缺乏理财规划，女性购买年金的可能性较小。我们发现女性确实更有可能选择两种默认选项。在我们的数据中，已婚人士计划采取默认选择的可能性显著较小，这可能是由于夫妻在进行多元化投资组合方面的战略计划。有点令人惊讶的是，那些没有大学学历的人更有可能打算将他们的401（k）计划和养老金年金化。工作年限较短的个人不太可能一次性领取401（k）计划养老金。

受访者在退休计划研讨会结束后被问及有关计划分配的相同的问题。根据研讨会上提供的信息观察退休计划的变化很有意思。图3-1和图3-2展示了员工如何改变他们的计划。

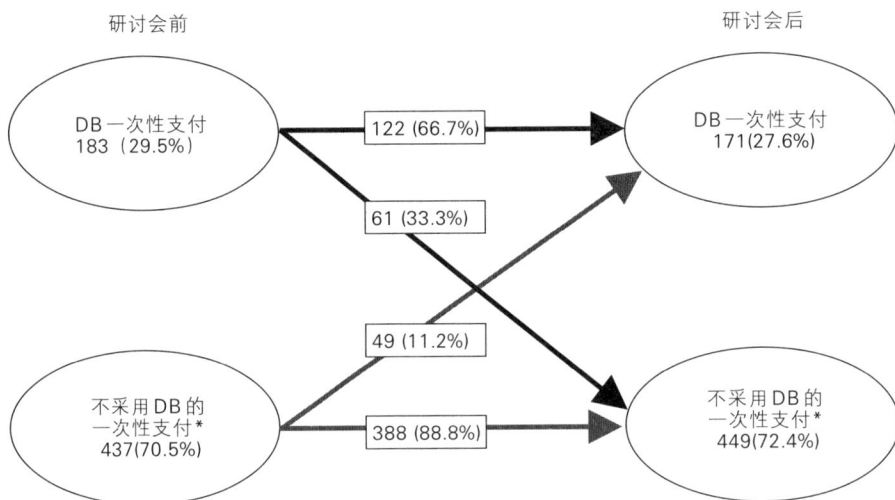

图3-1　学习如何影响雇主提供养老金的处置计划

注：样本规模为620。数据来源于作者在2008年和2009年进行的调查。

*这些样本中包括了回答"否""不知道"或没有回答问题的。

资料来源：作者计算得到；见本文。

在图3-1中，我们看到在参加研讨会之前，有29.5%的员工报告计划对他们的DB退休金进行一次性分配，而70.5%（437个观测对象）报告不愿意一次性分配或者他们不确定。在研讨会之前，没有计划从DB计划中进行一次性分配的437名工人中，有11%（49名受访者）此后变为计划一次性分配。在以这种方式改变计划的49名受访者中，有49名受访者表示他们不知道有这种选择。这种转变清楚地表明，关于养老金可用选项的知识的增加如何影响了退休计划。图3-2给出了401（k）处置选择计划转换的类似细分。在最初没有计划购买年金的483人中，22%（106人）改为打算购买年金。

年金化DC
137(22.1%)

73 (53.3%)

年金化DC
179(28.9%)

64 (46.7%)

106 (21.9%)

不将DC年金化*
483(77.9%)

377 (78.1%)

不将DC年金化*
441(71.1%)

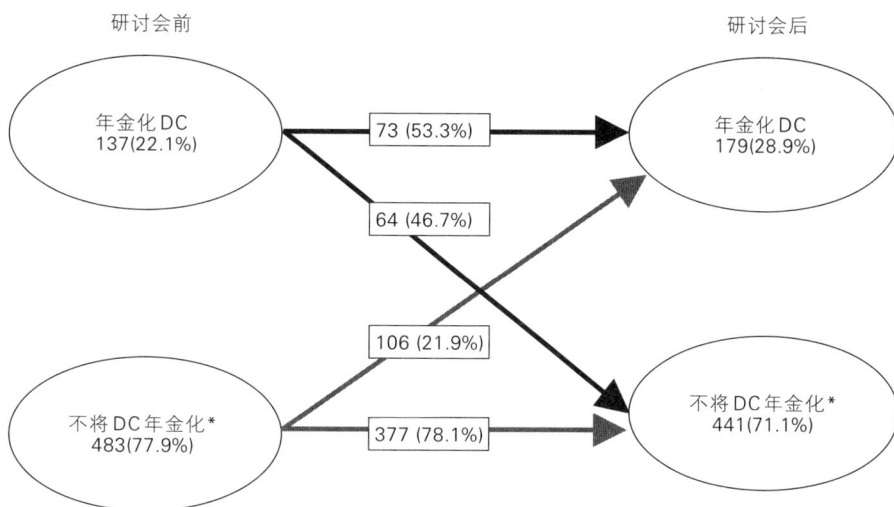

图3-2　学习如何影响401（k）处置选择计划

注：样本规模为620。数据来源于作者在2008年和2009年进行的调查。

*这些样本中包括了回答"否""不知道"或没有回答问题的。

资料来源：作者计算得到；见本文。

3.2　与退休计划处置选择有关的因素

通过关于非默认选项选择的一系列多元回归，我们更正式地探讨这些因素如何相互作用来预测处置选择。表3-2的前两列报告了在参与研讨会之前影响以下计划的因素的估计值：对养老金进行一次性分配（第1列），从退休储蓄计划中购买年金（第2列）。在这两种情况下，估计了非默认选项的选择，因此在第1列中，个人选择的是不接受养老金年金的选项，在第2列中，个人选择的是在401（k）中购买年金。

有趣的是，选择采取一次性分配DB退休金和年金化401（k）之间显著正相关。如果分配选择计划是基于谨慎投资计划的，我们可能会预期这些选择是负相关的。换句话说，一个人可能希望将他/她的所有退休收入进行一次性分配或全部作为年金。如果选择框架是这个决定的主要动因，那么这两个选择应该是正相关的。市场中的年金成本和DB年金的分类计价使得退休储蓄账户年金化，而从DB计划中进行一次性分配是一个意想不到的选择。也许，个人在这两个计划中均选择默认选项，是因为缺乏金融知识和/或缺乏对这两种计划的理解。这个结论表明，更多的教育和退休规划会改善选择。同时也强调了计划设计和员工默认选择的重要性。

在表3-2的第1列中，我们看到，与预期相反，尽管BD和Progress Energy这两个公司在选择框架方面存在差异，Progress Energy的员工从其养老金中选择一次性分配的可能性显著较小（回想Progress Energy有一个现金余额计划）。另一方面，尽管BD允许在计划内进行年金化，但两家公司的员工在年金化401（k）的选择方面没有区

表3-2 待遇确定型和缴费确定型计划的处置选择

	DB：选择一次性分配	DC：选择年金	DB：如果之前回答否或不知道，现在选择一次性分配	DC：如果之前回答否或不知道，现在选择年金
	(1)	(2)	(3)	(4)
计划年金化401（k）	0.079 [0.045]			
计划从DB中一次性分配		0.069 [0.040]*		
Progress Energy	-0.233 [0.040]***	0.034 [0.043]	-0.021 [0.036]	0.095 [0.046]**
工作年限	0.004 [0.002]**	-0.001 [0.002]	0.000 [0.002]	0.002 [0.002]
女性	-0.062 [0.043]	-0.062 [0.044]	0.061 [0.033]*	0.014 [0.045]
已婚	0.065 [0.047]	0.057 [0.043]	0.026 [0.035]	0.020 [0.047]
大学学历	0.025 [0.038]	-0.090 [0.036]**	-0.020 [0.036]	-0.055 [0.044]
总财富2.5万~10万美元	0.006 [0.046]	-0.032 [0.046]	-0.036 [0.038]	0.099 [0.052]*
总财富10万美元以上	0.078 [0.047]*	-0.053 [0.044]	-0.016 [0.039]	0.075 [0.047]
DC账户1~5年的工资	0.009 [0.063]	0.055 [0.054]	-0.099 [0.064]	0.009 [0.063]
DC账户5年以上的工资	0.036 [0.075]	0.069 [0.065]	-0.038 [0.074]	-0.088 [0.073]
中等健康水平	0.107 [0.057]*	-0.046 [0.056]	0.046 [0.039]	-0.044 [0.065]
高等健康水平	-0.003 [0.058]	-0.008 [0.060]	0.053 [0.044]	0.028 [0.069]
25%~75%活到75岁以上^	-0.044 [0.076]	-0.051 [0.071]	-0.046 [0.067]	0.097 [0.063]
75%~100%活到75岁以上^	-0.013 [0.078]	-0.033 [0.072]	-0.043 [0.072]	0.117 [0.065]*
知识得分中等以上	0.166 [0.042]***	-0.002 [0.040]	0.030 [0.040]	0.052 [0.050]
知识得分高	0.107 [0.057]*	-0.103 [0.050]**	-0.009 [0.043]	-0.006 [0.053]
样本量	620	620	437	438
R^2	0.12	0.06	0.04	0.06

注：系数来自标准线性模型，括号中为标准差。*代表在10%的水平上显著，**代表在5%的水平上显著，***代表在1%的水平上显著。请注意，所有说明中也包括以下控制变量：年龄、常数项以及对总财富、DC账户余额、自身健康状况和自身生存概率无反应的指标。第（1）列中的被解释变量是个人在出席研讨会之前是否计划一次性分配其退休金，第（2）列是个人在参加研讨会之前是否计划在退休时将部分或全部401（k）账户余额年金化。第（3）列只包括那些最初没有计划对他们的养老金进行一次性分配的个人，被解释变量是在参加研讨会后计划对其退休金进行一次性分配的改变。第（4）列仅包括那些最初没有计划使其部分或全部401（k）账户年金化的个人，被解释变量是在参加研讨会后计划年金化401（k）的改变。

^在（1）、（2）列中表示估计的变量是参加研讨会前的，在（3）、（4）列中表示估计的变量是参加研讨会后的。数据来自作者在2008年和2009年进行的调查。

资料来源：作者计算得到；见本文。

别。尽管这里我们只考虑两位雇主的数据，但选择框架的重要性似乎相当有限，框架的影响可能也不如这些公司之间其他未测量的差异重要。

接下来，在表3-2的第1列中，我们看到，员工在某一雇主处的工作年限与他/她计划从他/她的DB计划中进行一次性分配的计划是正相关的，尽管影响很小。请注意，工作年限与DB退休金年收益的大小正相关，因此我们可以将此系数解释为表明了养老金金额越大，进行一次性分配的概率越大。经济理论预测，如果总额很小，从养老金中进行一次性分配可能更明智。令人惊讶的是，工作年限与选择一次性支付的概率正相关。

在表3-2的前两列中，当增加附加控制变量后，性别或婚姻状态之间没有统计学差异。然而，相对于受教育程度较低的同事，大学学历的人年金化其DC计划的可能性要低得多。如果我们认为购买年金的好处会在生命的后期感受到，则是一个令人惊讶的发现，这表明购买年金的计划应与耐心和风险厌恶正相关。然而，受教育程度较高的人认为，他们可以更有效地管理自己的资产，因此不愿购买终身年金。相较于财富水平最低的人群，拥有最高的财富水平和计划将其养老金一次性分配之间显著正相关。

对于那些个人信息显示寿命超过平均水平的人来说，年金可能更有价值。也可能出现这样的情况，关注突然健康冲击的潜在成本的个人可能希望保留部分或全部资产的流动性。有趣的是，除了在第1列中等健康水平之外，受访者的健康状况或主观生存概率与他/她的年金计划之间没有统计学上的显著关系。这些结果表明，除了简单的现值计算和试图抵御长寿风险之外，分配的选择还有一些其他的基础。

最后，利用数据附录中描述的金融知识度量标准，我们发现知识最为丰富的个人更有可能计划采取一次性分配的养老金计划，而不太可能计划对其401（k）进行年金化。我们通常用缺乏金融知识来解释为什么个人不购买年金或只是接受默认选项。这些结果表明，金融知识最为丰富的个人更愿意保留对其资产的控制权。这项研究的一个局限是，我们没有问个人退休时计划如何投资（或放弃）储蓄。个人也许会计划从他们的养老金中一次性支付一笔款项，并将其转入IRA或提供年金选择的替代退休账户。可能最为精通金融知识的人最有能力经营年金二级市场。

表3-2的第3列列出了在参加研讨会前没有打算一次性分配他们的养老金的员工的样本结果。在这些人中，我们对那些在参加研讨会后改变计划，从其DB进行一次性分配的样本进行建模。同样，表3-2的第4列报告了在研讨会之前没有意图将其全部或部分DC计划年金化的个人所组成的样本的估计值。在这一列中，我们将对在研讨会之后计划将其DC计划年金化的样本进行建模。在解释意图变化时，重要的是要认为这些估计仅适用于以前计划接受默认选项或未制订计划的组，而不是整个参与者人群。由于问题是在研讨会结束时提出的，因此我们可以推断（除了调查中固有的回答错误和测量错误），调查对象改变他们的计划是因为他们在研讨会期间获得的信息。

表3-2第3列和第4列报告的估计值表明，在最初计划采取默认方案（或尚未决定）的参会者中，参加研讨会后，标准的经济和人口特征变量与改变计划的概率没有显著相关性。尽管在第1列中我们发现Progress Energy 的员工在研讨会之前计划从他

们的 DB 计划中选择一次性分配的可能性明显较小，但对于那些没有初步计划的人，两家公司的员工之间改变计划的倾向没有差异。同样，在表 3-2 的第 2 列中，我们发现 BD 和 Progress Energy 的工人在年金化他们的 DC 计划的选择间没有显著差异，但是我们现在发现了一个巨大且统计上显著的影响，表明与 BD 公司的员工相比，在年金化部分或全部 DC 计划的选择方面，Progress Energy 的工人改变计划的可能性要高出 10%。这大约是改变计划总概率的 50%（22%）。

在表 3-2 第 3 列中，我们看到女性更有可能改变计划，从她们的养老金中进行一次性分配。更高的财富水平与变为年金化其退休储蓄相关，而 DC 账户余额水平越高，将计划变为年金的可能性越低。知识对计划变化没有显著影响，但我们确实发现，预期寿命较高的个体在研讨会结束后更有可能改变计划，部分或全部年金化其 401（k）账户余额。

3.3 结论

本章估计了两个大型雇主符合退休条件的员工的数据，重点是他们参加退休计划研讨会前后对退休收入的偏好。这两家公司为员工提供了 DB 计划和参与 401（k）计划的机会。雇主还允许员工在退休时保留其健康计划。我们发现约 3/4 的受访者在参加研讨会之前计划接受退休时的默认选项。不过，这意味着 1/4 的受访者拒绝了默认选项，并计划积极选择以另一种形式获得利益。该项目之后，18% 的参会者修改了有关 DB 计划的规划，28% 的参会者改变了他们对 DC 的最初分配选择。因此，做出退休决定的基础材料看似影响了大约 1/4 退休人员的分配选择，但实际中有多少工人受到福利选择框架的影响尚不确定，因为许多退休人员在任何情况下都可能会选择这种退休福利形式。

年金化或一次性分配退休收入与自我管理之间的选择是一个人最重要的决定之一。做出正确的决定需要员工有足够的金融知识和对退休计划的了解。公司提供的退休计划项目可以提供信息，使工人能够重新评估他们的计划。许多退休员工试图将他们的退休资产的一部分保留在账户中，以便他们能够根据自己的偏好继续控制这部分资产和消费。尽管用年金默认分配选择框架可以增加退休人员选择年金选项的比例，但仅将年金作为第一选择并不足以吸引众多工人选择这种退休收入形式。

致谢

本研究部分由 FINRA 投资者教育基金会资助。作者感谢 Jennifer Maki、Mehtab Randhawa 和 Evan Rogers 提供了杰出的研究帮助，感谢 Annamaria Lusardi 和 Olivia S. Mitchell 提供了有用的意见。作者还非常感谢合作公司在这项研究中的配合。

数据附录

这些数据来自 2008 年和 2009 年针对参加了雇主提供的退休前计划研讨会的员工

的调查。调查在研讨会前后立即完成,可以比较参加研讨会获取信息前后的知识和退休计划。我们收到了来自BD公司的431份调查问卷和Progress Energy公司的274份调查问卷,总共705份调查问卷。我们将样本限制在那些调查问卷中的9个知识问题至少回答了5个(而不是未作答)的人中,最终样本有620个样本量。表3A-1给出了样本的均值,表3A-2则描述了关键被解释变量是如何定义的。表3A-3描述了所使用的协变量。表3A-4定义了知识得分。

表3A-1　　　　　　　　　　　　调查对象描述性统计

变量	研讨会前	研讨会后
年龄	58.2	
男性（%）	58.4	
已婚（%）	77.7	
工作年限	27.1	
大学学历（%）	47.3	
计划退休后继续工作（%）	39.2	
年收入 50 000~100 000 美元（%）	47.7	
年收入 100 000 美元及以上（%）	23.1	
401（k）/403（b）计划账户余额 1~5 年的收入	64.5	
401（k）/403（b）计划账户余额 5 年以上的收入	20.5	
房屋净值 50 000~200 000 美元（%）	46.8	
房屋净值 200 000 美元以上（%）	32.6	
金融资产 25 000~100 000 美元（%）	27.1	
金融资产 100 000 美元以上（%）	35.6	
健康状况差或较差（%）	12.3	
健康状况较好或非常好（%）	44.7	
退休后投资策略：没变化（%）	14.4	
退休后投资策略：更积极（%）	3.5	
计划对养老金进行一次性分配（%）	29.5	27.6
计划年金化部分或全部 DC 储蓄（%）	22.1	28.9
平均知识得分	5.2	6.3
低知识水平占比（%）	53.1	26.6
高知识水平占比（%）	13.4	30.3
活到 75 岁的概率：0~24%（%）	8.1	8.3
活到 75 岁的概率：75%~100%（%）	56.6	51.1
活到 85 岁的概率：0~24%（%）	23.1	20.5
活到 85 岁的概率：75%~100%（%）	28.0	25.4
已婚调查对象数量	482	
去年收入超过 50 000 美元的夫妻	24.9	
前后符合退休年龄的样本量数量	504	526
平均退休年龄	62.4	62.6

注：样本量为620。

资料来源：作者计算得到；见本文。

表 3A-2   被解释变量定义

被解释变量	定义	调查措辞	答案选项
选择进行一次性分配	1：回答是 0：回答否、尚未决定或未作答	[BD：] 您是否计划对您的养老金进行一次性分配，从而不再接受月度福利？ [Progress Energy：] 如果您的退休金计划允许一次性分配全部或部分养老金福利，您退休时是否会选择该选项？	1：是 2：否 3：尚未决定
选择年金化部分或全部401（k）账户余额	1：回答是 0：回答否、尚未决定或未作答	您是否计划用退休储蓄购买终身年金？	1：是 2：否 3：尚未决定

注：这项调查包括一个引导问题，询问调查对象是否可以一次性分配其养老金。实际的调查问题如下：您能否一次性分配全部或部分您的养老金计划（不包括您的（储蓄奖励计划/401（k）计划）收入）吗？回答选项有：是；否（跳到问题14）；不知道（跳到问题14）。

资料来源：作者计算得到；见本文。

表 3A-3   主要控制变量定义

协变量	问题	回答
总财富	您在BD提供的退休计划之外拥有的股票、债券和储蓄账户的总值（包括您以前雇主提供的任何401（k）、403（b）、457计划或IRA，包括您的配偶或伴侣拥有的退休计划）？	1：少于25 000美元 2：25 001~50 000美元 3：50 001~75 000美元 4：75 001~100 000美元 5：100 001~250 000美元 6：超过250 000美元
收入	去年，您的总收入是多少，包括来自BD的收入和从其他雇主那里可能获得的任何其他收入（不包括其他家庭成员的收入或利息收入、租金或股息收入）？	1：少于25 000美元 2：25 001~50 000美元 3：50 001~75 000美元 4：75 001~100 000美元 5：100 001~150 000美元 6：超过150 000美元
DC账户	[BD：] 您的储蓄奖励计划的总价值是多少（不包括您的配偶或伴侣所持有的退休计划的价值）？ [Progress Energy：] 您现有雇主提供的退休计划之外的股票、债券和储蓄账户的总价值是多少（包括401（k）、403（b）、457计划或IRA；不包括您的配偶、伴侣拥有的退休计划）？	1：少于1年工资 2：1~2年工资 3：3~5年工资 4：超过5年工资
健康	您如何评价您的健康水平？	1：差 2：较差 3：好 4：很好 5：非常好
活到75岁	当您计划退休时，您认为您活到75岁的概率是多少？	1：0~24% 2：25%~49% 3：50%~74% 4：75%~99% 5：100%

资料来源：作者计算得到；见本文。

　　　　　　　　　　　　　知识得分问题

调查问题	回答
您最早可以开始领取社会保障福利的年龄是多少岁？	62岁（正确）
您可以获得全额或无扣减的社会保障福利的年龄是多少（这称为正常退休年龄）？	66岁（正确）
如果您在尽可能早的年龄开始享受社会保障福利，您将获得的福利是您在正常退休年龄获得的福利的百分之多少？	60% 75%（正确） 80% 100% 不知道
提前退休的社会保障福利减少是永久性的还是在达到正常退休年龄时不再减少？	永久减少（正确） 达到退休年龄后不再减少 不知道
当您开始享受社会保障福利时，这些福利：	余生都是一样的 每年随通货膨胀率增加（正确） 每年增加但低于通货膨胀率 每年增加但高于通货膨胀率 不知道
您最早可以享受医疗保险的年龄是多少岁？	65岁（正确）
您认为以下陈述是正确的还是错误的？"购买单一公司股票通常比多元化投资组合提供更安全的回报。"	正确 错误（正确）
假设您的退休收入每年增加2%，通货膨胀率每年为4%。一年后，您能够：	用您增加的收入购买更多的商品和服务 用您增加的收入购买更少的商品和服务（正确） 用您增加的收入购买不变的商品和服务
您公司是否允许您退休后保留健康计划？	是（正确） 否 不知道

资料来源：作者计算得到；见本文。

参考文献

Agnew, J. and L. Szykman (2011). 'Annuities, Financial Literacy and Information Overload,' in O. S. Mitchell and A. Lusardi, eds, *Financial Literacy: Implications for Retirement Security and the Financial Marketplace.* Oxford, UK: Oxford University Press.

Ameriks, J. (2002). 'Recent Trends in the Selection of Retirement Income Streams Among TIAA-CREF Participants,' Research Dialogue No. 74. New York, NY: TIAA-CREF Institute.

Avanzi, B. (2009). 'What is It That Makes the Swiss Annuitize? A Description of the Swiss Retirement System,' UNSW Australian School of Business Research Paper No. 2009ACTL06. Sydney, Australia: UNSW.

Brown, J. (2008). 'Understanding the Role of Annuities in Retirement Planning,' in Annamaria Lusardi, ed., *Overcoming the Saving Slump: How to Increase the Effectiveness of Financial Education and Saving Programs.* Chicago, IL: University of Chicago Press, pp. 178-206.

——J. Kling, S. Mullainathan, and M. Wrobel (2008). 'Why Don't the People Insure Late Life Consumption? A Framing Explanation of the Under-Annuitization Puzzle,' NBER Working Paper No. 13748. Cambridge, MA: National Bureau of Economic Research.

Clark, R., M. Morrill, and S. Allen (2010). 'Employer-Provided Retirement Planning Programs,' in R. L. Clark and O. S. Mitchell, eds, *Reorienting Retirement Risk Management.* Oxford, UK: Oxford University Press, pp. 36-64.

Davidoff, T., J. Brown, and P. Diamond (2005). 'Annuities and Individual Welfare,' *American Economic Review*, 95(5): 1573-90.

Friedman, B. and M. Warshawsky (1990). 'The Cost of Annuities: Implications for Saving Behavior and Bequests,' *Quarterly Journal of Economics*, 105(1): 135-54.

Hu, W. and J. Scott. (2007.) 'Behavioral Obstacles to the Annuity Market,' Pension Research Council Working Paper No. 2007-10. Philadelphia, PA: Pension Research Council.

Hurd, M. and C. Panis (2006). 'The Choice to Cash Out Pension Rights at Job Change or Retirement,' *Journal of Public Economics*, 90(12): 2213-27.

Johnson, R., L. Burman, and D. Kobes (2004). *Annuitized Wealth at Older Ages: Evidence from the Health and Retirement Study.* Washington, DC: Urban Institute. http://www.urban.org/UploadedPDF/411000_annuitized_wealth.pdf .

Mitchell, O. S., J. Poterba, M. Warshawsky, and J. Brown (1999). 'New Evidence on the Money's Worth of Individual Annuities,' *American Economic Review*, 76(3): 297-313.

Moore, J. and L. Muller (2002). 'An Analysis of Lump-Sum Pension Distribution Recipients,' *Monthly Labor Review*, May: 29-46.

Purcell, P. (2009). *Pension Issues: Lump-Sum Distributions and Retirement Income Security.* CRS Report for Congress. Washington, DC: Congressional Research Service.

US Bureau of Labor Statistics (BLS) (1990). *Employee Benefits in Medium and Large Firms, 1989.* Bulletin 2363. Washington, DC: US Bureau of Labor Statistics.

——(1999). *Employee Benefits in Medium and Large Establishments, 1997.* Bulletin 2517. Washington, DC: US Bureau of Labor Statistics.

——(2005). *National Compensation Survey: Employee Benefits in Private Industry in the United States, 2003.* Bulletin 2577. Washington, DC: US Bureau of Labor Statistics.

——(2007). *National Compensation Survey: Employee Benefits in Private Industry in the United States, 2005.* Bulletin 2589. Washington, DC: US Bureau of Labor Statistics.

第4章 金融知识和401（k）贷款

Stephen P. Utkus，Jean A. Young

缴费确定型（DC）养老金计划，通常被称为401（k）计划，是如今美国私营部门提供养老金的主要形式，覆盖6 000多万名工人。贷款功能是401（k）计划独特的功能之一。计划参与者能够借出其退休账户中的部分资产并随着时间的推移用利息偿还贷款。贷款功能受到各种法律和计划特定的限制，最显著的要求是可以借到不超过一半的已有账户余额（最高贷款额不超过50 000美元）。401（k）贷款是美国家庭信贷独一无二的来源，没有信用承保限额，因为参与者实际上是从自己的累计退休资产中借入资金的。截至2008年底，18%的DC计划的参与者在他们的账户上有一笔未偿贷款，其平均价值为7 191美元或16%的平均账户余额（Holden et al.，2009）。①

关于401（k）计划贷款的常见问题之一是它们是否会给退休保障带来非法的风险（USGAO，2009）。当参与者终止雇佣关系时，任何未偿贷款余额均应支付给该账户；否则，作为退休账户中持有资产的未付贷款的金额将被清偿并报告为"视为分配"（deemed distribution），须缴纳税款和罚金。2007年这种视为分配额约达6亿美元，占3.7万亿美元DC计划资产的0.02%（USDOL，2010）。尽管这些成本相对于总资产持有量来说很低，但对于经济脆弱或经济不成熟的特定群体而言，这些成本可能很高。贷款也为计划参与者带来潜在的机会成本，而不是建立在均衡投资组合回报更高的股权配置的基础上。②与此同时，有证据表明贷款可能提高DC计划的参与或缴款率，从而增加养老收入的边际保障（USGAO，1997；Munnell et al.，2002；Mottola and Utkus，2005；Mitchell et al.，2007）。虽然不确定401（k）参与者是否充分利用了这种相对于其他类型借款的优点，但是这些401（k）贷款也为流动性受限的家庭提供了低成本的借款来源，如信用卡债务（Li and Smith，2008）。

---

① 贷款使用期限的发生概率无疑高于此时间点的估计值。

② 基于1926—2009年历史上的资产类回报，当一位参与者把70%的资产配置于股票，把30%的资产配置于债券（假设样本中所有参与者都是平均分配资产），转向把60%的资产配置于股票和40%的资产配置于债券，其实际平均年收益率将从5.85%降低到5.48%，减少了37个基点。20%的分配变化将会使这个数字翻一番。

本章考虑401（k）贷款风险性质的具体问题，即在美国401（k）计划中金融知识与贷款行为的相关程度如何？除了这些计划之外，还有很多证据表明金融知识和不良借款习惯是相互关联的，无论是发薪日贷款、信用卡还是抵押贷款（FINRA，2009）。然而，401（k）贷款与这些借款来源不同，因为它不涉及寻求盈利的金融中介机构，借款发生在一个相对非商业性的环境中，即工作场所，作为雇主出资的更广泛的退休储蓄计划的附属物。401（k）贷款也代表个人从他们自己积累的财富中借贷的倾向，而不同于通过借贷机构借款的其他储蓄者。

我们的研究借鉴了2008年8月和9月对近900名计划参与者进行的调查，并对相关的401（k）行政记录进行了增补。我们的调查询问计划参与者4个有关一般金融知识的问题，并从中构建了一个简单的金融知识指数。首先我们发现，工作年限与401（k）借款的联系最为密切。而受教育程度较低、收入较低、较年轻的人、（有些矛盾的是）高收入家庭更有可能借钱。其次，贷款与金融知识密切相关。金融知识得分低的参与者从401（k）贷款的可能性增加了6%，对于占样本22%的有未偿贷款的参与者而言，这一比例增加至27%。最后，我们发现401（k）贷款与其他行为密切相关，如401（k）雇员缴款少、退休财富少和每月无法偿还信用卡债务等情况。这些结果均表明，401（k）借款不是孤立发生的，而是与在金融决策中一个常见的不可观测的"缺乏耐心"变量有关，即在时间偏好上的高贴现率（"现在花费和以后存储"）。因此，决策者或计划倡导者努力向参与者介绍401（k）贷款的收益和风险的工作任重而道远，并且他们必须考虑家庭管理收入、支出和债务的整体能力，而不仅仅是401（k）贷款功能。

在下文中，我们首先描述数据，包括401（k）借款人的特征以及金融知识指标。然后，我们考虑一个关于金融知识与其他金融行为指标的简单贷款行为logistic模型。最后，我们讨论实证结果以及对金融教育工作的启示。

4.1 数据和描述性统计

我们的调查样本来自提供贷款功能的707个401（k）计划中的130万个参与者账户的数据集；该数据集是从Vanguard的401（k）记录系统抽取的，截止日期为2008年6月30日。我们的调查于2008年8月和9月通过电话进行；共收回895份参与者完整的答复（在249个方案中）。调查样本是根据各种贷款行为从记录保存数据集中抽取的。①最终，所有回复者的回复被重新加权至原始数据集。①表4-1提供了两个样本的描述性统计。

---

① 样本来源于4类贷款行为：目前有贷款的参与者；已经偿清贷款并在获得数据时没有任何未还清的贷款的参与者；未从当前雇主的401(k)计划中借款的参与者；截至2008年6月30日的12个月内因失业而有未偿贷款的第四组参与者。鉴于我们仅研究金融知识与贷款行为的关系，第四组被排除在外，最终的调查样本为895名参与者，按照年龄和借贷行为，加权计算后纳入130万个原始样本。

表4-1 描述性统计（%）

	全体受访者		有未偿贷款的受访者	
	调查样本	记录保存样本	调查样本	记录保存样本
	（A）	（B）	（C）	（D）
性别				
男	66	33	67	36
女	34	16	33	17
缺失	0	51	0	47
年龄				
35岁以下	26	25	17	17
35~50岁	43	43	53	52
50岁以上	31	32	30	31
收入				
<75 000美元	38	42	44	55
75 000~100 000美元	31	15	27	16
>100 000美元	21	22	23	18
拒绝/未知	10	21	6	11
工作年限				
<4年	27	33	8	12
4~10年	29	27	26	31
>10年	44	39	66	56
缺失	0	1	0	1
受教育程度				
高中以下	21	N/A	32	N/A
大学未毕业	28	N/A	38	N/A
大学毕业或更高学历	51	N/A	30	N/A
401（k）员工缴款				
<3 000美元	44	50	56	57
3 000~10 000美元	36	33	37	35
>10 000美元	20	17	7	8
401（k）账户余额				
<10 000美元	24	33	8	16
10 000~50 000美元	31	30	37	42
>50 000美元	45	37	55	42
非退休财富				
<25 000美元	40	42	59	25
25 000~100 000美元	31	27	24	54
>100 000美元	23	22	11	13
拒绝/未知	6	9	6	8
总样本数（未加权）	895	1 628 273	308	337 505
总样本数（加权）	857		190	

注：根据年龄和贷款状况，调查问卷对记录人口进行加权处理；参考下文。记录保存样本从2008年6月30日开始提取。调查样本截至2008年8月和9月。401（k）缴款为2008全年的。

资料来源：作者计算得到；见本文。

这些变量包括年龄、家庭收入、工作年限和受教育程度以及 2008 年员工在 401（k）账户的缴款、401（k）账户余额和非退休财富（拥有相同邮政编码家庭的平均财富）。[①]A 列和 B 列是比较调查样本与记录保存样本。这两者实际上是相同的，除了一些有超标倾向的样本：工作年限超过 10 年的样本（44% 的调查样本与 39% 的记录样本）；401（k）账户余额超过 50 000 美元的样本（45% 的调查样本与 37% 的记录样本）；参与者收入低于 75 000 美元的样本（38% 的调查样本与 42% 的记录样本）。

C 列和 D 列是当前有未偿贷款的 401（k）参与者的描述性统计。与所有参与者相比，当前借款人的收入和 401（k）账户余额往往较高，但他们的非退休财富有可能较低（低于 25 000 美元）。他们年龄更大、工作年限更长。部分原因是由于年龄、工作年限的影响，账户余额可能反映了要求参与者在从账户上借款之前需积累足够的储蓄。我们样本中的大多数都实行的是至少 1 000 美元的贷款计划，因此参与者在特定情况下至少需要 2 000 美元的账户余额才能贷款。造成这些影响的另一个原因可能是，随着时间的推移，参与者更熟悉 401（k）计划的特点。

表 4-2 列出了调查中包含的四个金融知识问题，涉及四个主题：复利、信用卡债务、股票市场风险和投资回报。这些问题旨在测试参与者对个人理财观念的一般认识，而不是他们对 401（k）计划或 401（k）贷款特征的了解。表 4-3 总结了当前 401（k）有未偿贷款参与者的回答，并将其与没有未偿贷款的参与者的回答进行了对比。有 401（k）未偿贷款的参与者比没有未偿贷款参与者正确回答信用卡债务问题的可能性更低（借款人为 78%，非借款人为 82%）；借款人也不太可能正确回答股票市场风险问题（借款人为 60%，非借款人为 78%）和投资回报的一般问题（借款人为 71%，非借款人为 77%）。至少在描述性统计方面，一般金融知识的某些方面似乎与 401（k）借款行为有关。

有 52% 的受访者四个金融知识问题回答正确，我们将这部分群体设为"高"金融知识组。另有 29% 的受访者三个问题回答正确；16% 的受访者两个问题回答正确；3% 的受访者仅一个问题回答正确。这三部分群体（48% 的调查者）被归类为"低"金融知识组。表 4-4 为"高"金融知识组和"低"金融知识组的描述性统计。"低"金融知识组的参与者不成比例的是女性（26% 比 74%），她们较年轻、收入较低和受教育程度较低。她们的 401（k）缴款总额和账户余额也更低。

---

① IXI 公司提供了一种在一个邮政编码+4 区域内衡量退休计划之外的平均财富的方法。

表4-2　　　　　　　　　　　　　　　　　　　金融知识问题

问题类别	问题内容	回答选项	正确答案
复利	如果您正在为将来的目标存钱，最好早点开始，这样您的钱就能赚得更多，并且随着时间的推移积累得更快	正确或者错误	正确
信用卡债务	只要您可以每月支付最低限额的款项，就可以在信用卡上保持平衡	正确或者错误	错误
股票市场风险	如果您要在股票共同基金中投资1 000美元，那么当您提取这笔资金时，可能会少于1 000美元	正确或者错误	正确
投资回报	您会选择投资以下哪种产品以实现最高预期的长期增长？	储蓄账户、存款证明、保险单、股票共同基金	股票共同基金

注：问题类别仅供参考，并未包含在回答者的问题中。

资料来源：Hilgert等（2003）、美国恒康金融服务集团（2002）和个人理财知识入门联盟（2004）。

表4-3　　　　　　　　　　　　　　　　　　　金融知识得分

	有未偿贷款的受访者	没有未偿贷款的受访者	全体受访者
复利			
正确	99	99	99
不正确	1	1	1
不确定/拒绝回答	0	0	0
信用卡债务			
正确	78	82	81
不正确	20	16	17
不确定/拒绝回答	2	2	2
股票市场风险			
正确	60	78	74
不正确	22	14	16
不确定/拒绝回答	18	8	10
投资回报			
正确	71	77	75
不正确	18	15	16
不确定/拒绝回答	11	8	9
小结			
零正确	1	0	0
一个正确	6	2	3
两个正确	19	15	16
三个正确	33	27	29
四个全部正确（"金融知识丰富"）	41	56	52
总样本数（未加权）	308	587	895
总样本数（加权）	190	667	857

资料来源：作者计算得到；见本文。

表 4-4　　　　　　　　　不同特征下的金融知识得分（%）

	金融知识得分高	金融知识得分低	所有受访者
性别			
男	57	74	66
女	43	26	34
年龄			
35 岁以下	30	23	26
35~50 岁	40	45	43
50 岁以上	30	32	31
收入			
<75 000 美元	45	33	39
75 000~100 000 美元	19	24	22
>100 000 美元	26	34	30
拒绝/未知	10	9	9
工作年限			
<4 年	29	26	27
4~10 年	30	28	29
>10 年	41	46	44
受教育程度			
高中以下	31	13	21
大学	27	28	28
大学毕业或更高学历	42	59	51
401（k）员工缴款			
<3 000 美元	58	32	44
3 000~10 000 美元	30	42	36
>10 000 美元	12	26	20
401（k）账户余额			
<10 000 美元	32	17	24
10 000~50 000 美元	32	29	31
>50 000 美元	36	54	45
非退休财富			
<25 000 美元	44	37	40
25 000~100 000 美元	26	36	31
> 100 000 美元	22	23	23
拒绝/未知	8	4	6
总样本数（未加权）	454	441	895
总样本数（加权）	447	410	857
样本的百分比	高	低	100

注：金融知识得分为 4 分的定义为"高"；否则为"低"。有关调查样本的更多信息，请参见表 4-1。

资料来源：作者计算得到；见本文。

4.2 与401（k）贷款有关的因素

我们使用贷款行为的logistic回归模型来检验401（k）借款与人口特征变量、金融知识和行为变量之间的关系。在方程（1）中，$BORROWER_{i,j}$表示截至2008年9月（我们提取管理数据的时间）第i个参与者在第j个计划中有401（k）未偿贷款的概率：

$$BORROWER_{i,j}=\alpha DEMOGRAPHICS_i+\beta LITERACY_i+$$
$$\gamma FIN_{BEHAVIOR_i}+v_i+\varepsilon_{i,j,t}$$

其中，如果参与者在2008年9月有未偿贷款，则被解释变量取值为1，否则为0。在我们的调查样本中，$BORROWER_{i,j}$的均值（加权）为22.2%。表4-1中的人口特征变量包括性别、年龄、收入、工作年限和受教育程度。[①]金融知识是指参与者是否为低金融知识得分组的哑变量。$FIN_{BEHAVIOR}$包括与参与者财务状况相关的非401（k）贷款因素的各种变量，包括401（k）缴款、401（k）账户余额、非退休财富、家庭是否每月都有信用卡债务。

表4-5报告了3个logistic回归模型的结果：模型A仅使用标准人口统计变量作为解释变量进行估计，而模型B则增加了金融知识变量，模型C使用了额外的财务特征进行估计。在模型A中，工作年限与401（k）借款的相关关系最强：工作年限超过10年的参与者有未偿贷款的可能性提高了21%，平均借贷利率相对增加近22%。受教育程度最低的群体更有可能有未偿贷款。401（k）借款人年龄在35岁以下、收入低于75 000美元的可能性更大。矛盾的是，借款人拥有超过10万美元的收入的可能性也更大。在模型B中，缺乏金融知识使未偿贷款的可能性增加了6%，相对增长27%，并在1%的水平上显著。将金融知识变量引入模型中，工作年限、受教育程度、年龄和收入对借贷行为的相对影响减小。

例如，在模型B中，受过高中教育（或以下）的相对影响只有7%，而在仅考虑人口特征变量的模型中，这一比例为9%。

表4-5和图4-1报告了模型C的估计结果，该模型结合了与参与者的财富、储蓄和借款行为有关的其他金融特征。最引人注目的发现应该是401（k）计划的缴款行为与借贷之间的关系。相比那些一年可以节省3 000美元至10 000美元的对照组而言（控制了其他可能影响储蓄倾向的因素，如收入和工作年限的差异），参与者每年向401（k）计划缴款3 000美元可获得贷款的可能性要高出13%。在低储蓄者之间，借贷倾向相对高出59%（13除以22）。在其他条件相同的情况下，401（k）借款者似乎也是401（k）低储蓄者。相比之下，在控制影响储蓄倾向的其他差异后，高额储蓄者（每年缴款10 000美元或更多的储户）与对照组相比，有401（k）未偿贷款的可能性低16%。

---

① 计量经济模型也纠正了计划水平的异方差(v_i)。

表 4-5 有未偿贷款可能性的 logistic 估计

	人口特征		金融知识得分		财务特征	
	估计系数	边际系数（%）	估计系数	边际系数（%）	估计系数	边际系数（%）
性别（参照：男性）						
女	-0.034	-1	-0.065	-1	0.102	-2
年龄（参照：35~50 岁）						
35 岁以下	0.141	3	0.102	2	0.221	3
超过 50 岁	-0.379**	-9	-0.363	-8	-0.399***	-6
收入（参照：75 000~100 000 美元）						
少于 75 000 美元	0.188	4	0.173	4	-0.087	-1
超过 100 000 美元	0.104	2	0.102	2	0.146*	7
工作年限（参照：4~10 年）						
4 年以下	-1.092***	-25	-1.103***	-23	-0.725***	-11
超过 10 年	0.921***	21	0.942***	20	0.641***	10
受教育程度（参照：大学未毕业）						
高中毕业或以下	0.400***	9	0.309**	7	0.227	4
大学毕业或以上	-0.693***	16	-0.626	-13	-0.467***	-7
金融知识（参照：高）						
低			0.275***	6	0.273***	4
401（k）员工缴款（参照：3 000~10 000 美元）						
少于 3 000 美元					0.830***	13
超过 10 000 美元					-1.046***	-16
401（k）账户余额（参照：10 000~50 000 美元）						
少于 10 000 美元					-1.167***	-18
超过 50 000 美元					0.784***	12
非退休财富（参照：25 000~100 000 美元）						
少于 25 000 美元					0.543***	9
超过 100 000 美元					-0.394*	-6
信用卡余额（参照：否）						
是					0.283**	4
总样本数（未加权）	895		895		895	
总样本数（加权）	857		857		857	
R²	0.191		0.204		0.315	

注：被解释变量是 401（k）参与者是否有未偿贷款（是为 1，否为 0），均值是 22.2%。采用计划水平的聚类异方差 logistic 回归。*、**、***分别表示在 10%、5%、1%的水平上显著，回归包括控制变量。

资料来源：作者计算得到；见本文。

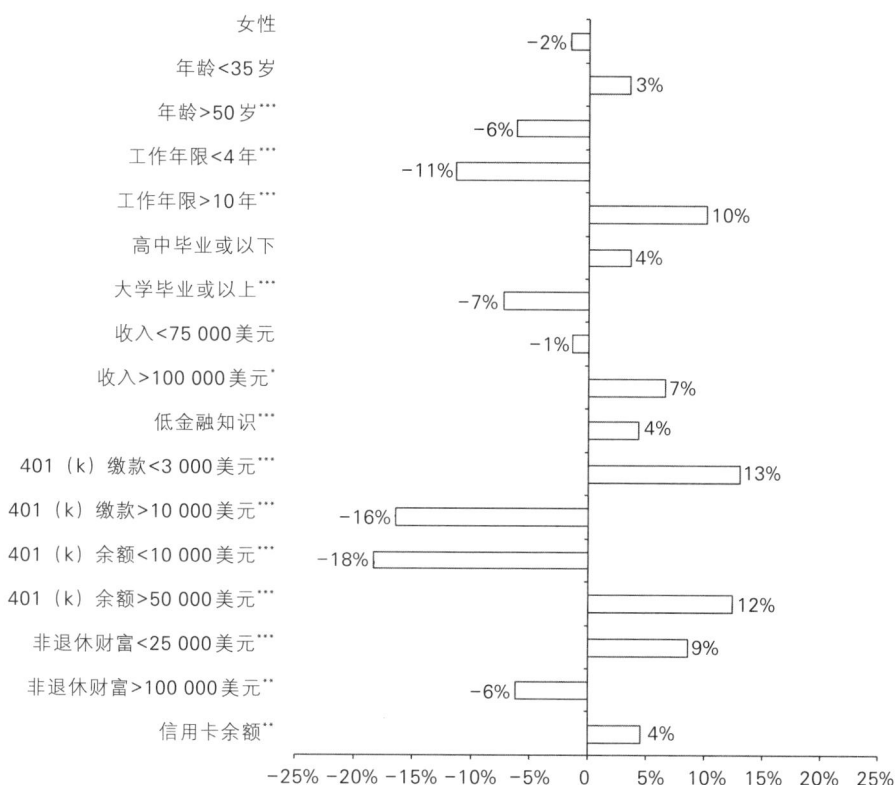

图 4-1 预测有未偿贷款的边际效应全模型

注：采用计划水平的聚类异方差 logistic 回归。*、**、*** 分别表示在 10%、5%、1% 的水平上显著，回归包括控制变量。

资料来源：作者计算得到；见本文。

　　另一个重要影响是扩展模型对收入的作用。在之前的模型中，收入更多（每年 100 000 美元以上）或收入更低（每年 75 000 美元以下）与贷款增加有关。在这种扩展模型中，低收入不再显著，而高收入的边际效应为 7%，与 22% 的贷款率相比，高出近 1/3。虽然结果仅在 10% 的水平上显著，但它仍然表明高收入家庭最有可能利用 401（k）贷款，详见包括其他金融资产和行为的更稳健的贷款模型。

　　401（k）贷款倾向对 401（k）和非退休财富有负向影响。具有 401（k）账户余额的参与者的借款倾向上升，账户余额低于 10 000 美元的参与者获得借款可能性比对照组（余额在 10 000 美元至 50 000 美元之间）低 18%。同时，那些账户余额在 50 000 美元以上的参与者比对照组的人得到贷款的可能性高 12%。401（k）账户余额越多，可用于借款的资源越多，参与者得到贷款的可能性越高。相比之下，非退休财富则恰恰相反。那些退休金低的参与者在 401（k）计划之外更有可能受到流动性约束，因此可能更依赖计划的贷款功能（9%）；那些退休金高的人受到流动性约束的程度可能更低，因此他们不太可能通过401（k）计划去借款（-6%）。表4-5中的最后一个变量用于衡量参与者前一个月的信用卡上是否有余额。那些回答"是"的参与者得到贷款的可能性要高出4%，相对增加18%（4%%÷22%）。这与金融知识欠缺的4%的边际效应一致。

我们将这些结果大致解释为401（k）贷款行为反映了参与者未注意到的时间偏好或贴现行为——人们在平复当前和未来消费时的耐心程度和缺乏耐心程度。

那些高度重视当前消费并且当前储蓄价值较低的缺乏耐心的决策者不太可能为401（k）计划缴款，而更有可能需要401（k）贷款，而且信用卡每月有欠款的可能性更大。对于这类参与者，更高的401（k）余额似乎对借款构成更大的诱惑。在其他因素相同的情况下，低非退休财富也表明401（k）借款人的计划外储蓄率可能较低。所有这些因素都与较低的金融知识水平相关。相反，贴现率低的耐心投资者可能与一组完全相反的行为有关：他们有较多的401（k）缴款和较少的401（k）贷款，每月还清信用卡，具有较高的退休财富，具有更高的金融知识。

在我们的调查中，有一个问题是询问401（k）贷款者关于2008年9月的未偿贷款以及那些以前从其401（k）计划借款并偿还贷款的使用情况。[①]401（k）贷款基本上可用于任何目的。根据联邦法律，贷款分为一般用途（期限为5年或更短）或购房（最长可达30年）。在我们广泛的记录样本中，有95%的贷款属于一般用途类型，尽管这种贷款可以在家庭购房时用于家庭首付和产权转让费或新的家庭开支。

表4-6报告了贷款收益的使用情况。调查受访者可以有多种选择：四成的受访者表示401（k）贷款用于账单或债务清偿，而32%的受访者表示这笔贷款用于房屋改善或维修。共有19%的受访者表示这笔贷款用于购房，14%的受访者用于购买汽车，11%的受访者用于大学开支。

我们分别对这些资金用途进行了分类，以确定它们主要是与"消费"相关，或是与"投资"相关，还是两者兼有。共有40%的受访者表示资金用途主要与投资有关；35%的受访者表示资金用途主要与消费有关；而24%的受访者表示两者兼有。表4-6还列出了金融知识得分与贷款使用收益的情况。缺乏金融知识的受访者倾向于将收益用于消费，而不是投资，但差异很小，在统计意义上不显著。我们的初步结论是，在贷款条件下，金融知识似乎与贷款是否最终用于消费或投资（或两者）无关。然而，在大样本的研究中可能会产生不同的结果。

---

① 有些401(k)借款者回答说他们目前或以前没有贷款计划。有关使用贷款收益的问题仅询问那些表明他们目前或以前有贷款计划的人。

表 4-6　　　　　　　　　　　　　贷款收益用途报告（%）

	金融知识欠缺	金融知识丰富	所有受访者
家装或修理（I）	35	58	32
购买或改造住宅（I）	17	22	19
购买汽车（I）	12	16	14
大学/教育费用（I）	10	13	11
账单或债务清偿（C）	41	37	39
医疗费用（C）	12	10	11
度假费用（C）	7	4	6
婚礼费用（C）	5	1	3
其他（C或I）	16	12	15
小结			
投资（I）	36	43	40
消费（C）	37	33	35
投资和消费	26	22	24
不确定或拒绝	1	2	1
总样本数（未加权）	316	263	579
总样本数（加权）	137	108	245
样本百分比（加权）	56	44	100

注：允许有多个答案。消费支出被归类为"C"；投资被归类为"I"。

资料来源：作者计算得到；见本文。

4.3　结论

　　许多401（k）计划的特点之一便是其贷款功能，参与者可以从账户余额中借到一部分款，并且随着时间的推移，用利息偿还贷款。在401（k）计划的参与者中，只有不到1/5的人在任何时候都能获得贷款。虽然参与者的平均账户余额中一小部分是借来的，但401（k）贷款仍可能会给退休财富的积累带来风险，因为他们通常是在工作变动、失业或退休后支付的。如果贷款在雇佣终止时未偿还，贷款将被视为参与者账户中的应税资金分配，并产生税收责任和罚款。实际上，从账户借来的贷款金额已经不足以补充。与此同时，获得的贷款能鼓励对401（k）计划缴款，因为它们可以缓解个税递延型退休计划账户带来的流动性不足。

我们通过对近900名参与者的调查，研究了金融知识在从401（k）计划借款决策中所起的作用。我们使用了一个简单的"四问题指数"来评估参与者对复利、股票市场风险、投资回报和信用卡债务等金融知识的掌握情况。我们发现，缺乏金融知识会导致参与者有未偿贷款的可能性增加4%~6%。因此，在我们的样本中，22%的参与者有未偿贷款，相对而言，缺乏金融知识的参与者从401（k）计划借贷的可能性增加18%~27%，具体取决于模型设定。

然而，同样重要的是，401（k）借款与其他各种金融决策和行为相关。特别是，从401（k）计划借款与401（k）计划缴款成反比：低储蓄者更可能从401（k）计划借款，而高储蓄者不太可能这样做（控制了影响储蓄倾向的其他因素）。每月持有信用卡余额的倾向也与401（k）借款相关。此外，非退休财富少与401（k）借款有关，这表明非401（k）储蓄率也很低。我们将这些发现解释为金融决策中缺乏耐心的表现，即对时间偏好的高贴现率。

计划倡导者和决策者降低401（k）借款潜在风险的一种方式是向民众普及金融知识。然而研究结果表明，401（k）借款并非孤立存在的，而似乎是与高贴现率或缺乏耐心的金融决策行为有关。因此，对参与者的金融教育工作任重而道远，这不仅涉及401（k）贷款特征本身的优点和风险，而且还涉及退休计划内外参与者对储蓄和借款的态度和行为。当然，后一种教育与前者相比可能会更加复杂，且成本高。401（k）贷款、信用卡贷款、401（k）低储蓄、非计划性低储蓄这四者之间密不可分，但金融知识教育是否能够从根本上改变、如何改变人们这一系列行为，仍有待研究。

致谢

作者感谢Vanguard对参与者调查工作的支持，以及在受限访问条件下提供的记录保存数据。意见和结论仅为作者个人观点，并不反映支持该研究的相关机构的意见，如有疑问，请与作者联系。

参考文献

FINRA(2009). 2009 *National Financial Capability Study*. Washington, DC: FINRA Investor Education Foundation. http://www.nrafoundation.org/resources/re-search/p120478.

Hilgert, M. A., J. M. Hogarth, and S. G. Beverly(2003). 'Household Financial Management: The Connection between Knowledge and Behavior,' *Federal Reserve Bulletin*, July: 309-22.

Holden, Sarah, J. VanDerhei, and L. Alonso(2009). *401(k) Plan Asset Allocation, Account Balances and Loan Activity in 2008*. Washington, DC: Investment Company Institute. http://www.ici.org/pdf/per15-02.pdf.

John Hancock Financial Services(2002). *Insight into Participant Investment, Knowledge and Behavior: Eighth Defined Contribution Survey*. Boston, MA: John Hancock Financial Services. http://www.mfcglobal.com/gsfp/survey2002.pdf.

Jump$tart Coalition for Personal Financial Literacy(2004). *Jump$tart Survey of Personal Financial Literacy among High School Students*. Washington, DC: Jump$tart Coalition for Personal Financial Literacy. http://www.jumpstart.org/survey.html.

Li, Geng and P. A. Smith(2008). 'Borrowing from Yourself: 401(k) Loans and Household Balance Sheets,' Federal Reserve Working Paper 2008-42. Washington, DC: Federal Reserve.

Mottola, Gary R. and S. P. Utkus(2005). *Life-Cycle Funds Mature: Plan and Participant Adoption*. Malvern, PA: Vanguard Center for Retirement Research. https://institu-tional.vanguard.com/iip/pdf/LifeCycleStudy.pdf.

Mitchell, Olivia S., S. P. Utkus, and T. Yang(2007). 'Turning Workers into Savers: Incentives, Liquidity and Choice in 401(k) Plans,' *National Tax Journal*, 60: 468-89.

Munnell, Alicia, A. Sunden, and C. Taylor(2002). 'What Determines 401(k) Parti-cipation and Contributions?,' *Social Security Bulletin*, 64(3): 64-75.

United States Department of Labor(USDOL)(2010). *Private Pension Plan Bulletin: Abstract of 2007 Form 5500 Annual Reports*. Washington, DC: US Department of Labor, Employee Benefits Security Administration. http://www.dol.gov/ebsa/ pdf/2007pensionplanbulletin.pdf.

United States Government Accountability Office(USGAO)(1997). *401(k) Pension Plans: Loan Provisions Enhance Participation But May Affect Income Security for Some*. Washington, DC: US Government Accounting Office. http://www.gao. gov/archive/1998/he98005.pdf.

——(2009). *401(k) Plans: Policy Changes Could Reduce the Long-Term Effects of Leakage on Workers' Retirement Savings*. Washington, DC: US Government Accounting Office. http://www.gao.gov/products/GAO-09-715.

第5章 金融知识欠缺与股市参与：来自RAND美国生活面板数据的证据

Joanne Yoong

　　金融知识欠缺的家庭，总是做出不理想的决策，在长期财富积累中，可能会受到持续的影响。对于美国人来说，尤其如此，因为制度变化使得退休后计划的负担通过缴费确定型（DC）养老金计划的扩展而转移给个人，使那些不进行退休规划的人的净财富较低（Lusardi and Mitchell，2006，2007）。这一类人也日益多样化，越来越多的外国家庭面临更多的语言、教育和文化障碍，无法进入正规金融体系（Braunstein and Welch，2002）。包括联邦政府、非营利团体和雇主在内的许多公共和私人利益相关者已经做出了回应——提供了更多关于规划的教育和工具，但隐含的假设是金融知识的增加会导致行为的变化。

　　然而，关于金融知识欠缺对金融行为影响的证据较少并且较为复杂（如Martin，2007；Agarwal et al.，2011）。原因之一是解决这类问题的现有研究绝大部分是基于对特定金融教育计划和政策的评估。Bayer等（1996）和Bernheim等（2001）表明，雇主发起的金融教育增加了员工储蓄计划的参与率，而高中的义务金融教育显著提高了其成年后的储蓄倾向。然而，最近其他研究人员（例如，Dufloand Saez，2003；Coleand Shastry，2009）发现，金融教育项目对金融决策的影响非常小，尤其是与其他因素相比，如同伴效应和心理偏差。然而，在这种分析中检验金融知识的影响是有问题的：除了关于外部有效性和项目异质性的问题外，这些项目的效率还取决于两个因素：一个是项目影响金融教育的能力，一个是金融教育对行为的效应。进一步来说，由于许多原因，金融教育计划可能不会影响读写能力。尽管如此，将知识的度量指标与观测到的行为联系起来的研究更一致地发现，金融知识与金融行为是相关的，只是因果关系暂不确定。Hilgert等（2003）发现，掌握越多金融知识的个体越有可能参与推荐的金融实践。Lusardi和Mitchell（2006，2007）表明，具有较高金融知识的消费者更有可能提前规划、尽量成功规划并投资于复杂资产，并且这种关系是因果关系。

　　本章通过关注家庭投资行为对长期财富积累至关重要的一个方面——股票市场参与，致力于证实金融知识缺乏和金融行为之间存在联系。使用新的工具变量（IV）方法，我们发现了金融知识缺乏与股市参与之间的负向因果关系。

　　标准投资组合理论认为，无论风险偏好如何，所有家庭都应该持有股票作为他们投资组合的一部分，但60%~70%的美国家庭根本不持有股票（Haliassos and Bertaut，1995；Campbell，2006）。"股市参与之谜"与环境特征有关，如固定成本（Vissing-Jorgensen and Attanasio，2003）、信贷约束（Constantinides et al.，2002）以及借贷利率之间的息差（Davis et al.，2006）。其他研究已经考察了认知、行为和社会层面的解释，如惯性和偏离期望效用最大化（Haliassos and Bertaut，1995）、信任与文化（Guiso et al.，2005）以及社会互动的影响（Hong et al.，2004；Christelis et al.，2005）。Christelis等（2006）使用最新的欧洲健康、老龄化与退休调查（SHARE），发现认知能力与股市参与之间存在正相关关系，认知能力由计算能力、口头表达和记忆力度量。

最近的几项研究特别针对金融知识缺乏和股市参与问题。Guiso 和 Jappelli（2005）研究意大利家庭缺乏对股票的意识，而 Lusardi 和 Mitchell（2007）发现了2004年美国健康与退休调查（HRS）中金融知识指标与股票市场参与之间的正相关关系。然而，内生性偏误是一个问题。例如，不可观测的偏好可以系统地引导个人有目的地了解股票并参与股票市场（Martin，2007）。van Rooij等（2007）做了进一步的研究。他们使用荷兰 DNB 住户调查（DHS）精心设计金融知识的度量指标。作者发现高级金融知识与股市参与之间存在显著的正相关关系，并以经济学教育作为工具变量建立因果关系。尽管如此，他们识别的方法在很大程度上依赖于荷兰特有的保证经济学教育外生性的体制特征，作者指出，在正规学校以外几乎没有获得金融教育的途径。然而，在美国，情况显然并非如此：Bayer等（1996）报告，到1994年，大多数大型雇主提供某种类型的金融教育。

接下来，我们基于 van Rooij等（2007）以及 Lusardi 和 Mitchell（2007）的工作进行研究。我们仅基于与股票市场参与相关的知识，构建与股票相关的投资知识缺乏的分数，运用新的工具变量进行估计，建立与股票相关的投资知识缺乏与股票市场参与之间的因果关系。①

5.1 RAND的数据和测量

5.1.1 美国家庭生活面板数据

美国生活面板数据（American Life Panel，ALP）是一个以荷兰 CentERpanel 为后盾的不断更新的互联网面板数据。目前，约有2 500名ALP受访者，代表的是美国普通人口，截至2007年12月，样本包括约1 000名40岁及以上的个人。ALP受访者的信息通过密歇根大学调查研究中心（SRC）的月度调查获得。这是美国主要的消费者情绪调查，被纳入长期的消费者态度调查（SCA），并产生了被广泛使用的消费者预期指数。面板中的受访者可以使用自己的计算机登录互联网或使用网络电视。通过将

---

① 为了在扩展的标准投资组合选择模型的基础上对这种关系进行更理论化的处理，读者可参考 Yoong（2007），该文更深入地探讨了为什么只有某些类型的金融知识会影响股市参与的基本原理。

缺乏互联网进入途径的受访者纳入到面板中，提高了代表性。

ALP受访者大约每月会收到一封电子邮件，被要求访问ALP网站并在互联网上填写问卷。通常访问不到30分钟。按照每30分钟访问约20美元的标准，受访者可获得受访报酬（如果访问时间较短，则酬金按比例减少）。问题涉及健康状况、退休偏好、社会偏好和投资博弈等诸多方面，目的在于研究人们如何做出金融决策。方便的环境使调查范围十分广泛，ALP可向受访者呈现视频信息，要求受访者反馈和向受访者提供反馈。

5.1.2　样本构造和描述性统计

对于这种分析，我们将ALP每月调查（MS）的多轮相同个体收集的数据合并起来。第1轮（MS1）收集有关收入和资产组合的信息，第2轮和第3轮（MS2和MS3）收集风险厌恶的相关措施，第5轮（MS5）是关于金融知识的详细评估。

由于ALP是持续更新的，因此设计的要求是每个月挑选新的受访者。出于这个原因，样本的构成随时间而变化。[①]本章大部分分析的样本包含533个观测值，由此我们掌握了实验测量方法的完整信息，即人们所掌握的金融知识、拥有的资产以及至少厌恶的一种风险（本文后面会进行介绍）。表5-1提供了描述性统计，说明未加权的样本不具备代表美国人口的典型性。每个样本的平均年龄约为55岁，女性占多数。受访者身体状况良好，受教育程度高于平均水平，收入的中位数超过6万美元，超过80％的人受过高中以上教育。最引人注目的是，近70％的人拥有股票。

表5-1　　　　　　　　　　　　　ALP样本描述性统计

统计量	数值
性别（%）	
女性	56.3
年龄（年）	
均值	54.7
中位数	54.0
2002年年度收入（美元）	
均值	206 523
中位数	61 000
教育（%）	
仅上过小学	0.2
上过高中	1.9
高中毕业	13.0
上过大学	34.3
大学毕业	26.6
更高学历	24.0
持有股票的比例（包括共同基金，%）	68.0

注：样本基于533个观测值。可用的只有462个。

资料来源：作者计算得到；见本文。

---

① 有关面板数据的描述、方法以及访问要注册的数据，请参阅 http://www.rand.org/labor/roybalfd/american_life.html。

需求模型所需的一个关键变量是风险厌恶，我们在这里的建模是基于 Barsky 等（1997）的分类变量。这是在 ALP 的 MS2 中通过假设彩票大于终身收入而得出的。包括 van Rooij 等（2007）在内的学者也采用了这一度量指标，调查要求受访者设想自己是家庭唯一的收入来源者，他们因为过敏需要搬家而不得不换工作。第一份工作保证提供能满足家庭生活需要的全部收入（终身收入），而第二份工作的收入不确定。受访者没有得到任何关于每项工作非货币属性的信息。然后受访者选择当前确定的终身收入"c"，或者具有 50% 不确定性的风险性收入，要么收入增加一倍，要么收入减少（$1-\lambda$）。如果（$1/2$）U（$2c$）+（$1/2$）U（λc）$<U$（c），那么个体将选择安全选项来最大化期望效用"U（·）"。

在调查中，受访者首先被要求在安全选项和有 1/2 的机会将收入翻倍或收入减少 1/3 之间做出选择。如果选择安全选项，则向受访者提供安全选项和有 1/2 的机会将收入翻倍或收入减少 1/5 的选项；如果再次选择安全选项，则要求受访者在安全选项和有 1/2 的机会将收入翻倍或者将收入减少 1/10 之间进行选择，然后这组问题就完成了。如果在第一个问题中选择风险性选项，则向受访者提供安全选项和有 1/2 的机会将收入翻倍或者将收入减少 1/2 的选项；如果再次选择风险性选项，则要求受访者在安全选项和有 1/2 的机会将收入翻倍或者将收入减少 3/4 之间进行选择，然后这组问题就完成了。为了衡量风险厌恶，我们根据 λ 的门槛值将个体进行分组，λ 表示个体愿意从安全选项转换为风险选项的程度：他/她的风险厌恶越大，他/她以终身收入赌博的意愿越小。[1]

5.2 衡量金融知识缺乏：基本问题和高级问题

MS5 中评估金融知识的问题允许受访者拒绝回答，这意味着他或她可以选择跳过这一问题并继续接受访问。[2]在 MS5 中，这种情况发生频率很低，对于后面列出的任何问题，最多只发生一次。在第一个基本模块中，受访者被问到表 5-2 中列出的 5 个问题，每个问题都涉及特定的金融概念。这些问题涵盖了受访者进行简单计算的能力、对复利和通货膨胀的了解程度。受访者还被要求回答一个高级模块，其中包括关于高级金融知识的特定问题（例如 van Rooij et al.，2007）。这些问题评估了受访者对资产、风险分散、市场机构运作以及债券价格与利率之间的关系等知识的掌握程度。表 5-2 中列出了这些问题和回答正确的比例。

---

① 正如 Barsky 等（1997）所讨论的那样，在相对风险厌恶的假设下（CRRA），这种分类度量指标的增加值可以用来计算（增加的）风险厌恶系数的数值范围。

② Annamaria Lusardi 和 Olivia Mitchell 设计的问题与 van Rooij 等（2007）设计的 DNB 住户调查中的两个模块相对应。几乎所有相同问题都采用了相同的问法。

表5-2	金融知识评估问题（%）	
	美国生活面板数据（ALP）	健康和退休调查（HRS）

基本问题

A.复利率

1.假设您在储蓄账户中有100美元，年利率为2%。如果您将钱存入银行账户，5年后，您认为自己的账户中有多少钱？

①大于102美元	92.3	67.1
②等于102美元	2.3	22.2*
③小于102美元	3.2	
④不知道	2.3	9.4

2.假设您在储蓄账户中有100美元，年利率为20%，并且您从不提取资金或利息。5年后，您的这个账户总共能获得多少钱？

①大于200美元	77.7	
②等于200美元	15.6	
③小于200美元	4.1	
④不知道	2.6	

B.通货膨胀

3.想象一下，您的储蓄账户年利率为1%，年通货膨胀率为2%。1年后，您能用这笔账户中的钱购买多少钱的商品？

①比今天多或和今天一样多	0.9	13.4
②跟今天一样多	3.0	**
③少于今天	94.2	75.2
④不知道	1.9	9.4

4.假设在2010年，您的收入增加了一倍，所有商品的价格也都提高了一倍。在2010年，您能用您的收入购买多少钱的商品？

①多于今天	3.2	
②跟今天一样多	78.8	
③少于今天	16.7	
④不知道	1.3	

C.货币的时间价值

5.假设一位朋友今天继承了10 000美元，他的兄弟姐妹从现在开始3年后继承了10 000美元。谁因继承而更富有？

	美国生活面板数据（ALP）	健康和退休调查（HRS）
①我的朋友	77.6	
②他的兄弟姐妹	4.7	
③他们一样富有	10.2	
④不知道	7.5	

高级问题

机构1

1.以下哪个陈述描述了股市的主要功能？

①股市有助于预测股市收益	10.0	
②股市导致股价的上升	1.3	
③股市将想买卖股票的人聚集在一起	75.9	
④以上都不是	7.5	
⑤不知道	5.3	

机构2

2.下列哪个说法是正确的？

①一旦一个人投资了共同基金，第一年他不能取出钱	1.5	
②共同基金能够投资不同的资产，比如股票和债券	72.9	
③共同基金支付有保障的收益率，收益取决于它过去的表现	6.8	
④以上都不对	4.0	
⑤不知道	14.9	

回报1

3.考虑在长期（比如10年或20年），哪项资产能获得最多的收益？

①储蓄账户	1.3	
②债券	18.1	
③股票	70.9	
④不知道	9.8	

	美国生活面板数据（ALP）	健康和退休调查（HRS）

波动率1

4.一般来说，随着时间增加，哪种资产波动性最大？

①储蓄账户	1.5	
②债券	1.7	
③股票	90.0	
④不知道	6.8	

波动率2

5.股票比债券风险高。

①正确	82.6	
②错误	4.1	
③不知道	13.1	

债券价格1

6.如果利率下降，债券价格会怎样？

①上升	37.9	
②下降	27.6	
③保持不变	13.2	
④不知道	21.2	

多样化1

7.买公司的股票通常比股票型共同基金提供更安全的收益。

①正确	4.5	13.2
②错误	78.8	52.3
③不知道	16.5	33.7

多样化2

8.当投资者将资金分散投资于不同的资产，损失资金的风险会怎样变化？

①增加	4.9	
②下降	81.9	
③保持不变	7.0	
④不知道	6.2	

注：由于有拒访的情形，所有的数字加总可能不是恰好等于100%。*：HRS调查给出了一个答案选项"等于或小于102美元"，这是此处报告的统计数据。**：HRS调查没有给出"跟今天一样多"作为这个问题的答案选项。

资料来源：作者计算得到；见本文。

正如人们所预料的那样，相对于总体而言，这个样本的受访者非常了解金融方面的相关知识。我们使用由 Lusardi 和 Mitchell（2007）描述的具有全国代表性的 2004 年 HRS 来对此结果进行基准测试，重点关注 50 岁以上的成年人。表 5-2 显示了与 Lusardi 和 Mitchell 在 HRS 模块中设置 3 个相同问题和 MS5 问题子集的答案；第二栏显示（未加权）HRS 样本的可比结果。造成差异的原因可能是由于模式效应和样本选择。模式效应是指与电话上进行的 HRS 相比，电脑屏幕上的演示可能会影响受访者的回答能力。另外，ALP 受访者也可以在回答调查问题时获得帮助，这是不可观测的。Dominitz 和 Hung（2006）详细分析了 MS 与 HRS 衍生样本之间金融知识的差距。他们发现，接受互联网访问的 HRS 受访者的金融知识水平高于没有通过互联网接受访问的受访者。虽然两次调查的回答差异可能源自样本选择，但这个问题仍有待进一步研究。为了构建金融知识评分，我们主要借鉴 van Rooij 等人（2007）的方法，但在一些关键方面有所改变。[①]

首先，我们通过对二元指标进行主成分分析（PCA），为基本模块中的 5 个问题的正确答案构建基础金融知识指数。我们保留第一个主要组成部分，并将这个组成部分的分数作为我们的基础知识指数。接下来对高级金融知识进行同样的操作，并根据金融知识与股票市场参与的相关性，将"高级"的投资问题分为两部分。我们将涵盖股票相关风险/回报、股票市场、股票共同基金和多样化知识的问题（表 5-2 中的问题 1~5、7 和 8）归为一类，因为这些与参与股票市场的决策直接相关。其余关于债券价格与利率之间的反比关系问题与股票市场决策不直接相关（表 5-2 中的问题 6）。

需注意，缺乏金融知识（我们定义为不具备正确回答任何金融问题的知识）与错误的主观判断不同，并且对行为有不同的影响。如果个人具有模糊厌恶，他们更喜欢已知风险而不是未知风险。在这种情况下，一个缺乏金融知识的个体参与股市的可能性比拥有某种关于股票及其相对风险/回报知识的人更小（Gollier，2006）。同时，与认知正确的人相比，一个错误认为股票没有风险且回报高的人参与股票市场的概率可能更高。因此，我们明确强调了对知识问题回答"不知道"（代表认知或知识缺乏，因此应该减少股票市场参与，其他方面全部相同）和不正确的回答（这是否会减少参与，取决于问题内容）之间的差异。我们关注前者，并控制后者。为度量投资知识缺乏程度，我们通过对 7 个二元指标进行主成分分析建立一个无知股票市场投资的指数，对于高级模块中与股市投资有关的 7 个问题的"不知道"答案，保留一个主要组成部分，并将该部分的得分作为我们的投资知识缺乏指数。

---

① 简要来说,作者首先进行了一项因子分析,表明在两组分开的问题中不同的载荷下有两个主要因素。基于这一初步发现,作者通过分别使用两个模块中的每一个模块中的所有问题进行单独的因子分析产生两个指数,在每种情况下保留一种潜在因素,其被解释为"基本知识"和"高级知识"。在基本知识的情况下,他们使用二元指标来指代正确回答了每个问题,因为表示不知道的受访者比例很低。在高级知识的情况下,作者通过包含二元指标来指代回答正确以及回答"不知道"来解释不了解与错误。关于高深知识指数方法的公正性的更详细的技术描述,请参阅 van Rooij 等(2007)的附录 A。

5.3 实证分析

在多元回归中，我们估计下列形式的方程：持有股票作为被解释变量 Y：

$$Y_i = \beta X_i + \delta Z_i + \varepsilon_i$$

其中，X_i 是所关注的变量，Z_i 是个体层面的控制变量。用普通最小二乘法（OLS）对哑变量进行估计时，该设定可直接解释为线性概率模型。控制变量包括年龄和受教育程度（在两种情况下均省略最低类别）性别以及更为重要的风险厌恶。关注的主要假设是 $\beta < 0$ 表示缺乏与股票相关的投资知识。

5.3.1 普通最小二乘法/probit估计

表5-3和表5-4报告了关注变量对个体针对股市投资问题回答"不知道"的影响。单独来看，每次回归都与预期一样，系数显著为负。我们还注意到，大多数人口特征控制变量的影响也符合预期（未报告）。随着受教育程度的增加，股市参与比例也增加，已婚夫妇持有股票的可能性更大。首先，股市参与比例随着年龄哑变量的增加而增加，但退休状态的系数较大且显著为负，抵消了年龄的整体效应。不断加入其他控制变量后，风险厌恶的影响并不显著。

表5-3　　　　　　　　　多元OLS估计：个人金融知识问题和股市参与

	(1)	(2)	(3)	(4)	(5)	(6)	(7)
	持有股票	持有股票	持有股票	持有股票	持有股票	持有股票	持有股票
不知道：机构1	-0.25** (0.09)						
不知道：机构2		-0.29*** (0.05)					
不知道：收益			-0.29*** (0.07)				
不知道：波动率1				-0.20* (0.08)			
不知道：波动率2					-0.19*** (0.06)		
不知道：多样化1						-0.35*** (0.05)	
不知道：多样化2							-0.26** (0.08)
总样本数	533	533	533	533	533	533	533
R^2	0.12	0.15	0.14	0.12	0.13	0.18	0.13

注：被解释变量"持有股票"的均值为0.68。所有的变量包括：常数项，以及性别、年龄、婚姻状态、教育、退休、风险厌恶等控制变量。P 的临界值：***0.01，**0.05，*0.10。

资料来源：作者计算得到；见本文。

表 5-4   Probit 估计：个人金融知识问题和股市参与

	(1)	(2)	(3)	(4)	(5)	(6)	(7)
	持有股票	持有股票	持有股票	持有股票	持有股票	持有股票	持有股票
不知道： 机构1	-0.27** (0.10)						
不知道： 机构2		-0.31*** (0.06)					
不知道： 收益			-0.30*** (0.08)				
不知道： 波动率1				-0.21* (0.09)			
不知道： 波动率2					-0.21** (0.07)		
不知道： 多元化1						-0.37*** (0.06)	
不知道： 多元化2							-0.28** (0.09)
总样本数	533	533	533	533	533	533	533

注：被解释变量"持有股票"的均值为 0.68。所有变量包括：常数项以及性别、年龄、婚姻状态、受教育程度、退休、风险厌恶等控制变量。P 的临界值：***0.01，**0.05，*0.10。

资料来源：作者计算得到；见本文。

表 5-5 报告了所有哑变量的 OLS 和 Probit 回归结果。结果显示，变量的影响并不显著为负，也不显著异于 0，且是一致的。但是，金融知识变量之间的高度相关性使得这些结果可能有偏。然而，仍能拒绝原假设，知识变量的所有系数联合为 0（见第 1 列）。最后，第 3 列和第 4 列单独报告了使用股市投资知识缺乏指数的结果，这一指数被标准化为均值为 0，标准差为 1。估计结果表明，缺乏与股票相关的投资知识的指数对股市参与有显著负向影响，效应为 12%~13%。OLS 和 Probit 回归在所有模型中的结果在正负性质上一致，因此为了便于说明，以下仅介绍 OLS 估计结果。

表5-5	OLS/Probit估计：金融知识缺乏和股市参与			
	(1)	(2)	(3)	(4)
	持有股票	持有股票	持有股票	持有股票
	OLS	Probit	OLS	Probit
股票市场投资知识缺乏指数			-0.13^{***} (0.02)	-0.14^{***} (0.02)
不知道：机构1	-0.00 (0.09)	-0.01 (0.11)		
不知道：机构2	-0.15^{*} (0.06)	-0.17^{*} (0.08)		
不知道：收益	-0.18^{*} (0.08)	-0.20^{*} (0.09)		
不知道：波动率1	0.04 (0.09)	0.04 (0.09)		
不知道：波动率2	-0.05 (0.06)	-0.07 (0.07)		
不知道：多元化1	-0.24^{***} (0.06)	-0.25^{***} (0.07)		
不知道：多元化2	0.00 (0.09)	-0.01 (0.10)		
总样本数	533	533	533	533
R^2	0.20		0.17	
F统计量：所有DK变量=0	8.75			
P值	0.00			

注：被解释变量"持有股票"的均值为0.68。所有的变量包括：常数项，以及性别、年龄、婚姻状态、受教育程度、退休以及风险厌恶等控制变量。P的临界值：***0.01，**0.05，*0.1。

资料来源：作者计算得到；见本文。

表5-6在最初的估计中引入了额外的控制变量，第1列仍然是最初的估计。在第2列中，我们引入了其他类型的金融知识作为控制变量，主要是 van Rooij 等（2007）的基本金融知识指数。增加控制变量会减少投资知识缺乏的估计影响，但结果通常是稳健的。基础知识的影响虽然相对较小，但显著为正。在第2列和第3列中，我们还控制了无关的投资知识（债券定价）和错误观念。首先，我们包含一个不知道债券价格和利率之间关系的指标，以及两个对股票的相对风险/收益存在错误认知的代理变量。如果投资者认为股票比债券/储蓄更安全并具有更高的收益，我们认为这是相对于收益低估的风险。在流动性方面，我们认为股票比债券或储蓄的风险更大，且有更低的收益，相对于收益来说高估风险。与我们之前的推论一致，对债券定价机制是否

理解与股票市场参与之间没有经济或统计上的显著关系。最后，模型认为财富是外生的，但这只是我们选择效用函数的结果。因此，考虑到完整性，我们也希望引入财富作为控制变量。不幸的是，ALP没有包含全面的财富指标。在第3列和第4列中，我们将报告的2002年收入的对数包括在内。错误观念的代理变量的系数表明，高估风险/收益权衡的投资者参与股市的可能性较小（尽管当控制财富时这种效应并不稳健），而对低估风险/收益权衡的投资者没有一致或显著的影响。财富的代理变量对股票市场参与有正向影响。但我们注意到，投资知识缺乏指数对这一指标的影响是稳健的。因此，我们的首选设定是第4列，这表明在平均投资知识缺乏水平之上增加一个标准偏差会导致股票市场参与率下降10%。

表5-6　　　　　　　　　　　OLS估计：投资知识缺乏和股市参与

	(1)	(2)	(3)	(4)
	持有股票	持有股票	持有股票	持有股票
股票市场投资知识缺乏指数	−0.13*** (0.02)	−0.12*** (0.02)	−0.10*** (0.02)	−0.10*** (0.02)
基本金融知识指数		0.05** (0.02)	0.06** (0.02)	0.06** (0.02)
相对于收益高估风险		−0.13** (0.05)	−0.10 (0.06)	
相对于收益低估风险		−0.04 (0.13)	0.06 (0.14)	
不知道债券价格		−0.02 (0.05)	0.00 (0.06)	
2002年收入的对数			0.05** (0.02)	0.06** (0.02)
常数项	0.25 (0.15)	0.27 (0.15)	−0.14 (0.23)	−0.18 (0.23)
总样本数	533	533	462	462
R^2	0.17	0.20	0.19	0.18

注：被解释变量"持有股票"的均值为0.68。所有的变量包括：常数项，以及性别、年龄、婚姻状态、受教育程度、退休、风险厌恶等控制变量。P的临界值：***0.01，**0.05，*0.1。

资料来源：作者计算得到；见本文。

5.3.2　工具变量分析

由于线性回归可能会导致金融知识与股票市场参与之间的因果关系推断有偏，所以在本节中，我们使用工具变量法来检验我们的结果。我们通过检查工具变量的相关性和外生性来检验一系列候选工具变量的有效性，并挑选我们的首选工具变量。然后检验股票市场投资知识缺乏指数的内生性。应该指出的是，内生性可能导致估计系数有偏，但事先不能确定总体偏差是否存在和偏差方向。内生性可能导致两个方向的偏差。一方面，内在的不可观测的特征可能会导致一些人主动搜寻信息，因为他们想要改善财务结果。如果个体具有模糊厌恶，厌恶风险的个体可能更加拒绝参与股票市场，那么便会低估知识缺乏和股票市场参与之间的关系。此外，如果人们自动持有股票退休基金，我们预计可能会促使对股票市场知之甚少或不知情的人投资股票。另一方面，投资过程中不断学习反而会导致过高估计（van Rooij et al.，2007）。个人选择也可能产生一定的影响：具备金融知识的投资者可能更擅长投资，而投资失败的、认知水平较低的投资者更可能退出市场。测量误差也可能导致内生性，因为对投资知识缺乏的衡量可能会产生大量的噪声。

由于偏差的程度和方向在理论上是不确定的，我们采用工具变量（instrumental variables，IV）法来研究这一潜在问题。在 ALP 中，有四种潜在的候选工具变量。我们有两个与教育供给相关的变量：高中教育和工作场所的金融教育可得性。Bernheim 等（2001）指出，高中教育可能在很大程度上由授课计划决定，因此可能被视为外生变量。工作场所的培训对个人来说更为重要，但被视为外生变量可能不太合理。特别是，Bayer 等（1996）指出雇主倾向于为解决特定问题而提供培训；也就是说，针对那些 401（k）计划中低工资雇员，他们的参与程度太低，以至于无法通过正误判断测试。

通过询问受访者他们所接受的教育中有多少是与经济相关的，我们还提供了一些自我报告的经济学教育指标。答案分为 0（无）至 3（全部）。van Rooij 等（2007）认为，在荷兰，自评经济学教育水平是一种有效的工具变量，因为经济学教育在高中被提供，且仅限于正规学校教育。由于荷兰的绝大多数员工都参加强制性的待遇确定型（DB）养老金计划，因此没有退休研讨会。

接下来讨论我们的附加工具变量，即债券定价知识。在这里，需假设债券定价知识理论上不影响股票市场参与，但是债券定价知识可能与金融知识的各个方面高度相关。上文的估计表明这一工具变量满足排他性，缺乏债券定价知识不会直接影响股票市场参与。这是我们的首选工具变量。

表 5-7 提供了两阶段最小二乘法的估计结果，高中金融教育可得性与其余三个候选工具变量都分别作为第一阶段回归的工具变量。除控制人口特征变量外，基本金融知识和年收入对数也被控制。在每个模型中，我们通过报告 Sargan-Hansen 估计结果来检验过度识别问题，判断工具变量是否满足外生性。联合原假设是：附加的工具变量与误差项不相关，并且外生的工具变量从估计方程中被正确排除。在原假设下，检验统计量在过度识别限制的数量下服从卡方分布。为了检验相关性，我们还报告了 Anderson（1984）典型相关检验，该方程是否被识别（被排除的工具变量与内生解释变量相关）的似然比检验。[①]

---

① 检验的原假设是，简化形式的系数矩阵的秩为 K-1，其中 K 是回归因子的数量，即该方程未被识别。我们还通过从第一阶段回归中报告的 Cragg-Donald F 统计量来检验工具变量的强弱，它必须远大于 Stock-Yogo 临界值（经验法则认为值为 10）。为了通过外生性和相关性标准，我们不能拒绝 Sargan-Hansen 外生性检验中的原假设，但拒绝 Anderson 相关性检验的原假设。我们还寻找一个大于 10 的 F 统计量来避免弱工具变量偏差。

表5-7　　　　　　　　　　　　　　工具变量（IV）有效性的检验

	（1）	（2）	（3）	（4）
	持有股票	持有股票	持有股票	持有股票
	2SLS	2SLS	2SLS	GMM
	IV（2）	IV（3）	IV（4）	IV（4）
股票市场投资知识缺乏指数	−0.80* (0.39)	−0.75 (0.60)	−0.11 (0.07)	−0.11 (0.07)
基本金融知识指数	−0.07 (0.08)	−0.06 (0.12)	0.06* (0.03)	0.06* (0.03)
Anderson LR 统计量	4.87	1.81	56.89	56.89
Anderson LR 统计量：P 值	0.09	0.40	0.00	0.00
Cragg-Douglas F 统计量 （弱工具变量）	2.37	0.88	29.29	29.29
Sargan test 统计量 （过度识别）	0.00	0.00	0.22	
Sargan test 统计量：P 值	1.00	0.99	0.64	
Pagan-Hall test 统计量 （homoskedasticity）	2.53	1.64	18.07	18.15
Pagan-Hall test 统计量：P 值	1.00	1.00	0.20	0.20
总样本数	533	533	462	462

注：被解释变量"持有股票"的均值为0.68。所有的变量包括：常数项，以及性别、年龄、婚姻状态、教育、退休、风险厌恶等控制变量。P的临界值：***0.01，**0.05，*0.1。同时也包括：IV（1），在高中金融教育的可得性；IV（2），在工作场所金融教育的可得性；IV（3），自我评估的经济学教育程度；IV（4），没有债券定价的知识。

资料来源：作者计算得到；见本文。

　　表5-7的估计结果较为不同。第1列表明工作场所提供的金融教育的边际影响通过了相关性检验，但没有通过弱工具变量检验。在第2列中，我们还发现van Rooij等（2007）的工具变量是无效的，因为它没有通过相关性检验，也没有通过弱工具变量检验。[1]相比之下，在第3列中，对于所有三个检验，我们的首选工具变量结果很好。其他两种候选工具变量带来的偏差会显著影响估计结果的相对大小。[2]

---

　　[1]　在作者独立的分析中，我们使用ALP样本复制了van Rooij等（2007）的分析，并获得在基本金融知识上相似的结果。然而，我们发现，即使在他们的设定下，该工具变量对于ALP也不是有效的。
　　[2]　我们还报告了IV回归中的Pagan-Hall异方差检验。如果异方差事实上是存在的，广义矩方法（GMM）估计更有效。然而，GMM估计量具有较差的小样本属性，尤其倾向于过度拒绝原假设。鉴于此分析中的样本量较小，这是一个重要问题，除非必要，否则不宜使用GMM。在第3列中，我们在80%的显著性水平上接受无异方差的原假设。因此，在第4列中，我们使用GMM估计量复制分析。第3列和第4列的比较表明，结果没有显著改变。鉴于我们并不强烈拒绝原假设，我们选择不实施GMM。

5.3.3 使用有效工具变量检验模型设定

我们注意到，在两阶段最小二乘法的假设中，股票市场投资知识缺乏指数的系数是负的，但仅在10%的水平上显著（P=0.07）。假定现在我们建立了一系列有效的工具变量，需要强调前文提到的投资知识缺乏的内生性是可能存在的，否则无法证实这些问题。因此，我们使用 Wu-Hausman 和 Durbin-Wu-Hausman 检验来检验内生性。结果表明，我们不拒绝任何一种检验下的外生性假设。[1]这表明实际情况下，OLS 和 IV 估计之间的差异小到我们可以将投资知识缺乏视为外生。也就是说，内生性问题不是特别严重，不能判断 IV 估计是否无偏（在我们的小样本中，这也可能是一个影响较大的折中）。因此，我们将更精确的 OLS 结果作为首选估计较为合理。[2]

5.4 进一步分析

5.4.1 规划师

分析的一个主要缺点是我们无法解释受访者对投资专业人士和规划师的使用情况。运用规划师使分析变得复杂，因为规划师通常建议进行股票投资，同时他们也可以传递一些知识。在 ALP 中，我们要求受访者回答与理财规划师就退休计划进行磋商的相关情况，但这个问题仅询问那些已经开始考虑退休并只想到退休计划的人，而不针对借助理财规划师做投资决策的人。而且，这些问题没有涉及自雇或其他方面的问题。尽管如此，样本中仍有1/3的受访者报告曾咨询规划师。对于这个群体，我们发现咨询规划师的人更有可能投资股票。但以是否拥有规划师为条件时，投资知识缺乏的影响并不显著。相反地，未曾咨询规划师的人不太可能投资。更重要的是，这部分群体金融知识缺乏率是原来的两倍，并且非常显著。换句话说，这一结果与借助规划师抵消金融知识欠缺的影响是一致的，对于没有规划师的人来说，其基本结果得到了加强（见表5-8）。

5.4.2 不同的风险厌恶指标

除了 Barsky 等（1997）提出的风险厌恶指标的度量方法，Holt 和 Laury（2002）针对受访者的一部分子样本提出了多重价格清单方法，可以使用单独的风险厌恶度量指标。比较这两种基于风险厌恶指标的不同方法的效果，我们发现基本结果在性质上

---

① 检验统计量是：Wu-Hausman F检验[0.044]；(1,447)，P值[0.84]；Durbin-Wu-Hausman 卡方检验[0.045]；Chi-sq(1)P值[0.82]。

② PCA在指数构建中直接应用的一个重要问题是，严格来说，这种技术是为连续变量而非离散数据而开发的。大多数理论结果，包括因子载荷估计的隐含使用一致性，都是在正态假设下推导出来的。基于多重相关性的更复杂的技术可能适用于进一步改进指数。此外，还尝试了其他数据汇总方法，包括 van Rooij 等（2007）的潜因子分析。应该指出的是，这种分析也曾受到批评，并且应该从四分相关矩阵中估计因子分析模型。然而，当使用极大似然方法估计潜因子模型时，我们得到了基本知识指数的海伍德解，这意味着方差估计值为负值。这个问题的根源可能在于目前的小样本量。随着ALP样本变大，这一分析将被重新审视。

没有变化。[①]

表 5-8 　　　　　　　　　　　　　是否有规划师的分样本分析

	(1)	(2)
	持有股票	持有股票
	有规划师	无规划师
股票市场投资知识缺乏指数	−0.05 (0.06)	−0.08** (0.03)
基本金融知识指数	0.02 (0.04)	0.06* (0.03)
总样本数	157	305
R^2	0.16	0.18

注：被解释变量"持有股票"的均值为 0.68。所有的变量包括：常数项，以及性别、年龄、婚姻状态、教育、退休、风险厌恶等控制变量。P 的临界值：***0.01，**0.05，*0.1。

资料来源：作者计算得到；见本文。

5.4.3 　其他社会/行为因素：信任和社会互动

人们不投资股票市场的另一个原因，可能是他们缺乏对金融机构的信任。Guiso 等（2005）研究发现，"轻信他人"的个体购买股票和高风险资产的可能性更大，并且投资于股票的份额相对更大。根据世界价值观调查（WVS）中提出的问题，他们的信任代理变量是充分信任水平的哑变量："总的来说，您认为大多数人都值得信任，还是您必须小心翼翼地与人们打交道？"这个指标的影响是相当大的：平均来说，轻信他人的人购买股票的可能性增加了 50%，并且投资份额更大。

ALP 缺乏涉及"轻信他人"的问题，但是我们可以根据针对特定事件的主观期望的模块构建可选的度量信任的指标。Guiso 等（2005）认为，基于投资者对征收风险的看法，信任增加了投资。按照相同的逻辑，我们把认为明年有财产被征收的可能性

---

① 　Holt 和 Laury（2002）的方法要求受访者参加一系列具有较低现金奖励可能的彩票。受访者被要求在彩票 A 或 B 之间进行选择。如果该人表示他/她是无差异的，则 A 或 B 的选择将随机进行。每次决定后，选定的彩票都会播放并实现收益。受访者面临十个这样的决策。指定的回报是这样的，一个风险偏好/风险中性的个体会在切换到选项 B 前四次选择 A 选项，即更安全的彩票。请注意，在最后一次抽奖中，所有受访者都应该选择 B，以获得更高的回报，因为现在这是一个确定的事。我们使用安全抽奖的次数来衡量风险厌恶程度的增加。由于 Holt 和 Laury（2002）的问题都是在最近一轮调查中进行的，所以我们只有一个非常小的观测样本，在这些样本中引入了两种度量方式。表 5-7 的第 1 列显示了我们使用 Barsky 等（1997）的度量方式和大样本进行的初始估计。只保留 228 个小样本后，我们比较了 Barsky 等（1997）（第 2 列）与 Holt 和 Laury（2002）（第 3 列）度量的估计结果。令人惊讶的是，使用这两种度量方法以及样本量的急剧下降，估计结果均很稳健。

这一主观判断作为相关的度量指标。

在相关文献中，Hong等（2004）发现，社会互动对股市参与存在积极影响，与邻居互动或参与教会活动的群体可能更多地参与股票市场。此外，在ALP中缺少这些变量的完美的代理变量。因此，我们使用另外两个主观度量指标：个体是否经常感到孤单，以及个体是否参加了一项团队或个人运动。

在其他未详细报告的结果中，我们发现引入这些变量所得到的结果是稳健的。值得注意的是，我们发现，主观的财产征收风险和单独存在的主观风险判断对股票市场参与均没有任何影响。但我们确实发现，参与体育运动（包括团队运动）的个体更有可能持有股票，这与Hong等（2004）的发现一致。

5.5 结论

这项研究表明，即使有些人的财富、教育和金融知识水平高于普通人群，但缺乏理财或金融知识，也会对股票市场参与造成负面影响。研究结论在使用不同的风险度量和控制变量（包括收入、社会因素和文献中提出的其他可用于解释的行为的代理变量）时仍是稳健的。当然，调查结果的外部有效性必须考虑到样本选择问题。①但研究结果的确表明，缺乏金融知识可能是金融参与的一个重大障碍，而对于那些非常反感未知性的个人而言，建立基本的投资意识可能会影响长期积累财富的能力。

未来的研究可在以下方面进行拓展。第一，该模型没有考虑时间贴现和复利如何进入资产配置问题，我们也没有考虑与生命周期相关的因素，这些因素可能与我们的样本年龄较大有关。第二，实证分析仅限于二元的股票参与决策；很自然地，下一步就是向模型参数的结构估计方向转变。第三，金融知识指标的构建本身就是进一步深入研究的话题。目前正在利用ALP探索其他更复杂的方法，包括直接针对功能更为多样化的领域的知识评估。第四，其他类型的行为（金融等）及其与金融知识的关系仍有待探索。第五，未来补充性的一个有趣的研究主题是模糊厌恶的探究，这将使我们能够进一步探索投资知识缺乏与行为之间的联系。

这些结果进一步解释了关于金融知识的分歧，并为政策制订者和实践者提供了将金融知识与金融行为联系起来的新证据。

致谢

作者感谢 Arie Kapteyn、Angela Hung、Annamaria Lusardi 和 Jeff Dominitz 提供指

---

① 我们可以推测,在一个总体不太富裕且受教育程度较低的人群中,知识更有可能成为投资障碍,但这仍有待于调查,可能在未来的健康和退休调查轮次中进行。

导，感谢 Sandy Chien 提供有关美国生活面板数据（ALP），感谢 Prakash Kannan 进行有益的讨论，感谢 Erik Meijer 提供有关信息汇总的特定评论，尤其感谢 Daniel Kopf 杰出的研究协助。这项工作是作者暑期在兰德公司担任助理时进行的。

参考文献

Anderson, T. W. (1984). *An Introduction to Multivariate Statistical Analysis*. New York, NY: John Wiley and Sons.

Agarwal, S., G. Amromin, I. Ben-David, S. Chomsisengphet, and D. D. Evanoff (2011). 'Financial Counseling, Financial Literacy, and Household Decision-Making,' in O. S. Mitchell and A. Lusardi, eds, *Financial Literacy: Implications for Retirement Security and the Financial Marketplace*. Oxford, UK: Oxford University Press.

Barsky, R. B., F. T. Juster, M. S. Kimball, and M. D. Shapiro (1997). 'Preference Parameters and Behavioral Heterogeneity: An Experimental Approach in the Health and Retirement Study,' *The Quarterly Journal of Economics*, 112: 729-58.

Bayer, P. J., B. D. Bernheim, and J. K. Scholz (1996). 'The Effects of Financial Education in the Workplace: Evidence from a Survey of Employers,' NBER Working Paper No. 5655. Cambridge, MA: National Bureau of Economic Research.

Bernheim, B. D., D. M. Garrett, and D. M. Maki (2001). 'Education and Saving: The Long-Term Effects of High School Financial Curriculum Mandates,' Journal of Public Economics, 80(3): 435-65.

Braunstein, S. and C. Welch (2002). 'Financial Literacy: An Overview of Practice, Research and Policy,' *Federal Reserve Bulletin*, November: 445-57.

Campbell, J. Y. (2006). 'Household Finance,' *Journal of Finance*, 61: 1553-604.

Christelis, D., T. Jappelli, and M. Padula (2005). *Health Risk, Financial Information and Social Interactions: The Portfolio Choice of European Elderly Households*. Salerno, Italy: University of Salerno. http://www.csef.it/1st_C6/cjp_June16.pdf.

——(2006). 'Cognitive Abilities and Portfolio Choice,' Working Paper No. 157. Salerno, Italy: University of Salerno.

Cole, S. and G. K. Shastry (2009). 'Smart Money: The Effect of Education, Cognitive Ability, and Financial Literacy on Financial Market Participation,' Harvard Business School Working Paper 09-071. Cambridge, MA: Harvard University.

Constantinides, G. M., J. B. Donaldson, and R. Mehra (2002). 'Junior Can't Borrow: A New Perspective on the Equity Premium Puzzle,' *The Quarterly Journal of Economics*, 117: 269-96.

Davis, S. J., F. Kubler, and P. Willen (2006). 'Borrowing Costs and the Demand for Equity over the Life Cycle,' *The Review of Economics and Statistics*, 88: 348-62.

Dominitz, J. and A. Hung (2006). 'Financial Literacy in HRS and ALP,' Seminar Presentation, University of Michigan, September 2nd.

Duflo, E. and E. Saez (2003). 'The Role of Information and Social Interactions in Retirement Plan Decisions: Evidence from a Randomized Experiment,' *The Quarterly Journal of Economics*, 118: 815-42.

Gollier, C. (2006). *Does Ambiguity Aversion Reinforce Risk Aversion? Applications to Portfolio Choices and Asset Pricing*. Toulouse, France: Institut d'Economie Industrielle (IDEI). http://old.nhh.no/sam/stabssem/2006/gollier-ambiguity5.pdf.

Guiso, L. and T. Jappelli (2005). 'Awareness and Stock Market Participation,' *Review of Finance*, 9: 537-67.

——P. Sapienza, and L. Zingales (2005). 'Trusting the Stock Market,' NBER Work-ing Paper No. 11648. Cambridge, MA: National Bureau of Economic Research.

Haliassos, M. and C. C. Bertaut (1995). 'Why Do So Few Hold Stocks?,' *The Economic Journal*, 105: 1110-29.

Hilgert, M. A., J. M. Hogarth, and S. G. Beverly (2003). 'Household Financial Management: The Connection between Knowledge and Behavior,' *Federal Reserve Bulletin*, July : 309-22.

Holt, C. A. and S. K. Laury (2002). 'Risk Aversion and Incentive Effects,' *American Economic Review*, 92 : 1644-55.

Hong, H., J. D. Kubik, and J. C. Stein (2004). 'Social Interaction and Stock-Market Participation,' *Journal of Finance*, 59 : 137-63.

Lusardi, A. and O. S. Mitchell (2006). 'Financial Literacy and Planning : Implications for Retirement Wellbeing,' PRC Working Paper 2006-01. Philadelphia, PA : Pension Research Council.

———(2007). 'Financial Literacy and Retirement Planning : New Evidence from the RAND American Life Panel,' MRRC Working Paper 2007-157. Ann Arbor, MI : Michigan Retirement Research Center.

Martin, M. (2007). 'A Literature Review on the Effectiveness of Financial Education,' Working Paper 07-03. Richmond, VA : Federal Reserve Bank of Richmond.

van Rooij, M., A. Lusardi, and R. Alessie (2007). 'Financial Literacy and Stock Market Participation,' NBER Working Paper No. 13565. Cambridge, MA : National Bureau of Economic Research.

Vissing-Jorgensen, A. and O. P. Attanasio (2003). 'Stock-Market Participation, Inter-temporal Substitution, and Risk-Aversion,' *American Economic Review*, 93 : 383-91.

Yoong, J. (2007). *Essays in Development and Finance*. PhD Dissertation. Stanford, CA : Stanford University Department of Economics.

第二部分　金融知识干预措施评估

第6章　养老金管理公司选择中的费用、信息框架和金融知识

Justine Hastings、*Olivia S. Mitchell*、*and Eric Chyn*

"如果家庭出现投资失误，金融经济学家可能会提供补救措施，以降低这类错误的发生率和福利成本。"

John Campbell，美国金融协会主席致辞（*2006*）

最近的研究和政策分析开始考察金融知识和家庭储蓄之间的关系，原因有以下几点。首先，在美国和其他地方一般居民的金融知识水平非常低（Bernheim et al.，2001；Lusardi and Mitchell，2007a，2007b，2007c，2009；Hastings and Tejeda-Ashton，2008），而金融知识与消费者是否能够做出明智的储蓄和投资决策又是密切相关的（Hilgert et al.，2003；Lusardi and Mitchell，2010）。其次，金融产品愈加复杂（例如，信用卡的"诱人利率"和"无收入无抵押贷款"），这似乎会破坏要求个人对其退休账户和其他投资承担更大控制权的长期趋势（Campbell，2006）。事实上，之前的研究发现很多人对储蓄和投资决策框架过于敏感，甚至在被动管理的指数基金中追求过往回报，并承担过多债务（Ausubel，1991；Benartzi and Thaler，2001；Choi et al.，2007；Cronqvist and Thaler，2004；Lusardi and Tufano，2008；Ponce-Rodriguez，2008）。此外，那些经济能力最差的人也往往是经济最脆弱的群体，如受教育程度较低的人、女性和低收入者（Lusardi and Mitchell，2006，2008，2010）。因此，最需要金融技能和工具做出最优金融决策的人往往是最缺乏知识的，这使已经处于不利地位的人更容易受到伤害，并可能不利于金融市场的有效运作。

本研究提供了一个评估金融知识和经济成果之间关系的独特机会，探索金融服务收费方式将如何帮助人们做出最符合成本效益原则的储蓄决策。具体而言，我们评估了框架在决定人们对退休储蓄相关费用和佣金意识方面的作用。我们询问受访者对养老金费用信息的敏感程度，这些信息以收益与损失呈现。我们还评估了金融知识缺乏的人是否对费用和佣金的呈现方式具有更高或更低的敏感程度。

1981年智利强制推行私人缴费确定型养老金计划（DC），那么人们选择什么样的养老基金经理人并将费用纳入决策流程就显得尤为重要。①然而，即使养老金管理系统（Asociación de Fondos de Pensiones，AFP）实施了30年，许多参与者似乎对这些

---

①　超过20个拉美国家跟随智利率先采用个人账户养老金，该国的养老金制度也在美国和其他地方引起了很大的关注。

成本如何影响他们的养老金积累也只有基本的了解（Arenas et al.，2008）。在本章中，我们利用与智利社会保护调查（Encuesta de Protección Social，EPS）合作开展的一项新研究，检验影响养老基金经理选择的因素，并评估退休金成本的构建方式是否会进一步影响退休选择。我们尤其关注的是，通过剔除养老基金收费方式的不同来评估金融知识缺乏的程度。我们发现，在选择养老基金时，受教育程度、收入和金融知识水平较低的个人更多地依赖于雇主、朋友和同事，而不是取决于成本。我们还发现，解释不同投资选择的相对优势时，这些类型的个人对信息框架更加敏感。

讨论分三部分进行。首先，我们简要介绍智利养老金制度和我们的实验设计。其次，我们对样本人口的选定特征和实验结果进行描述性分析。最后一部分总结实证结果，并基于这些结果对解决金融知识和退休规划问题的影响提出一些想法。

6.1 设计、实验方法和数据

1981年，智利的国家退休制度实行私有化，目前的养老金计提比例相当大，在正规部门计提比例为员工工资的10%。基金经理在缴款时收取前置费用，然后按照DC法获得资金投入到资产上。这些费用对投资收益的影响系数虽然不大，但经济上的影响却很显著。员工们必须选择希望雇用的养老基金经理来管理他们的退休积蓄，并且一次只能选择一名经理。每一位基金经理人的工作量和过去收益经验的统计数据公布在智利政府的养老金监管网站，政府为参与者提供基金经理人的年度报表，并邮寄到参与者的住所。目前，相对于最便宜的理财规划师，政府官方网站每月公布以比索计价的理财规划师费用，而每年收到的参与者报表则按年费百分比表示费用。这两种方法的数据都以一年为期限。

尽管DC养老金体系在智利已经存在了几十年，但有证据表明许多人仍然不了解该体系的贡献和利益结构。例如，Arenas等人（2008）指出，很多人不知道系统中的支付要求、佣金支付额，以及他们的资金投资方向。Mitchell等人（2008）发现，智利很少有人知道他们的养老金应计提多少佣金或费用，而且这种不了解的情况主要集中于女性、收入最低、受教育程度最低和退休储蓄可能最少的群体。

鉴于此，加强参与者对费率和收费影响养老金积累的了解和意识具有重大意义。实现这一目标的一种方法是当费用以其他方式呈现时，人们对费用是否更加敏感。具体而言，在墨西哥进行的一项试点研究（Hastings and Tejada-Ashton，2008）建议向员工提供比索价格信息（而不是年费率），这可能会改变员工对养老基金选择的排序。然而，这项研究并没有探究当揭示收益或亏损的长期影响时，人们的行为是否会受到更大的影响。

在下文中，我们报告了在智利EPS中设计和实施的一项特殊实验，以确定向员工显示养老基金费用的不同信息是否会改变受访者对可供选择的养老基金的排名。具体而言，在2009年EPS调查中，我们随机向受访者提供了两种选择，以十年间比索计价的收益和损失来显示他们假设的养老金结果。我们利用系统中5个理财规划师的往期收益、佣金以及个人工资、余额、年龄和性别，计算每个受访者的预期余额。[①]我们假设，当这些费用被报告为影响退休金与亏损的收益时，个人将能够更好地了解理财规划师收费的影响。为验证这一假设，第一组受访者将收到一份资料，资料说明了假设的理财规划师账户余额的增长情况，它取决于每一位理财规划师的实际费用，而这些费用是以10年为期间预测的。第二组收到的一份资料显示最大账户的差异，即在同一时期，人们可从选择最低成本或更高成本的理财规划师获得的账户余额的差异。在收到随机分配的费用信息表后，每位受访者被要求对三位理财规划师进行排序，并为假想中想知道在哪儿投资养老金的好友推荐一位规划师。访员记录了这一建议，并在访问后将表格留给受访者。比较这两种选择的结果表明，是否以比索计算资金管理费的收益或亏损与受访者选择成本最低的理财规划师相关。[②]

具有全国代表性的EPS调查还包含了丰富的个人层面的信息，我们用这些信息来确定哪些人受到退休基金费用呈现方式的影响最大。从2002年开始，2004年、2006年和2009年，智利大学微观数据中心在EPS中纳入了和美国健康与退休调查（HRS）（NIA / NIH，n.d.）类似的问题，包括大量关于教育、劳动市场参与历史、健康、养老金参与、投资行为以及财富等信息。[③]EPS还要求受访者回答几个衡量金融知识和风险偏好的问题（由Lusardi和Mitchell（2007a，2007b）设计并由Hastings和Tejeda-Ashton（2008）使用）。在这里，我们关注两组问题，第一组是"基本"金融知识问题，第二组是"复杂"问题：[④]

1.基本金融知识问题

发病概率：如果发病率为10%，1 000人中有多少人会患病？

彩票：如果5个人分享中奖彩票并且总奖金是200万智利比索，每个人将获得多少奖金？

投资计算能力：假设您在储蓄账户中有100美元，您在这笔钱上赚取的利率为每年2%。如果您将这笔钱存5年，5年后您会有多少钱？选项：超过102美元，正好102美元，或少于102美元。

第二组问题衡量复杂的金融知识概念，如复利、通货膨胀和风险分散。它使用和

---

① 我们根据养老基金管理公司的具体报酬预测余额，原因有两个。首先，计算规则与政府使用的官方计算方式非常接近。其次，我们检验了养老基金管理公司绩效的持续性，并发现一些证据表明，一些养老基金管理公司的表现持续胜过其他公司，并且这种持续的超常表现出现在表现优异的养老基金管理公司的所有基金中。

② 将来应该有可能运用行政联系，确定向参与者提供不同格式的收费表是否导致他们系统地更改了自己的AFP投资组合。

③ EPS还将受访者记录与贡献模式、收益支付和其他计划功能的各种历史行政文件联系起来（Bravo et al.，2004，2006），但我们不使用这些记录。

④ 在目前正在进行的研究中（Behrman et al.，2010），我们还评估了智利退休制度的关键问题，包括强制性缴费率、女性（60）和男性（65）的法定退休年龄、直选系统中的养老金计算方法、个体是否知道法律规定的福利待遇，以及个体是否知道他们可以自愿向养老金系统缴纳额外的资金。

HRS类似的模块构建（Lusardi and Mitchell，2009）。

2.复杂的金融知识问题

复利：假设您的储蓄账户中有200美元，利率为每年10%。两年后您的账户中有多少钱？

通货膨胀：假设您的储蓄账户中有100美元，每年的利率为1%，而通货膨胀率是每年2%。一年后，如果您从储蓄账户中提取资金，您可以购买更多/更少/等量的产品？

风险分散：在一家公司购买股票的风险比用同一笔资金购买许多公司的股票风险要小。正确还是错误？

利用这些问题，我们首先评估金融知识的个体差异，其次评估具有不同属性的人是否对选择成本最低的养老基金经理的养老金收费模式有不同的反应。

6.2 相关发现

表6-1报告了正确回答金融知识问题个数的描述性统计结果，包括受访者年龄、性别、受教育程度、收入及是否有某种形式的储蓄。平均而言，年轻人和男性更可能正确回答金融知识问题。类似地，金融知识水平随着受教育程度的提高而提高，正确率超过一半的人更可能完成了中学教育。月平均收入和金融知识水平也存在强烈的正相关关系，因为高收入的人倾向于拥有某种形式的储蓄并参与养老金管理。

表6-1   2009年EPS受访者的金融知识和其他特征

正确回答金融知识问题的个数	年龄	男性（%）	中学教育（%）	平均月收入（CP$）*	储蓄（%）**	AFP成员	样本量
0	57	42	11	177 730	15	47	3 551
1	51	44	18	212 408	20	65	2 788
2	48	49	27	264 283	26	72	2 781
3	46	52	40	349 340	28	79	2 588
4	45	58	52	398 306	30	83	1 792
5	45	62	64	557 379	36	85	675
6	45	75	85	932 039	31	87	68
平均	50	49	29	287 731	24	68	—

注：样本总量为14 243。*平均月收入的计算不包括那些收入为零的人。

**此统计量是根据EPS中的问题D27构建的。如果受访者的回答有以下任何一种情况，则认为拥有储蓄：（a）家庭有银行存款；（b）AVF储蓄（住房基金管理）；（c）自愿养老金储蓄；（d）养老金管理账户；（e）银行储蓄账户；（f）定期存款；（g）共同基金投资；（h）公司股票或债券；（i）第三方贷款；（j）其他储蓄（现金、美元、"波拉"等）。

资料来源：作者计算得到；见本文。

接下来，我们重点关注参与养老金管理的受访者（作为自我识别），并研究受访者在特定金融知识问题上的表现。表6-2显示，正确回答每个问题的人比不知道正确答案的人有更高的月收入，更有可能接受过中学教育并拥有储蓄。特别感兴趣的是复利问题，如果有200美元的初始账户并每年支付10%的利息，该问题要求受访者计算两年后储蓄账户中的准确金额。很少人——超过8 000名受访者中只有154名受访者回答正确——给出了242美元的答案。这一小部分受访者比整体样本更富有，受教育程度更高。

表6-2　　　　　　　　养老金管理参与者的金融知识问题和受访者个体特征

金融知识问题	年龄	男性（%）	中学教育（%）	平均月收入（CP$）	储蓄（%）*
发病概率	43	58	48	397 895	31
彩票	44	58	48	403 792	30
单利	44	56	46	386 233	32
复利	43	79	84	750 137	39
通货膨胀	45	59	50	427 395	32
风险分散	44	56	43	377 870	31

注：*此统计量是根据EPS中的问题D27构建的。如果受访者的回答有以下任何一种情况，则认为拥有储蓄：（a）家庭有银行存款；（b）AVF储蓄（住房基金管理）；（c）自愿养老金储蓄；（d）养老金管理账户；（e）银行储蓄账户；（f）定期存款；（g）共同基金投资；（h）公司股票或债券；（i）第三方贷款；（j）其他储蓄（现金、美元、"波拉"等）。

资料来源：作者计算得到；见本文。

6.3　金融知识与理财规划师选择的因素

先前的文献发现，在智利，十分了解国家退休储蓄体系运作原理的人较少（Arenas et al.，2008）。继Hastings和Tejeda-Ashton（2008）之后，为进一步研究，我们在EPS中增加了一些问题，这些问题构成了影响养老基金选择的主要原因。表6-3提供了从logit分析中得出的优势比，分析了受访者选择当前AFP的主要原因，并将这些因素与控制变量以及受访者的金融知识得分（0~6）联系起来。[①]第一行给出了被解释变量的均值，也就是说，将每一个因素都作为选择当前理财规划师的首要因素的人数很少。总体而言，选择当前理财规划师最常见的理由包括朋友推荐、理财规划师的净收益（利润率）以及雇主的建议或推荐。下面几行显示了这些因素如何影响对理财规划师的选择。例如，较年长的受访者在选择理财规划师时依靠朋友或雇主建议的可能性较小，他们更可能选择所谓"助理推销员"的理财规划师或具有"财务稳定性"的

---

① 此处的样本仅限于EPS成员，他们声明参与了养老基金管理并回答了所有选定的人口特征问题。

机构。收入在中位数以上的受访者更可能根据过去的较高回报选择理财规划师。事实上，那些收入在中位数以上的人选择这一理由的比例超过63%。在选择理财规划师时，较高收入群体更少依赖雇主的建议，而更可能寻求财务稳定性。

表6-3　　　理财规划师选择因素和其他控制因素的logit分析（报告比值）

	朋友推荐	盈利能力	助理销售员	优质服务	广告	提供礼品	便宜的固定佣金	便宜的变动佣金	雇主建议
被解释变量均值	0.17	0.18	0.06	0.04	0.05	0.01	0.03	0.00	0.32
年龄	0.96**	1.03	1.11**	1.03	1.04	1.00	1.03	0.96	0.96**
	(0.02)	(0.02)	(0.04)	(0.03)	(0.03)	(0.07)	(0.05)	(0.10)	(0.01)
年龄平方	1.00*	1.00	1.00**	1.00	1.00	1.00	1.00	1.00	1.00**
	(0.00)	(0.00)	(0.00)	(0.00)	(0.00)	(0.00)	(0.00)	(0.00)	(0.00)
收入在中位数以上	1.08	1.62**	1.32*	1.04	0.88	1.33	1.02	2.55	0.58**
	(0.08)	(0.12)	(0.16)	(0.14)	(0.11)	(0.34)	(0.17)	(1.34)	(0.03)
男性	0.88	1.21**	0.81	1.21	0.94	1.04	0.78	1.89	1.03
	(0.88)	(0.08)	(0.09)	(0.16)	(0.11)	(0.24)	(0.12)	(0.91)	(0.06)
已婚	0.89	1.02	0.93	1.22	1.04	1.18	1.04	2.09	0.92
	(0.06)	(0.07)	(0.10)	(0.15)	(0.12)	(0.27)	(0.17)	(0.93)	(0.05)
中学教育	1.04	1.37**	1.49**	1.08	1.24	1.46	0.94	1.35	0.61**
	(0.08)	(0.10)	(0.18)	(0.15)	(0.16)	(0.35)	(0.16)	(0.56)	(0.04)
正确回答金融知识问题的数量	0.98	1.12**	1.01	0.97	1.04	1.04	0.97	1.07	0.91**
	(0.02)	(0.03)	(0.04)	(0.04)	(0.04)	(0.08)	(0.05)	(0.14)	(0.02)
拥有储蓄	1.04	0.95	1.19	1.19	0.78	0.91	1.34	1.06	0.93
	(0.08)	(0.07)	(0.13)	(0.15)	(0.10)	(0.21)	(0.21)	(0.43)	(0.06)
样本个数	6 884	6 884	6 884	6 884	6 884	6 884	6 884	6 884	6 884

注：括号内为标准误。*表示在5%的显著性水平上显著，**表示在1%的显著性水平上显著。
定义如表6-1和表6-2所述。
观测值仅适用于所有无缺失值参与者的样本，因此，该样本少于9 671名养老基金持有人。
资料来源：作者计算得到；见本文。

接下来，我们研究金融知识与教育之间的联系，并以此作为选择理财规划师的影响因素。中学以上学历（中专生或大学生）的参与者更可能根据过去的收益选择理财规划师，并且不太可能依赖雇主的建议。这同样适用于金融知识：随着正确回答金融知识问题个数的增加，收益的重要性增加，而依赖雇主的概率则降低。为了说明系数的相对大小，我们发现，正确回答四个金融知识问题对选择AFP的积极影响与收入在中位数以上的积极影响相同。

6.4 金融知识和对信息框架的敏感度

金融知识缺乏、受教育程度低和薪酬低的参与者在选择理财规划师时更多地依靠其雇主，而较少地依据基金回报特征，这表明这些人在进行养老金选择时可能对信息和框架更加敏感。

为进一步检验，我们的实验提供了一个独特的设定。我们将受访者 2006 年每股收益的报告收入水平与每位理财规划师的历史收益和费用数据结合起来，估计市场上扣除每位 EPS 受访者雇用理财规划师所花费用的十年基金余额。然后将这些假设的账户余额数据报告给接收实验中使用"收益"版本费用信息表的受访者。为了构建信息表的"损失"版本，我们计算每个人和其他四个理财规划师的十年账户余额之间的最大差额。在完成这些实验性工作表后，我们将每位受访者推荐给朋友的"前三名理财规划师"与我们自己对该受访者的理财规划师排名进行匹配。[①]

结果见表 6-4。在收到这些信息的 8 614 名参与者中，看到收益表（53%）的受访者中有 10% 选择了成本最低的理财规划师，而接收损失表的受访者中，48% 的人选择了成本最低的理财规划。显然，与损失相比，当提供收益时，人们的行为变化似乎更敏感。表 6-4 还表明，男性受教育程度越高，薪酬越高，他们更有可能选择成本最低的理财规划师，特别是在出示"收益"表时。

表 6-4　　　　影响受访者选择最低成本、最好理财规划师的最大因素

最好的、成本最低的理财规划师	看到收益表（%）	年龄	男性（%）	中学教育（%）	平均月收入（CP$）*	拥有储蓄（%）**	样本量
否	48	45	54	32	297 491	28	4 923
是	53	46	54	41	371 975	29	3 691
平均	50	45	54	36	329 873	28	——

注：共有 8 614 个观察值，少于 9 671 名养老基金持有人，因为有些受访者没有收到这个实验报告。* 平均月收入计算不包括那些收入为零的人。

** 此统计量是根据 EPS 中的问题 D27 构建的。如果受访者的回答有以下任何一种情况，则认为拥有储蓄：(a) 家庭有银行存款；(b) AVF 储蓄（住房基金管理）；(c) 自愿养老金储蓄；(d) 养老金管理账户；(e) 银行储蓄账户；(f) 定期存款；(g) 共同基金投资；(h) 公司股票或债券；(i) 第三方贷款；(j) 其他储蓄（现金、美元、"波拉"等）。

资料来源：作者计算得到，见本文。

我们进一步研究信息框架和其他因素如何通过测试框架和知识的交互项来影响基金选择。这使我们能够评估哪些群体对信息框架最为敏感。表 6-5 报告了受访者是否选择

---

① 由于部分基金费用因缴费金额而异，因此这些估值必须根据每位受访者的具体情况而定。

成本最低的理财规划师和作为受访者是否收到收益或损失表和其他因素的logit分析结果。第一列报告了优势比结果，汇总了能利用理财规划师信息来衡量收益或损失的受访者的选择。获得收益表的影响是非常大的，因为这将选择最赚钱的理财规划师的概率提高了26%。在影响大小上，向参与者报告收益表的影响程度与受中学教育的影响系数相同（是中等收入影响的两倍）。效应略高于金融知识指数增加一个单位的影响。

表6-5　　　　　　　成本最低、表现最优理财规划师影响因素的logit分析

被解释变量：受访者选择最低成本的理财规划师				
看到收益表（1/0）	1.26**	1.57**	1.65**	1.66**
	(0.07)	(0.15)	(0.16)	(0.18)
年龄	1.06**	1.06**	1.06**	1.06**
	(0.01)	(0.01)	(0.01)	(0.01)
年龄平方	1.00**	1.00**	1.00**	1.00**
	(0.00)	(0.00)	(0.00)	(0.00)
收入在中位数以上（1/0）	1.13**	1.13**	1.13**	1.15
	(0.07)	(0.07)	(0.07)	(0.10)
男性（1/0）	0.92	0.92	0.92	0.92
	(0.05)	(0.05)	(0.05)	(0.05)
已婚（1/0）	0.98	0.98	0.98	0.98
	(0.06)	(0.06)	(0.06)	(0.06)
中学教育（1/0）	1.26**	1.26**	1.47**	1.47**
	(0.08)	(0.08)	(0.12)	(0.13)
正确回答金融知识问题的个数×看到收益表	1.22*	1.28**	1.26**	1.26**
	(0.02)	(0.03)	(0.03)	(0.03)
拥有储蓄（1/0）	0.92	0.92	0.92	0.92
	(0.05)	(0.05)	(0.05)	(0.05)
正确回答金融知识问题的个数×看到收益表		0.91**	0.94	0.94
		(0.03)	(0.03)	(0.04)
中学教育×看到收益表			0.73**	0.74**
			(0.08)	(0.09)
收入在中位数以上×看到收益表				0.98
				(0.11)
观测值个数	6 132	6 132	6 132	6 132

注：括号中为标准误。*表示在5%的显著性水平上显著；**表示在1%的显著性水平上显著。

此统计量是根据EPS中的问题D27构建的。如果受访者的回答有以下任何一种情况，则认为拥有储蓄：(a) 家庭有银行存款；(b) AVF储蓄（住房基金管理）；(c) 自愿养老金储蓄；(d) 养老金管理账户；(e) 银行储蓄账户；(f) 定期存款；(g) 共同基金投资；(h) 公司股票或债券；(i) 第三方贷款；(j) 其他储蓄（现金、美元、"波拉"等）。观测值仅适用于所有无缺失值并且为养老金规划参与者的样本，因此，该样本少于9 671名养老基金持有人。

资料来源：作者计算得到；见本文。

接下来，我们在第二列加入金融知识和信息框架的交互项，以评估具有金融知识的受访者受信息框架的影响是否更大。此时优势比显著小于1，意味着金融知识指数每增加一单位，对信息框架的影响降低约10%。信息框架与教育和收入之间的交互也十分有趣。当加入看到收益表和中学教育的交互项时，其优势比显著小于1，并且金融知识指标不再显著。有趣的是，金融知识和信息框架的交互项系数在两个设定中都是稳健的——仅存在显著性大小的改变——这表明金融知识得分和受教育程度相关性较小，因此无法有效检验他们对理财规划师选择的边际贡献。结果表明，教育（而不是金融知识）是受访者对收益（而不是损失）信息敏感程度的一个更强的决定因素。最后，我们加入了另一个交互项以检验中等收入和看到收益表的联合效应，结果表明，这一交互项在统计上不显著，比值接近于1。

6.5 结论

本文度量的金融知识是一个人理解通货膨胀、复利和投资回报等基本概念的能力。使用与实验证据相关的新的微观经济数据，我们探究了影响养老基金费用构成的因素，并且指明，在选择养老基金时，受教育程度、收入和金融知识水平较低的人更依赖雇主、同事和朋友，而不是成本。在确定养老基金管理人的相对吸引力时，这类群体对养老基金费用框架也更加敏感。而且，相对于各种经济和人口特征变量，将信息视为收益的影响明显较大。具体而言，将投资选择看作收益而非损失与接受高等教育的影响同等重要，而高于收入中位数的影响则是投资选择的两倍。那些不了解这些概念的人会做出糟糕的基金选择，这会严重影响他们的退休金安全。

我们的调查结果具有深远的政策意义。具体而言，如果简化收费信息，选择更高的净回报资金可能带来收益，参与者对净收益率更高的基金意识可以大大提高。基金费用框架对于金融知识最少和受教育程度最低的群体而言的影响最大。相比之下，财经信息灵通的人对信息呈现的反应往往较差，因为这些人倾向于更好地理解将年度百分比转化为成本和收益所必需的财务概念。

我们的结果应该引起智利政策制定者以及包括美国在内的其他国家的决策者的兴趣，他们试图确定如何更好地塑造员工选择退休储蓄的环境。我们的研究也与更广泛的问题有关，即当涉及金融市场提供的产品时，消费者是否从更多选择中受益。最近的研究表明，从教育（Hastings and Weinstein，2008）到信用卡（Ausubel，1991）、医疗保险（McFadden，2006；Kling et al.，2008；Abaluck and Gruber，2009）以及储蓄和退休投资选择（Madrian and Shea，2001；Ashraf et al.，2006；Choi et al.，2006，2007；Hastings and Tajeda-Ashton，2008；Duarte and Hastings，2009），当引入更多的选择和由消费者自主决定时，市场结果可能是低效的。例如，在产品价格不易理解的地区，决策成本可能会促使消费者更注重品牌名称与价格。如果这种决策成本与教育、收入和财富负相关，这些信息可能会引起相当大的担忧。①因此，与传统的公共供给模式相比，提供更多的选择实际上可能会拉大社会经济差距。

致谢

本研究是 NBER 老龄和劳动经济学项目的一部分，得到了美国社会保障署（SSA）对密歇根州退休研究中心（MRRC）、金融扫盲中心、TIAA－CREF 研究所、沃顿商学院 Boettner 中心、养老金研究理事会、耶鲁大学社会和政策研究所、智利大学微数据中心和美洲开发银行的资助。作者还感谢宾夕法尼亚大学 NIH / NIA 拨款项目 AG023774-01、NIH / NIA 拨款项目 # P30 AG12836 和 NIH / NICHC 人口研究基础设施项目 R24 HD-044964 的支持。感谢 Bravo，Jere Behrman，Fabian Duarte，Raissa Fabregas，Peter Frerichs，Daniela Fuentes，Carolina Orellana，Sandra Quijada，José Luis Ruiz，Sergio Urzua 和 Javiera Vasquez 提供了有用的建议和意见。文责自负，与所属基金或与之相关的机构无关。

---

① Hastings 和 Tejeda-Ashton（2008）以及 Duarte 和 Hastings（2009）分析了墨西哥养老金背景下的这种可能性。Arenas 等人（2008）以智利为例评估了这些观点。

参考文献

Abaluck, J. and J. Gruber(2009). 'Choice Inconsistencies Among the Elderly: Evidence from Plan Choice in the Medicare Part D Program,' NBER Working Paper No. 14759. Cambridge, MA: National Bureau of Economic Research.

Arenas de Mesa, A., D. Bravo, J. R. Behrman, O. S. Mitchell, and P. E. Todd(2008).'The Chilean Pension Reform Turns 25: Lessons from the Social Protection Survey,' in S. J. Kay and T. Sinha, eds, *Lessons from Pension Reform in the Americas*. Oxford, UK: Oxford University Press, pp. 23–58.

Ashraf, N., D. Karlan, and W. Yin(2006). 'Tying Odysseus to the Mast: Evidence from a Commitment Savings Product in the Philippines,' *The Quarterly Journal of Economics*, 121(2):635–72.

Ausubel, L. M.(1991). 'The Failure of Competition in the Credit Card Market,' *American Economic Review*, 81(1):50–81.

Behrman, J., O. S. Mitchell, C. Soo, and D. Bravo(2010). 'Financial Literacy, Schooling, and Wealth Accumulation,' Pension Research Council Working Paper No. 2010–24. Philadelphia, PA: Pension Research Council.

Benartzi, S., and R. H. Thaler(2001). 'Naïve Diversification Strategies in Defined Contribution Saving Plans,' *American Economic Review*, 91(1):79–98.

Bernheim, D., D. Garrett, and D. Maki(2001). 'Education and Saving: The Longterm Effects of High School Financial Curriculum Mandates,' *Journal of Public Economics*, 80(3):435–65.

Bravo, D., J. Behrman, O. S. Mitchell, and P. Todd(2004). *Análisis y Principales Resultados: Primera Encuesta de Protección Social (Historia Laboral y Seguridad Social, 2002)*. Santiago, Chile: Universidad de Chile. http://www.proteccionsocial.cl/docs/AnalisisPrincipalesResultadosPrimera-EncuestaProteccionSocial.pdf.

—— ——— ———(2006). *Encuesta de Protección Social 2004: Presentación General y Principales Resultados*. Santiago, Chile: Universidad de Chile. http://www.proteccionsocial. cl/docs/Encuesta_Protecci%C3%B3n_Social%2020041.pdf.

Campbell, J.(2006). 'Household Finance,' *Journal of Finance*, 61(4):1553–604.

Choi, J. J., D. Laibson, and B. C. Madrian(2006). 'Why Does the Law of One Price Fail? An Experiment on Index Mutual Funds,' NBER Working Paper No. 12261. Cambridge, MA: National Bureau of Economic Research.

—— —— ——(2007). '$100 Bills on the Sidewalk: Suboptimal Investment in 401(k)Plans,' NBER Working Paper No. 11554. Cambridge, MA: National Bureau of Economic Research.

—— —— ——A. Metrick(2007). *Reinforcement Learning and Investor Behavior*. Cambridge, MA: Harvard University. http://www.economics.harvard.edu/files/faculty/37_reinforcementlearning.pdf.

Cronqvist, H. and R. H. Thaler(2004). 'Design Choices in Privatized Social-Security Systems: Learning from the Swedish Experience,' *American Economic Review (Papers and Proceedings)*, 94(2):424–8.

Duarte, F. and J. Hastings(2009). *Fettered Consumers and Sophisticated Firms: Evidence from Mexico's Privatized Social Security System*. Durham, NC: Duke University. http://aida.econ.yale.edu/~jh529/papers/Duarte&Hastings-20091030.pdf.

Hastings, J. and L. Tejeda-Ashton(2008). 'Financial Literacy, Information and Demand Elasticity: Survey and Experimental Evidence from Mexico,' NBER Working Paper No. 14538. Cambridge, MA: National Bureau of Economic Research.

——J. M. Weinstein(2008). 'Information, School Choice and Academic Achievement: Evidence from Two Experiments,' *Quarterly Journal of Economics*, 123(4):915–37.

Hilgert, M. A., J. M. Hogarth, and S. G. Beverly(2003). 'Household Financial Management: The Connection between Knowledge and Behavior,' *Federal Reserve Bulletin*, 89:309-22.

Kling, J. R., S. Mullainathan, E. Shafir, L. Vermeulen, and M. V. Wrobel (2008). 'Confusion and Choice in Medicare Drug Plan Selection.' Unpublished manuscript.

Lusardi, A. and O. S. Mitchell (2006). 'Financial Literacy and Planning: Implications for Retirement Wellbeing,' Pension Research Council Working Paper No. 2006-01. Philadelphia, PA: Pension Research Council.

—— ——(2007a). 'Baby Boomer Retirement Security: The Roles of Planning, Financial Literacy, and Housing Wealth,' *Journal of Monetary Economics*, 54:205-24.

—— —— (2007b). 'Financial Literacy and Retirement Planning: New Evidence from the RAND American Life Panel,' Pension Research Council Working Paper No. 2007-33. Philadelphia, PA: Pension Research Council.

—— ——(2007c). 'Financial Literacy and Retirement Preparedness: Evidence and Implications for Financial Education,' *Business Economics*, 42:35-44.

—— ——(2008). 'Planning and Financial Literacy: How Do Women Fare?,' *American Economic Review (Papers and Proceedings)*, 98(2):413-17.

—— ——(2009). *Financial Literacy: Evidence and Implications for Financial Education*. New York, NY: TIAA-CREF Institute. http://www.tiaa-crefinstitute.org/pdf/research/trends_issues/ti_financialliteracy0509a.pdf.

—— ——(2010). 'How Ordinary Consumers Make Complex Economic Decisions: Financial Literacy and Retirement Readiness,' NBER Working Paper No. 15350. Cambridge, MA: National Bureau of Economic Research.

——P. Tufano (2008). 'Debt Literacy, Financial Experience, and Overindebtedness,' NBER Working Paper No. 14808. Cambridge, MA: National Bureau of Economic Research.

Madrian, B. and D. F. Shea(2001). 'The Power of Suggestion: Inertia in 401(k) Participation and Savings Behavior,' *The Quarterly Journal of Economics*, 116:1149-87.

McFadden, D.(2006). 'Free Markets and Fettered Consumers(Presidential Address to the American Economic Association),' *American Economic Review*, 96(1):5-29.

Mitchell, O. S., P. Todd, and D. Bravo (2008). 'Learning from the Chilean Experience: The Determinants of Pension Switching,' in A. Lusardi, ed., *Overcoming the Saving Slump: Making Financial Education and Saving Programs More Effective*. Chicago, IL: University of Chicago Press, pp. 301-23.

National Institute on Aging/National Institute of Health(NIA/NIH)(n.d.). *Growing Older in America: The Health and Retirement Study*. US Department of Health and Human Services. Washington, DC: GPO.

Ponce-Rodriguez, A.(2008). *Teaser Rate Offers in the Credit Card Market: Evidence from Mexico*. Palo Alto, CA: Stanford University.

第7章 投资顾问、经纪人与投资者知识和经验

Angela A. Hung，*Noreen Clancy*，*and Jeff Dominitz* [1]

在 Arthur Levitt 任主席期间，关于1995年薪酬业务委员会（Tully报告）报告零售经纪行业的利益冲突问题，美国证券交易委员会（SEC）对此做出回应。这份报告（Tully & Levitt，1995）将投资者、注册代表和公司利益紧密联系在一起的做法称作"最佳实践"。与委托交易相比，基于收费账户的行为被强调为最佳实践，因为这样可以降低滥用销售行为的可能性，比如赚佣交易翻炒、压力销售以及推荐不合适交易。在不考虑交易活动的情况下，基于收费账户，允许注册人根据账户中的资产金额获得补偿。

与此同时，美国零售经纪行业的竞争也在加剧，而作为注册代表传统收入来源的交易佣金也在不断下降。因此，越来越多的经纪公司开始提供收费项目。由于该收费账户类似于投资顾问提供的咨询项目，因此有人担心，提供此账户的经纪自营商给出的建议，不仅仅是对交易的"附加收费"，还会触发1940年的《投资顾问法案》（美国法案，1940）。

1940年的法案规定了相关投资顾问活动，而1934年的《证券交易法》规范了经纪自营商业务，它们都将受到相关行业组织的监督。该法案将"投资顾问"定义为"为了得到佣金而直接或通过出版物、文字向他人提供有关证券价值的建议，或者正常业务的一部分是发行或发布相关证券的分析或报告的人，或者投资于购买、出售证券，作为弥补日常业务的一部分，发布或颁布有关证券的分析或报告"（美国法案，1940）。为了避免对经纪自营商业务的重复监管，1940年的法案特别规定："任何经纪人或交易商提供的咨询服务仅属于其作为经纪人或交易商业务的附带行为，不应因此获取额外收入。"（美国法案，1940）的业绩（咨询服务）只是作为经纪人或交易商的行为，而不是获得特别赔偿"（美国法案，1940）的例外。

美国证券交易委员会研究了这些新的收费经纪项目，并得出结论，它们是重新定价的传统经纪服务，而不是新的咨询项目。因此，美国证券交易委员会在1999年提出了一项规则（202（a）（11）—1），除其他事项外，豁免的经纪交易商提供的收费

---

[1] 这一章是由 Hung 等人（2008）撰写的。

经纪账户不受《投资顾问法案》的约束。美国证券交易委员会认为，如果1940年的法案适用于提供这种收费项目的经纪商，它们会阻碍这些对经纪客户有利的项目的提供（SEC，2005）。

关于1999年拟议的规定，许多评论家认为，这种排斥会模糊经纪人与投资顾问之间的界限，并且也可能使投资者对他们的权利以及在每种金融关系下所承担的义务产生困惑。针对这些和其他意见，美国证券交易委员会于2005年对这一要求进行修订。重新提出的规定指出，"某些经纪自营商不是投资顾问"，并且要扩大经纪自营商提供投资建议时的披露要求，确保任何公告或书籍都将该账户定义为经纪账户（SEC，2005）。

虽然2005年的规定已经被取消，但规则制定过程反映了投资者对经纪和咨询账户的理解、每种类型账户的法律义务以及专业投资人士对投资者期望所使用的名称和营销所带来的影响，确实引起了证券交易委员会的高度重视。因此，美国证券交易委员会委托兰德公司（RAND Corporation）研究投资者对投资顾问和经纪人之间差异的理解。作为这项研究的一部分，兰德公司做了一项家庭调查，建立了一系列焦点小组，下文将给出具体描述。在2008年金融市场崩溃后，如何解决或协调监管分歧政策问题作为金融监管改革立法的一部分，又被重新提起。[①]

本章主要介绍投资者对一系列问题的理解，包括投资者是否理解经纪自营商和投资顾问之间的区别。我们也希望了解他们与金融服务业的互动经验，以及他们对金融服务行业个别专业人士和公司提供服务的期望。为解决这些问题，我们进行一项大规模的全国住户调查，并开展了八次集中的小组讨论。焦点小组通过提供给投资者和金融服务业互动的机会，帮助他们理解这种互动关系的性质和不熟悉的内容，补充了全国调查的不足。调查和焦点小组的参与者代表了不同年龄段、不同收入水平、不同种族和不同族裔的群体。

研究结果表明，大多数人对投资顾问和经纪自营商之间的界限缺乏清晰认识。即使是多年从事金融工作的专业人员，也常常对工作职称、与之相关的公司类型以及为其服务支付的费用感到困惑。同时，参与者对投资顾问和经纪人之间的法律区别也知

---

① 在撰写这篇文章时，一份合并后的众议院和参议院金融监管改革法案没有通过。2009年12月，众议院通过了一项金融监管改革法案。该法案指导证券交易委员会设置对经纪自营商和投资顾问的行为准则，要求其向零售客户提供个性化的投资建议，以最大限度地满足客户的利益（信托责任）。该法案还指出，经纪自营商在提供有关证券的个性化投资建议后，不会受到持续的关注或对客户保持忠诚。经纪自营商必须披露任何利益冲突信息（如出售专有产品），并征得客户的同意。总的来说，SEC的目的是要求投资者对他们与金融专业人士的关系进行简单、明确的披露，包括任何实质性的利益冲突。证券交易委员会也被要求在适当的情况下，通过经纪自营商和投资顾问限制或禁止销售行为、利益冲突和薪酬方案，以满足投资者的利益。参议院银行委员会提议2010年恢复《美国金融稳定法案》。这项立法要求证券交易委员会进行一项研究，研究经纪人是否应遵守同样适用于注册投资顾问的受托责任标准。根据该法案，美国证券交易委员会将有一年的时间向国会报告其发现的情况，并在一年之内实施任何必要的改革。

之甚少。尽管存在这种困惑，但调查报告显示，他们对从金融专业人士那里得到的服务基本上感到满意。

在本章余下内容中，我们首先回顾有关投资者对金融服务提供商的期望和看法的相关文献，然后讨论来自家庭调查和讨论小组的研究结果。家庭调查涉及几个主要话题，包括投资顾问和经纪自营商之间的差异，以及不同类型金融服务提供商的建议。焦点小组的结果进一步证实家庭调查的结论。

7.1 文献回顾：投资者对金融服务提供者的看法和期望

从以往调查研究来看，很少有学者研究投资者对金融服务提供商之间差异的理解，特别是投资顾问和经纪商之间的差异。零阿尔法集团（ZAG，2004）和美国消费者联合会对 1 044 名投资者进行了一项关于经纪人和投资顾问监管的调查，他们被问及："根据您对股票经纪人的了解，如美林、摩根士丹利，以及爱德华·D.琼斯，您认为以下哪一种说法最好地描述了他们向客户提供的服务？"大约 28% 的受访者认为，经纪人的主要服务是提供投资建议，而 26% 的受访者认为经纪人的主要服务是进行股票市场交易。当被问及以下问题时，例如，"如果股票经纪人从共同基金公司获得现金支付、度假旅行或其他形式的补偿，作为向其客户出售某一共同基金的激励，那么该股票经纪人是否应该向购买共同基金的客户披露这一事实？" 86% 的受访者回答"是"（当股票经纪人向他们的客户推荐特定的投资时获得赞助商财务激励）。

几乎所有的受访者（91%）都表示，如果股票经纪人和理财规划师提供相同类型的投资建议，则应适用相同的投资者保护规则。另外，65% 的受访者表示，如果经纪人受到的投资者保护规则比理财规划师宽松，则他们听从股票经纪人建议进行投资的可能性较小（Opinion Research Corporation，2004）。

2005 年，SEC 委托 Siegel 和 Gale、LLC 和 Gelb 咨询集团（2005）进行了一项研究。研究发现，田纳西州和马里兰州的四个重点投资者群体不知道经纪人、财务顾问和财务咨询师、投资顾问和理财规划师之间的区别。

Ameritrade（2006）对 1 000 名投资者进行调查，结果发现，即便随着 2005 年披露规则出台，投资者仍不清楚经纪人与投资顾问的区别。当被问到："您是否意识到股票经纪人和投资顾问提供了有偿的投资建议，却提供了不同程度的投资者保护？" 43% 的受访者称他们不知道，47% 的受访者称他们不知道经纪人不需要披露所有的利益冲突。超过 60% 的受访者认为经纪人负有受托责任，90% 的受访者认为投资顾问负有受托责任。此外，多数受访者表示，如果他们知道经纪服务提供的投资者保护较少，券商缺乏受托责任，或经纪商不需要披露所有的利益冲突，他们就不会从经纪商那里寻求服务。在 2005 年的披露声明中，79% 的受访者表示他们不太可能向一家经纪公司寻求理财咨询。此外，64% 的受访者表示，如果他们向经纪商询问经纪商账户和咨询账户之间的差异，他们预计不会得到客观的答案。

一些研究关注的是服务的维度，这有助于确定投资者对经纪人的满意度。Fusilier和Schaub（2003）对经纪客户的感知和满意度进行了研究，并对投资者进行两次调查：一次是针对1998年（牛市）的760个受访者，另一次是针对2002年（熊市）的388个受访者。问卷调查询问受访者对经纪人行为的感知和满意度。研究发现，投资者满意度受经纪人诚实、专业知识、业务能力和服务水平的影响。此外他们发现，从牛市到熊市，投资者看法和满意程度并没有明显变化。在对740个在线经纪服务的客户评论内容的分析中，Yang和Fang（2004）发现，影响受访者满意度的相关因素包括：互动性（例如，提示服务、订单执行、订单确认）、服务可靠性（例如，准确的报价、订单履行和佣金计算）、能力（例如，研究能力）和安全性（例如，隐私）。

Chao等（2002）通过调查139名投资者来分析在线交易者的有关特征，投资者的资产范围从1 000美元到1 330 000美元不等。统计结果显示，排名最高的特征包括较低的交易成本、交易安全性、客户服务和技术支持。重要程度排在最后的是公司的声誉、网站的便利性、交易的可靠性以及开户和访问的便捷性，诸如执行速度、实时报价和首次公开上市等服务维度仅被列为中等重要。

7.2　对供应商表现的认知

我们通过互联网调查，收集有关投资行为偏好、金融服务提供商的经验以及对不同类型金融服务提供商看法的美国家庭数据。该调查是从1 000名年龄在18岁以上人群中随机抽取的样本，他们或者使用自己的电脑，或者使用兰德公司提供的网络电视参与调查。人约每月一次，受访者收到一封电子邮件，被要求访问网站并填写调查问卷。一般来说，访问少于30分钟。受访者每30分钟的访问报酬约为20美元（如果访问时间较短，则按比例减少）。

家庭调查起止日期是从2007年9月26日至2007年11月6日，一共进行6周。由于是在线进行，因此我们可以快速获得结果。在此期间，共完成654户调查。受访者年龄从19岁到89岁不等，平均年龄为52岁。样本中，11%的家庭收入低于25 000美元；22%的家庭收入在25 000美元至50 000美元之间；23%的家庭收入在50 000美元至75 000美元之间；45%的家庭收入超过75 000美元。超过98%的受访者拥有高中学历或普通高中同等学历证书（GED），超过一半拥有学士学位。ALP的受访者比美国普通人群拥有更高的受教育程度和收入[①]，因此我们的结果可能夸大美国人总体的金融知识水平、行业经验和读写能力。

调查始于对投资经验的评估。我们首先询问受访者关于投资顾问和经纪商之间的

---

①　根据2007年3月的人口调查,在18岁及以上的美国人中,85%的人至少拥有高中文凭或GED(一般教育发展考试,General Educational Development Tests)文凭,26%的人至少拥有学士学位。美国家庭收入的分布情况:22%的家庭低于2.5万美元;27%的家庭高于2.5万美元但低于5万美元;在5万到7.5万美元之间的家庭占20%;31%的家庭超过7.5万美元。参见美国人口普查局(2007)。

差异。接下来询问金融服务提供商的受访者，他们与提供商互动的详细问题。没有使用金融服务提供商的调查对象，将被问及没有使用的原因。然后，我们向受访者介绍经纪人和投资顾问的定义，包括常见职位名称、法定职责和典型薪酬的描述。最后要求受访者报告他们向经纪人或投资顾问寻求服务的可能性（一般来说）；（特别是）寻求经纪人或投资顾问投资建议的可能性；他们对经纪人或投资顾问投资建议的信任程度。

我们将符合以下条件的受访者称为"经验丰富"的投资者：他们在退休账户之外投资；在金融或投资方面受过正规培训；虽然只在退休账户中投资，但积极地回答那些衡量他们对金融知识了解程度的问题，比如增加投资的性质和原因、在必要时寻找他们的投资信息，以了解他们提供的不同投资选择。如果受访者不符合这些要求，那么我们将他们标记为"缺乏经验"的投资者。我们使用相同的分类方法来确定参与焦点小组的受访者。在样本中，大约2/3的受访者被归类为经验丰富的投资者，1/3的受访者被归类为没有经验的投资者。

7.2.1 关于信任在投资顾问和经纪人之间的差异

我们首先向受访者介绍了一系列具体的金融服务和义务，并要求他们指出哪些项目适用于以下金融服务专业人员：（a）投资顾问；（b）经纪人；（c）财务顾问；（d）理财规划师；（e）以上都不是[1]。表7-1总结了调查结果，并显示受访者认为投资顾问和经纪人在服务提供方面以及责任和义务方面存在差异。

表7-1 受访者对金融服务专业人士的看法（%）

专业人士	投资顾问	经纪人	财务咨询师或财务顾问	理财规划师	都不是
日常业务的一部分是提供关于证券（例如股票或股票共同基金）的建议，	80	63	78	63	3
代表客户执行股票或共同基金交易	29	89	28	23	3
推荐具体投资	83	51	72	50	2
提供退休计划	51	12	80	91	2
提供一般财务计划	42	13	80	91	2
接收客户购买或交易的佣金	43	96	34	22	1
通常根据客户持有的资产数量获得报酬	49	40	50	34	12
按照法律的要求以客户的最佳利益行事	49	42	59	55	19
披露法律规定的利益冲突	62	58	57	51	18

注释：来源于651个受访者。

资料来源：作者根据ALP调查的计算；见本文。

---

[1] 在受访者之间，我们随机地改变了经纪人和投资顾问在电脑屏幕上出现的顺序。

报告结果表明，在受访者看来，一方面，提供有关证券建议，推荐具体投资方案，并提供规划服务的是投资顾问，而不是经纪人。另一方面，受访者更可能认为是经纪人而不是投资顾问执行股票交易并获得佣金。受访者更可能报告说，投资顾问需要按照客户的最佳利益行事，并披露任何利益冲突，而不是经纪人。这些差异虽然较小，但具有统计显著性。

受访者还更倾向于认为，在提供服务、佣金计算方法和职责方面，财务顾问和财务咨询师与投资顾问类似，而经纪人无此类责任。但正如 Hung 等人（2008）所指出那样，财务顾问和财务咨询师是投资咨询公司员工和经纪公司员工常用的头衔。此外，下文给出证据来说明，这些受访者使用的金融服务提供者的名称是最普遍使用的，例如顾问或财务顾问。

7.2.2　使用金融服务提供商的受访者

在我们的样本中，47％的受访者表示他们使用金融服务提供商的建议进行管理和规划"股票市场或共同基金交易"[①]。这些受访者年龄多数超过40岁，至少有大学学历，家庭收入在 75 000 美元以上，并且是经验丰富的投资者（见表 7-2）。在报告使用金融服务提供商的 306 名受访者中，73％表示接受专业的咨询、管理或规划服务；75％表示接受股票市场或共同基金交易的专业服务。开始，几乎一半的人报告使用这两种专业服务的帮助。在讨论他们接受的服务时，受访者将有机会报告他们的金融服务专业人员是否提供这两种服务。针对这一后续问题，我们发现超过 70％的受访者报告金融服务专业人员提供了这两种类型的服务。

表 7-2　　　　　　　　按受访者特征使用金融专业人员的受访者百分比

受访者特征	回答"是"（％）
所有受访者	47.3
40 岁及以上	50.3
40 岁以下	33.9
大学学历及以上	55.4
大学学历以下	38.8
家庭收入大于或等于 75 000 美元	55.0
家庭收入小于 75 000 美元	40.7
有经验	59.4
无经验	23.4

注：根据 647 名受访者对以下问题的回答："您目前是否出于以下考虑使用专业服务提供商：（a）进行股票市场或共同基金交易；（b）建议、管理或计划？

资料来源：作者根据 ALP 调查的计算；见本文。

[①] "您目前是否出于以下考虑使用专业服务提供商：(a)进行股票市场或共同基金交易；(b)建议、管理或计划？"当上述问题出现在电脑屏幕上时，针对不同的受访者，我们随机改变选项顺序。

我们进行如下询问，受访者所使用的金融服务提供商者是否有一个特定的人，而不是一家提供这些金融服务的公司。接近81%的受访者正式咨询过一位专业人士，而在这些受访者中，有31%的受访者亲自咨询过多个专业人士。只有1/3（35%）的受访者表示，曾至少雇用过一家公司，但没有经常咨询特定人员。为了更好地评估受访者的经验，对比前者与咨询特定个人和公司是否存在差异，我们在所得结果中进行区分。

7.2.3 金融服务提供商的职位名称和公司类型

报告使用特定人员或专业人员的受访者需提供该人员的头衔（或简短的工作职位描述）。所报告的323名专业人员有449个职位[①]。这些专业人员中绝大多数（248人）提供咨询和经纪服务；有45人仅提供经纪服务，不提供咨询服务；有34名提供咨询服务，不提供经纪服务。受访者报告了他们的金融服务提供商使用的各种各样职位头衔。结果如表7-3所示，无论专业人员提供的服务类型如何，最常报告的头衔是财务顾问。事实上，如果这些头衔与财务顾问和财务咨询师加起来，他们几乎占所有上市公司的1/4。理财规划师被提及44次，注册理财规划师（CFP）被提及21次。经纪人、股票经纪人或注册代理人被使用38次，投资咨询师或投资顾问被使用22次。

表7-3   受访者最常报告的职业头衔

职称	所有的专业服务	只提供咨询服务	只提供经纪咨询服务	提供两种类型服务
顾问	11	1	1	9
银行家	21	2	8	11
经纪人、股票经纪人或注册代理人	38	0	8	30
CFP	21	3	3	15
金融咨询或财务顾问	78	7	11	60
财务顾问	25	2	0	23
理财规划师	44	6	1	37
投资咨询师或投资顾问	22	3	3	16
总裁或副总裁	20	0	2	18

注释：报告了499个样本，数值表示职位被报告的次数。
资料来源：作者根据ALP调查的计算；见本文。

对于任何给定的头衔，个人专业人员最有可能被报告提供咨询和经纪这两种服

---

① 一些受访者为专业人士提供了不止一个头衔(例如,理财规划师、股票经纪人和保险代理人)。

务。对于仅提供咨询服务或仅提供经纪服务的个人专业人员的职位显示，受访者对部分内容存在混淆，尽管这些差异很小。例如，在被称为投资顾问的22位个人专业人员中，受访者报告说3位仅提供经纪服务。此外，回顾之前受访者对金融服务提供者信任问题的回答表明，他们认为相较于经纪人，财务顾问更像投资顾问。但是当被问及职位和提供的服务时，结论表明，财务顾问更有可能提供经纪服务，而不仅仅提供咨询服务。最后，结果显示，有26位受访者未作答，或明确表示不知道个别专业人员的职位或工作说明。

在调查中，至少雇用过一名专业人员的受访者会被询问提供金融服务的专业人员所在公司的类型。调查随后将要求受访者核对曾在投资咨询公司、经纪公司、银行或其他机构等公司接受的服务。投资咨询公司和经纪服务公司的排序是随机的。在受访者的答案中，最常见的专业人员所在公司类型为投资咨询公司和经纪服务公司（见图7-1）。我们把这些公司称为兼营投资咨询及经纪服务公司。第二个常见的问题是关于投资服务的，而不是关于经纪咨询。我们称这些公司为投资服务公司，而不是经纪自营商。我们同样对其他52家公司类别进行调查，其中有37个被调查对象。最常提到的其他公司类型是保险公司（10），第二常见的公司是会计师事务所（7）。

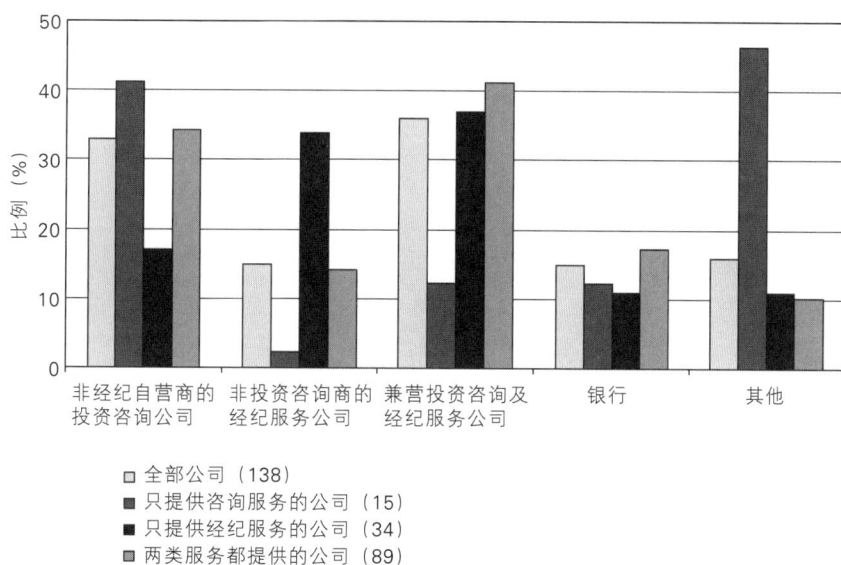

图7-1　雇用个人专业人员的公司类型

资料来源：作者计算得到；见本文。

没有咨询过特定专业人员的受访者需报告咨询的金融服务公司的类型。与前一类问题相同，调查要求受访者核实所有咨询过的公司：投资咨询公司、经纪服务公司、银行或其他，前两类公司随机排序。对于没有雇用过专业人员的受访者，公司类型部分的问题则要求受访者核实经纪人的类型，而非投资顾问类型。我们将这些公司称为非投资咨询商的经纪服务公司。第二个最常见的回答是非经纪自营商的投资咨询公司，见图7-2。

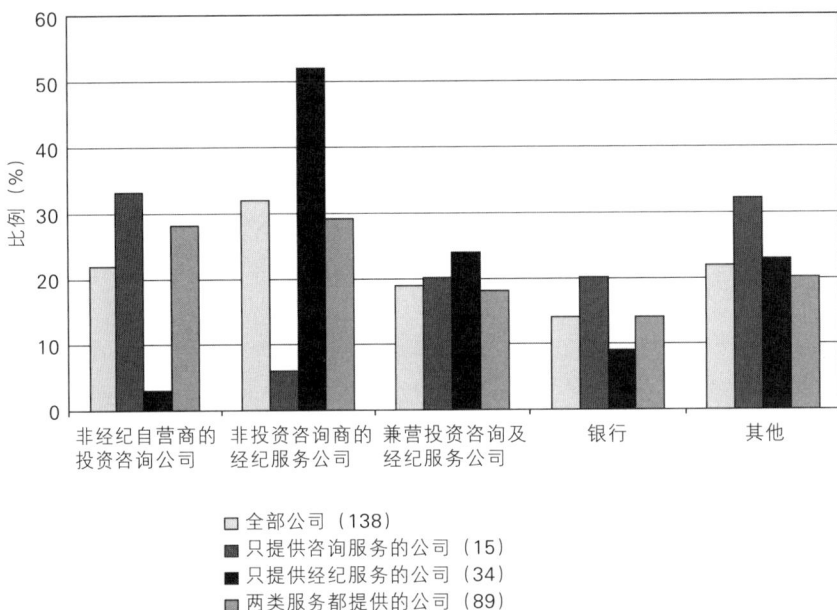

图7-2　使用的公司类型与个人专业人士无关

资料来源：作者计算得到；见本文。

7.2.4　与金融服务提供商合作的经验

针对第一位专业人员或第一家公司，调查还询问了受访者一些后续问题。[①]我们共收集了246名专业人员和85家公司的详细信息。比较这些专业人员和公司的详细信息，我们发现，这些公司提供咨询和经纪服务的可能性较小。在受访者向我们提供的246名专业人员的详细信息中，12%仅提供咨询服务、11%提供经纪服务、76%提供这两种服务。受访者向我们提供详细信息的85家公司中，18%仅提供咨询服务，29%仅提供经纪服务，53%提供这两种服务。

7.2.5　金融服务的支付方式

图7-3报告了受访者为咨询或经纪服务付费的方式：佣金、费率（每小时、每月或每年）、固定费用、按资产百分比确定的费用或其他。对经纪服务的专业人员来

---

① 这一节中第一批专业人员的频率分布与上一节中所有专业人员的频率分布类似。同样，对于第一家公司的报告，公司类型的频率分布与所有公司报告的频率分布类似。细节请参见Hung等人（2008）。

说，最常见的报酬方式是佣金（37%），而最常报告的咨询服务付费方法是按资产百分比确定的费用（35%）。当被要求估计不同类型服务的年度支出时，使用专业人员咨询服务的受访者支出介于0~30 000美元之间，平均为1 374美元。使用个人经纪业务受访者的支出范围为0~21 500美元，平均为1 131美元。然而，专业人员咨询服务的年均支出为125美元，专业人员经纪服务的年均支出为200美元。受访者平均支出和中等支出之间的巨大差异表明：小部分受访者表示愿意为这些服务支付数额较大的费用。事实上，10%的受访者雇用专业人员的年度开支至少是3 000美元。同样，10%的受访者咨询经纪公司的年度开支至少为2 400美元。

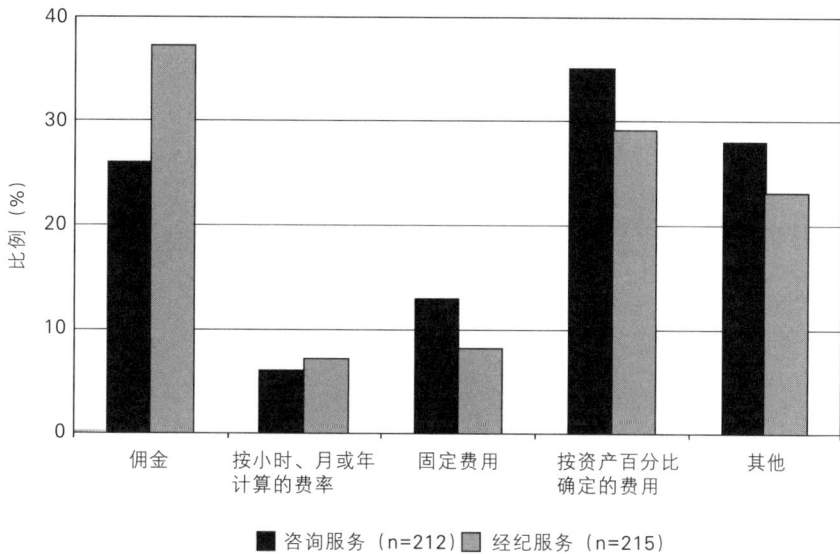

图7-3　向金融服务的专业人士付费的方法

数据来源：作者计算得到；见下文。

许多受访者不清楚付款方式或专业人员所在公司的类型。例如，84名受访者表示，他们从一家并非经纪公司的投资咨询公司那里获得咨询服务（单独或与经纪服务结合）。在这些受访者中，有19%表示他们按一定比例为这些咨询服务付费，22%表示他们支付了咨询服务的佣金。但是，Hung等人（2008）发现，97%的未注册经纪自营商的注册投资顾问得到了基于资产费用的补偿，只有10%的投资顾问表示他们收到了佣金。[1]最后，有14名受访者没有回答有关咨询服务的年度支出问题，41名受访者报告说他们没有支付任何费用。对于经纪服务，有18名受访者没有回答预计的

---

① 对这种不一致性的另一种解释是,我们的调查对象所聘用的公司是国家注册的,而不是行业注册的而国家注册的公司不太可能会收取基于资产的费用。

年度开支问题，34名报告称他们没有支付任何费用。

受访者还报告说，与咨询专业人员相比，公司经纪服务最常见的形式是佣金，咨询服务则是"其他"（见图7-4）。答案为"其他"时，受访者的具体解释一般为没有为服务付费（6个回答），或不知道他或她为服务支付了多少钱（4个回答）。当要求受访者估算除专业人员外，咨询相关公司所支付的年费时，回答的金额从0到5 700美元不等，平均为278美元。受访者答案中，为经纪服务公司支付的费用为0~8 000美元，平均为476美元。对于咨询服务，8位受访者没有回答预计的年度支出问题，21位称他们没有支付任何费用。对于经纪服务，5位受访者没有回答预计的年度支出问题，14位称他们一分钱也没付过。

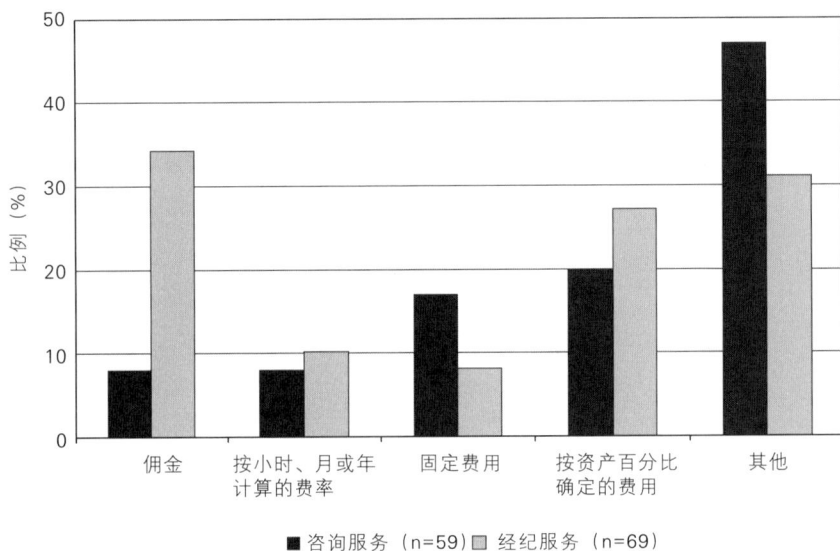

图7-4　向专业人员支付金融服务费用的方法

资料来源：作者计算得到；见本文。

7.2.6　受访者如何定位他们的金融服务提供商

不管接受的服务类型如何，受访者得到服务最普遍的方式都是通过朋友或家人推荐。第二个常见的方式是专业人员推荐（见表7-4）。当询问受访者如何找到他们当前接受金融服务的公司时，最常见的答案是"其他"。在32个回答"其他"的答案中，共有19种具体解释。受访者最常提到的解释（6个回答）是通过其工作地点找到了该公司。第二种常用的方法是朋友或家人推荐（见表7-5）。

7.2.7　与金融服务提供商的关系维持和满意度

总体而言，受访者表示他们已经与当前的金融专业人员合作了好几年。当受访者被问及他们与目前的专业人员的合作时间时，34%的受访者报告至少10年，26%的受

表 7-4   寻找专业人士的方法（%）

方法	所有受访者	仅咨询服务	仅经纪服务	两种服务均有
专业人士推荐	30.5	23.3	13.8	34.4
朋友或家人推荐	45.6	43.3	34.5	47.8
邮件	3.3	6.7	0.0	3.3
打印广告	3.8	0.0	6.9	3.9
电视广告	0.8	0.0	3.4	0.6
网络	1.3	0.0	6.9	0.6
总样本数	239	30	29	180

资料来源：作者基于 ALP 调查的计算；见本文。

表 7-5   寻找金融服务公司的方法（%）

方法	所有受访者	仅咨询服务	仅经纪服务	两种服务均有
专业人士推荐	18.1	14.3	12.0	22.7
朋友或家人推荐	28.9	28.6	28.0	29.5
邮件	2.4	0.0	0.0	4.5
打印广告	10.8	7.1	8.0	13.6
电视广告	6.0	0.0	4.0	9.1
网络	8.4	0.0	12.0	9.1
其他	36.1	50.0	44.0	27.3
总样本数	89	14	25	44

资料来源：作者基于 ALP 调查的计算；见本文。

访者报告 5~10 年，32% 的受访者报告 1~5 年，8% 的受访者报告不到 1 年。对于只接受咨询服务和从专业人士处接受两种服务的受访者而言，这类关系一般超过了 10 年。对于只接受经纪服务的受访者而言，10 位受访者表示合作时间为 1~5 年，9 名受访者表示合作关系已超过 10 年（见表 7-6）。

大多数受访者对提供服务的专业人士感到满意。至少有 70% 的受访者表示他们同意或非常同意这些陈述："我对从这个人那里得到的服务非常满意；我相信这个人为我的最大利益而设计方案；我相信，这个人为我提供了有价值的服务。"受访者对专业人士工作至少 10 年的表示出更高的满意度，其中 78% 的受访者同意或非常同意对所获得的服务非常满意；83% 的受访者同意或强烈同意其专业人士为了受访者的最大利益设计方案；82% 的受访者同意或非常同意专业人士向他们提供了有价值的服务（见表 7-6）。

表 7-6　　　　　　　　　咨询同一位专业人士的时间长度和客户满意度（％）

方法	所有受访者	仅咨询服务	仅经纪服务	两种服务均有
您跟这个人合作有多久了				
少于1年	7.5	20.0	6.9	5.6
1~5年	31.8	23.3	34.5	32.8
5~10年	26.4	20.0	27.6	27.2
10年以上	34.3	36.7	31.0	34.4
我对从这个人那里得到的服务非常满意				
非常不同意	7.1	0.0	6.9	8.3
不同意	2.1	3.3	3.4	1.7
一般	15.9	26.7	10.3	15.0
同意	41.4	43.3	62.1	37.8
非常同意	33.5	26.7	17.2	37.2
我相信这个人为了我的最大利益而设计方案				
非常不同意	7.1	0.0	3.4	8.9
不同意	2.5	6.7	6.9	1.1
一般	15.1	26.7	17.2	12.8
同意	35.1	33.3	51.7	32.8
非常同意	40.2	33.3	20.7	44.4
我相信这个人为我提供了有价值的服务				
非常不同意	7.5	0.0	6.9	8.9
不同意	1.7	0.0	6.9	1.1
一般	11.7	20.0	17.2	9.4
同意	41.0	53.3	51.7	37.2
非常同意	38.1	26.7	17.2	43.3
总样本数	239	30	29	180

资料来源：作者基于ALP调查的计算；见本文。

正如我们在对专业人士调查的结果中所发现的那样，受访者往往对服务于他们的公司感到满意。至少有70%的受访者表示，他们同意或非常同意以下表述："我从该公司那里得到的服务非常满意；我相信该公司为了我的最大利益而设计方案；我相信该公司为我提供了有价值的服务。"当我们分析受访者对不同服务类型的满意度时，受访者满意度较低，仅有48%的受访者认为提供经纪服务的公司会为其谋取最大利益。接受服务时间更长的受访者更可能认同这一观点（见表7-7）。

表7-7　　　　　　客户在一家公司维持合作的时间长度及满意度（%）

方法	所有受访者	仅咨询服务	仅经纪服务	两种服务均有
您跟该公司合作有多久了				
少于1年	7.2	7.1	12.0	4.5
1~5年	25.3	21.4	28.0	25.0
5~10年	25.3	7.1	32.0	27.3
10年以上	42.2	64.3	28.0	43.2
我对从该公司那里得到的服务非常满意				
非常不同意	7.2	7.1	4.0	9.1
不同意	1.2	0.0	4.0	0.0
一般	19.3	21.4	24.0	15.9
同意	38.6	35.7	32.0	43.2
非常同意	33.7	35.7	36.0	31.8
我相信该公司为了我的最大利益而设计方案				
非常不同意	6.0	7.1	4.0	6.8
不同意	2.4	0.0	8.0	0.0
一般	31.3	28.6	40.0	27.3
同意	31.3	35.7	20.0	36.4
非常同意	28.9	28.6	28.0	29.5
我相信该公司为我提供了有价值的服务				
非常不同意	7.2	7.1	4.0	9.1
不同意	1.2	0.0	0.0	2.3
一般	19.3	21.4	20.0	18.2
同意	34.9	28.6	36.0	36.4
非常同意	37.3	42.9	40.0	34.1
总样本数	83	14	25	44

资料来源：作者基于ALP调查的计算；见本文。

7.2.8 不使用金融服务提供商的原因

调查询问了受访者没有雇用金融服务公司的原因。对于使用金融服务公司所提供的咨询服务的受访者，调查询问其不寻求经纪服务的原因。同样，对于那些只使用金融服务公司所提供的经纪服务的受访者，我们问他们为什么不寻求咨询服务，详细结果如表7-8所示。

表7-8   不使用专业人士的理由（％）

理由	咨询和经纪服务	经纪服务	咨询服务
没有钱投资	47.1	35.5	17.6
太贵了	13.2	9.7	20.6
太难选择	6.2	0.0	2.9
不需要财务决策帮助	21.5	12.9	52.9
不喜欢专业人士或专业金融公司	8.2	0.0	11.8
总样本数	340	31	34

资料来源：作者基于ALP调查的计算；见本文。

关于不使用金融服务公司的原因，除"其他"这一选项外，受访者可在5个选项中进行选择：没有钱投资；太贵了；太难选择；不需要财务决策帮助；不喜欢专业人士或专业金融公司。对于根本不咨询金融服务公司的受访者来说，最常见的答案（47％）是"没有钱投资"。对于没有使用金融服务公司进行经纪服务的受访者，最常见的原因（36％）是"没有投资资金"。在不使用金融服务公司进行咨询服务的受访者中，最常见的原因（18％）是受访者不需要他或她在财务决策方面提供帮助。

7.2.9 寻求经纪人和投资顾问服务的相对偏好

然后，受访者给出了经纪人和投资顾问的定义，包括对常见职位名称、法定职责和典型薪酬的描述。我们首先问他们："在0~100的范围内，您认为在未来5年内，您会（或继续）向经纪人或投资顾问寻求服务的概率是多少？"对于回答有很大概率的受访者，我们继续询问一个关于投资建议的问题："在0~100的范围，您认为您寻求（或继续寻求）投资顾问投资建议的概率多少？"最后，我们要求受访者衡量他们对"我会相信经纪人或投资顾问的投资建议"这一表述的认同程度。

如表7-9所示，总体来说，受访者可能从投资顾问和经纪商那里寻求一般的服务，特别是投资建议。平均而言，受访者通常可能会从投资顾问和经纪人那里寻求服务，但投资顾问的服务水平中位数略高（25％对20％）。近29％的受访者表示，他们没有机会寻求经纪人服务；28％的受访者表示，他们没有机会寻求投资顾问服务。本章报告了从经纪人或投资顾问处寻求服务的受访者的情况，中位数表明他们寻求投资建议的意愿相当。

表7-9   倾向于未来寻求投资顾问和经纪咨询服务（％）

	投资咨询师			投资经纪人		
	均值	中位数	总计	均值	中位数	总计
未来5年寻求（投资顾问/经纪人）服务的概率	37.1	25	634	36.6	20	637
未来5年寻求（投资顾问/经纪人）投资建议的概率	51.9	50	454	47.7	50	458
我相信投资顾问/经纪人的投资建议（1＝十分反对，5＝十分同意）	3.4	3	635	3.1	3	637

资料来源：作者基于ALP调查的计算；见本文。

7.2.10　协助受访者管理财务事宜

我们询问所有的受访者："在您的生活中，您认为哪一类的财务咨询对您的帮助最大？"有以下选项：资产管理、大学储蓄计划、债务整合或管理、制订预算和储蓄计划、遗产计划、执行股票或共同基金交易、一般财务计划、投资建议、退休计划或其他。大部分受访者（62％）表示，他们希望得到关于退休计划的帮助。许多受访者还希望得到关于投资建议（41％）、财务规划（38％）、遗产规划（35％）方面的帮助。我们考虑了受访者的年龄、受教育程度、收入、投资经验以及受访者是否使用金融服务提供商等因素[1]，再次对上面的问题进行分析。在所有受访者中，选择最多的是"退休计划"。除没有接受过大学教育、没有咨询过金融服务公司或被认为是没有经验的受访者外，选择比例居第二位的是"投资建议"。对于前三类群体来说，第二个常见的选项是"一般财务计划"。对于被认为缺乏经验的群体而言，第二个常见的选项是"制订预算和储蓄计划"。

7.2.11　焦点小组

焦点小组允许对问题进行深入的讨论，并且允许主持人跟踪他们的想法、理解背后的逻辑。虽然焦点小组参与者不具有全国代表性，并且在此期间，焦点小组收集的数据只是定性的，但这种方法经常为研究人员提供重要的依据，特别是以细微差别问题为主题的研究。为了进一步说明，我们首先介绍这一方法，然后讨论焦点小组对金

---

[1]　根据需要，可向作者索要完整结果。

融服务行业的印象。接着我们描述参与者的金融决策和咨询金融服务公司的经验。最后，我们考察部分投资顾问和经纪商之间的差异。

7.2.12 方法

我们设置六个小组，每个小组有 10~12 名参与者，分别代表经验丰富和缺乏经验的投资者。与调查受访者一样，如果焦点小组参与者在退休账户之外有投资、接受过正式的金融或投资培训，或只有退休账户投资，但能正确回答相关财务问题（例如，了解投资的性质和原因，在必要时寻找有关其投资的信息，并了解可用的不同投资选择），则这部分参与者被归为经验丰富的投资者。否则，视为缺乏经验的投资者。

67 名参与者的年龄在 22~77 岁之间，其中 2/3 以上的参与者年龄超过 40 岁。受访者的种族背景如下：44 名非西班牙裔白人、18 名黑人、2 名西班牙裔和 3 名亚裔。焦点小组于 2007 年 9 月和 10 月在印第安纳州的亚历山大和弗吉尼亚州的韦恩堡开始调查。我们聘请专业服务公司来招募参与者。对于弗吉尼亚州的焦点小组，我们聘请了一家猎头公司，这家公司拥有一个来自华盛顿特区、大都市区（包括弗吉尼亚州北部和马里兰州部分地区）约 17 000 人信息的数据库。对于印第安纳州的焦点小组，我们聘请的一家猎头公司拥有一个大约 35 000 人信息的数据库，这部分人主要来自印第安纳州的艾伦县，还有一小部分（9%~10%）是艾伦县附近的居民。每个地点包括两组经验丰富的投资者和一组缺乏经验的投资者。其中，2/3 是有经验的投资者，另外 1/3 是经验不足的投资者，与 ALP 受访者的比例大致相同。调查人员向他们询问一系列有关对金融服务行业的理解程度和经验的问题，并且还向他们展示经纪自营商和投资顾问的广告，并询问他们期望的产品和服务的类型以及他们期望的互动程度。

7.2.13 投资经验

几乎所有的参与者都主要通过雇主在退休账户中进行投资。许多人在退休账户之外进行投资，主要是持有共同基金，还有一些持有个人股票和年金。有些人不确定该如何处理他们的资金，他们将这些资金存入货币市场账户（MMA）和定期存单（CDs）。原因是这些参与者过去收到的财务建议太差，不确定如何投资，因此他们选择了安全性较高的货币市场账户（MMA）和定期存单（CDs）。参与者年龄介于 22~77 岁之间，投资经历从 2 年到 40 年不等。大多数参与者自评的金融知识水平很低，其中包括许多已经投资多年的受访者。大约 10% 的参与者认为他们的金融知识水平较高。与会者将自己缺乏知识归因于对理财缺乏兴趣、缺少充足的学习时间以及金融知识本身的复杂性。有些人提到相互对立的信息让他们不确定应该信任哪些信息来源。

7.2.14 对金融服务业的一般印象

当被问及受访者对金融服务行业的总体看法时，参与者倾向于将行业描述为复杂的。与所有行业一样，人们认为金融服务行业中既有诚实又有不诚实的人。一些人指出，最近的公司丑闻（例如世通和安然）引发公众对金融服务行业的怀疑。由于这是一个基于信任的行业，许多参与者表明他们不信任这个行业。许多投资者承认，他们不确定其现有投资的收费标准。他们认为存在隐性费用，除非他们明确要求，投资专业人士不会向他们提供某些信息。他们认为，必须准确地了解这些问题，否则就会处于不利地位。当被问及他们可能看到的金融服务广告时，参与者认为专业投资人士的广告试图让人们认为投资很容易，公司会为客户服务，帮助他们实现某种生活方式。

参与者列举了他们看到广告但没有投资的几个原因。其中包括：他们认为有必要拥有大量的可支配收入用于投资；他们没有钱投资；他们担心失去投资资金；他们缺乏投资知识；他们认为金融服务行业太复杂，难以驾驭。

7.3 投资者决策和金融服务专业人士的经验

参与者报告了获取各种关于金融产品和服务的信息渠道来源，包括互联网、朋友和家人、金融杂志、电视、招股说明书、工作介绍，以及金融服务专业人士（包括顾问、会计师、保险代理人和银行工作人员）。大约一半的参与者表明他们聘请了金融服务公司。那些有投资但没有聘请金融服务公司的人解释说，他们相信自己跟专业人士一样。

事实上，对金融服务专业人士的信任是投资者最看重的特征，这比对专业人士所在公司的信任更重要。许多参与者偏好历史较长的老牌公司，因为他们具有持久力以及渡过难关的能力。目前大多数参与者主要通过个人或专业推荐来寻找合作的金融服务公司。当我们询问那些目前没有使用金融服务公司的参与者将来会如何寻找此类公司时，大多数人的回答是推荐。尽管大多数使用金融服务提供商的人对他们之间的关系和服务感到满意，但因为缺乏个人交流（这些结论类似于ALP受访者的报告），一些参与者仍然不满意。许多受访者表示在过去的很多年都没有收到金融服务提供商的消息，尽管一些受访者承认他们对这种缺乏交流的行为负有部分责任。其他人则指出，他们的金融服务提供商似乎做得太少。

如果目前使用金融服务提供商，参与者将会被问到他们倾向于与金融服务提供商维持何种关系；否则，他们被问到如果他们要雇用一个人，他们会探索与金融服务提供商保持怎样的关系。有些参与者更喜欢非常"放手"的关系，他们表示既没有兴趣也没有时间跟随市场，很乐意将这项工作交给专业人士。其他参与者认为他们希望成为他们财务决策的合作伙伴，并在钱的问题上有发言权。然而，这些参与者也表明，对于金融服务业，他们有许多不知道或不明白的事情，因此，有一个金融服务提供商是很重要的，他们会花时间来指导参与者了解市场和各种可用产品。许多与会者认为，由于他们的资产太过有限，大多数金融服务提供商不愿花必要的时间与他们合作并教育他们。

7.3.1 与投资专业人士联系

一些参与者表示，他们更愿意通过电话与个人专业人士进行沟通，而另一些人则更喜欢面对面的会议或电子邮件。在一种理想的关系中，参与者希望他们首先要（每月）更频繁地与他们的代理人见面，然后在他们关系稳定后，每季度或每半年与专业代理人交流一次。那些对自己的投资者相当了解的参与者，很少与他们的投资人士进行接触。

7.3.2 期望的服务

在那些寻求专业帮助的人中，所有的人都提到了退休，不仅包括退休储蓄，还包括在退休时如何使用和投入资金。参与者提到的其他期望服务，包括教育规划、保险规划和遗产规划。一些参与者指出需要预算规划和储蓄规划来帮助购买住房。参与者对将所有投资交给一家公司处理还是由多家公司提供帮助存在分歧。使用一家公司的优势包括：专业人士可以看到全部财务状况，更好地为客户提供建议，并减少跟踪的记录工作量。其他参与者希望将他们的投资分散到几家公司，目的是降低他们的风险。他们还指出，一些公司专门从事某些类型的投资，并且发挥某些公司的优势可能会更好。还有一些人更倾向于将他们的一些资金委托给金融服务提供商，同时也将一部分资金用于自己投资。

7.3.3 投资顾问和经纪人之间的感知差异

正如ALP受访者所观察到的，焦点小组参与者有时不清楚投资顾问和经纪人的作用，焦点小组的讨论有助于找到困惑的原因。为了评估参与者对各种金融服务专业人士角色的理解程度，我们在详细讨论投资顾问和经纪人之间的区别之前，对问卷进行简短的调查，以获取他们对进入焦点小组会议的理解，而不反映他们在焦点小组学到的任何知识。主持人向参与者介绍了一系列具体的服务和义务，并说明哪些项目适用于以下金融服务专业人士：投资顾问、经纪人、财务顾问、理财规划师。表7-10提供了该调查问卷的结果①，这表明焦点小组的结果与家庭住户调查十分相似。

焦点小组和调查的受访者之间的主要区别在于，在焦点小组参与者中（5%）认为投资顾问收到佣金的比例远少于调查中受访者（43%）的比例。与ALP受访者（分别为49%和42%）所报告的不同，焦点小组的参与者更可能认为投资顾问和经纪人都需要按照客户的最佳利益行事（分别为64%和63%）。此外，相比于调查中的受访者，焦点小组参与者更可能认为经纪人被要求披露任何与利益相冲突的信息。事实上，焦点小组参与者更可能认为经纪人（而不是投资顾问）必须披露冲突信息，而ALP受访者更可能认为投资顾问必须披露冲突信息。

---

① 数据附录（可根据需要提供）按年龄、受教育程度、地点、投资经验以及参与者是否拥有金融服务提供商提供问卷答复的细目。

表 7-10　　　　　　　　　　参与者对金融服务专业人士的看法（%）

专业人士	投资顾问	经纪人	财务顾问或咨询师	理财规划师	均不是
提供关于证券（例如股票或股票共同基金）的建议作为日常业务的一部分	85	61	76	63	0
代表客户执行股票或共同基金交易	27	84	22	18	0
推荐具体投资	93	46	67	46	0
提供退休计划	39	12	81	91	0
提供一般财务计划	33	16	79	91	0
通常会收到客户购买或交易的佣金	5	96	43	33	0
根据客户持有的资产数量获得报酬	51	57	45	19	6
按照法律的要求以客户的最佳利益为出发点	64	63	58	57	18
根据法律要求披露任何利益冲突信息	60	70	61	72	18

注：基于67名参与者的调查。

资料来源：作者基于ALP调查的计算；见本文。

7.3.4　对投资顾问和经纪商广告的态度

提供给焦点小组参与者的第一组广告来自杂志，并且是现实中公司的一般广告，其中识别信息或标记被掩盖。A公司的经纪服务广告强调与基于信任的财务顾问建立关系的重要性。该广告进一步描述了财务顾问的专业知识和研究工具（详细说明研究工具提供了一般而非个人的建议）。该广告特别提到共同基金和股票。B公司的广告来自一家投资顾问公司，强调仔细规划的重要性，这样个人的遗产将留给他或她的受益人，而不是留给国税局（IRS）。该广告还突出了该公司的经验和专业知识。广告特别提到慈善事业、资产管理和复杂的财富转移战略。

在讨论A公司的吸引力时，许多参与者提到他们喜欢信用信息，而且广告暗示着所有员工都受过良好的培训。参与者不喜欢这家公司的原因是它仅详细说明了研究工具而非个人的建议。关于B公司，许多参与者提到他们认为可以从资产管理等服务中受益。但考虑到广告的基调，许多参与者也认为他们没有足够的钱成为B公司的客户。

7.3.5　倾向于寻求投资顾问或经纪人的服务

焦点小组向参与者提交了关于投资顾问和经纪人的情况说明，其中包括与ALP调查对象相同的信息：经纪人和投资顾问的定义，包括对常见的职位名称、法定职责和典型薪酬的描述。即使在完成介绍之后，参与者仍然对这些名词感到困惑。他们指出，投资顾问和经纪商的常见职位非常相似，以至于人们很容易混淆他们咨询的专业类型。一些参与者表示，他们知道有哪种类型的专业投资人员，但大多数人不知道参与者对经纪人必须获得认证，而投资顾问无须认证的问题感兴趣。因此，一些人认为顾问的资质不如经纪人。

许多受访者不理解"受托责任"这一专业名词，也不理解受托责任是否比适用性更标准。一些参与者认为，投资顾问或经纪人的法律要求不够严格。一些参与者提到，如果一位投资顾问使客户的投资经受了很大损失，也很难证明该顾问没有按照客户的最佳利益行事。其他参与者不喜欢经纪人强行推荐适合他们的产品。他们认为适用的术语太模糊，而且不清楚经纪人如何确定其适用性。许多参与者还指出，投资顾问必须披露利益冲突信息，而经纪人却不需要。

7.4 结论

我们对文献和调查证据的回顾表明，许多人不了解投资顾问和经纪商之间的关键区别——他们的职责、他们的职位、他们工作的公司或他们提供的服务。尽管如此，人们还是倾向于与他们的金融服务专业人士保持相对长期的关系，对其服务高度满意。据报道，这种满意度通常是由投资者受到的个人关注所引起的。不过，我们缺乏关于满意度水平随经济回报变化的证据，但我们从焦点小组参与者那里得知，很多人不清楚他们为投资支付的费用。此外，人们不清楚经纪商和投资顾问的角色，并认为，"我们什么都做"的广告使人难以区分经纪自营商和投资顾问。此外，尽管我们试图用简单的语言解释受托责任和适用性，但受访者仍需努力去理解二者之间的差异。即使解释受托责任通常是更高的注意标准，焦点小组参与者仍然怀疑在现实中的标准是不同的。

然而，尽管如此，大多数受访者和参与者仍然对他们的金融服务提供商表示满意。在调查中，受访者满意最常见的原因是专业人士的专注性和可用性，这高于专业知识的影响。尽管焦点小组成员也提到了这些特质，但信任被更经常地提起。最后，受访者和参与者通常表示他们认识到投资建议的价值。那些目前收到投资建议的人通常认为该服务是有价值的。许多目前没有收到投资建议的人表示希望获得这些服务，但他们担心，他们相对较少的可投资资产使得他们难以获得有价值的服务。

参考文献

Chao, C. N., R. J. Mockler, and D. Dologite (2002). 'Online Trading: The Competitive Landscape,' *Review of Business*, 23(3): 44-8.

Fusilier, M. and M. Schaub (2003). 'Broker-Client Contact and Client Satisfaction: Are Client Attitudes Towards Brokers Bullish and Bearish with the Stock Market?,' *Journal of Financial Services Marketing*, 8(1): 63.

Hung, A. A., N. Clancy, J. Dominitz, E. Talley, C. Berrebi, and F. Suvankulov (2008). *Investor and Industry Perspectives on Investment Advisers and Broker-Dealers*. Santa Monica, CA: RAND Corporation, TR-556-USSEC. http://www.sec.gov/news/press/2008/2008-1_randiabdreport.pdf.

Opinion Research Corporation (2004). *Regulation of Stockbrokers and Financial Advisors: What American Investors Understand, Think is Right: Summary of Survey Findings*. Princeton, NJ: Briefing for Zero Alpha Group and Consumer Federation of America.

Siegel and Gale, LLC and Gelb Consulting Group (2005). *Results of Investor Focus Group Interviews About Proposed Brokerage Account Disclosures: Report to the Securities and Exchange Commission*. San Francisco, CA: Siegel and Gale, LLC and Gelb Consulting Group. http://www.sec.gov/rules/proposed/s72599/focusgrp031005.pdf.

TD Ameritrade (2006). 'TD AMERITRADE Survey Reveals Need for Clarity,' Omaha, NE: TD Ameritrade, May 10.

Tully, D. P. and A. Levitt (1995). *Report of the Committee on Compensation Practices*. Washington, DC: US Securities and Exchange Commission.

US Census Bureau (2007). *March 2007 Current Population Survey*. Washington, DC: United States Census Bureau.

US Securities and Exchange Commission (SEC) (2005). *Certain Broker-Dealers Deemed Not to Be Investment Advisers*. Releases 34-51523 and IA-2376, file S7-25-99. Washington, DC: US Securities and Exchange Commission.

US Statutes (1934). Title 48, Section 881, Securities and Exchange Act, June 6, 1934.

——(1940). Title 54, Section 847, Investment Advisers Act, November 1, 1940.

Yang, Z. and X. Fang (2004). 'Online Service Quality Dimensions and Their Relationships with Satisfaction: A Content Analysis of Customer Reviews of Securities Brokerage Services,' *International Journal of Service Industry Management*, 15(3): 302-26.

Zero Alpha Group (ZAG) (2004). 'Survey: In Blow to SEC Rule Proposal, 9 Out of 10 U.S. Investors Back Equally Tough Broker, Investment Adviser Regulation,' Washington, DC: ZAG, October 27.

第8章 金钱错误？信用社社员的现金贷

Susan P. Carter，*Paige M. Skiba*，*and Jeremy Tobacman*

本章将探讨家庭如何选择金融产品这个问题。我们依托三个主要背景开始探究。

第一，大多数家庭面临金融产品选择的范围大而且复杂，特别是金融成熟度较低的家庭（Lusardi and Mitchell，2007，2009）。Lusardi 和 Tufano（2009）特别指出，"债务素养"水平较低的人更有可能利用成本高昂的融资方式，如现金贷。过去的这项工作旨在寻找消费者如何做出更好的财务决策。

第二，我们研究某类金融机构的背景，它们是按照其章程的规定，以使其客户会员受益为目的的机构。信用合作社是由社员控制管理的非营利性金融合作社，根据1934年的《联邦信贷联盟法案》，历史上信用合作社必须由"职业或社团，或属于同一街区、社区或农村地区的居民"联合起来。1935年，全国只有大约1%的人加入信用社，但到2008年底，已建立 7 806 个州信用社和联邦信用社，吸纳了 8 850 万名社员和 8 110 亿美元的资产。2007年，信用社家庭储蓄和贷款余额分别达到 6 320 亿美元和 5 270 亿美元。信用合作社贷款余额占全国份额约为4%。

虽然信用社在过去几十年中变得越来越重要，但经济学家们并不十分关注。现有的大部分文献都集中在信用社和商业银行之间的竞争以及对两类机构存款利率的影响上（Emmons and Schmid，1999，2000；Feinberg，2001，2002）。信用社研究的另一个重点领域是信用社治理规则的影响（Davis，2001）以及信用社的兼并和收购（Goddard et al.，2009）。最近的两项研究分析了消费者的财务决策和信用联合。Rauterkus 和 Ramamonjiarivelo（2010）分析了信用社存款的决定因素，Bubb 和 Kaufman（2009）从理论和实证上解释了消费者为什么经常从信用合作社购买金融产品，而不考虑营利性金融机构。

第三，我们试图将本章与关于"流动债务之谜"的文献联系起来。"流动债务之谜"是指许多债务家庭实际上拥有可使用的低利率流动资产（至少可部分利用）去偿还更高利息的债务。Gross 和 Souleles（2002）发现，"超过90%的信用卡债务人的支票账户和储蓄账户有一些流动性很强的资产，这些资产可以产生的收益在1%~2%之间。有学者认为这一模型具有合理性，Zinman（2007）提供了一个巧妙的模型，解释"借高，贷低"是符合理性选择模型的。我们认为，"流动债务之谜"在一定概率上确实存在，并且此概率随着利息损失规模的增大而增加。在本章中，我们将借高贷低的现象描述为一种"金钱错误"，我们试图衡量其规模，同时判断该"比率"是否能够改变其行为。

各种各样的备选决策观点与"金钱错误"的存在是一致的。Lusardi（2007）指出，理财规划中的错误并不罕见，如果没有合适的理财指导，个人可能由于投资于风险过高或过于保守的资产，而无法储蓄足够的退休金。这些观点强调，他/她选择的咨询渠道以及他/她如何有效地管理他/她的资产与其个人的金融知识水平相关联。

有关"流动债务之谜"和现金贷的其他信息来源包括以下内容。首先，2008年的消费者金融调查（SCF）发现，在过去5年中，1/3的现金贷借款人曾在申请某类贷款时被拒，而非现金贷借款人只有1/10被拒（Logan and Weller，2009）。其次，Agarwal等人（2009）使用信用卡和现金贷的匹配管理数据进行类似的研究。他们发现，当信用卡可以提供流动资金时，人们仍然申请了现金贷。具体来说，研究发现，3年期间平均利息损失为200美元。在数量上，这些结果与我们在6个半月的观察期内统计的平均88元的利息损失相似。在本章中，除了上述可供选择的贷款来源外，还包括支票账户余额，这可能会导致我们得到的结论更惊人。

在本章中，我们运用一个信用合作社的新数据，提供一些关于基本交易模式的新证据，报告关于"金钱错误"的研究结果，并简要讨论结论。

8.1　信用合作社数据

我们使用来自超过50万名社员的信用合作社的专有交易级数据进行分析。就此类特定的信用合作社而言，仅限于生活在信用合作社经营地区的人以及赞助了信用合作社的特定公司的员工加入。从历史上看，不以营利为目的的信用合作社已经接受了对社员资格的限制，以换取免税地位。

该数据包括在观察期（2006年1月1日至2006年6月14日）内有过现金贷的3 845名社员，以及12 467名没有过现金贷的社员。在这个样本中，我们选择其中的15 478名社员。

对于样本中的所有信用社社员，我们收集了他们在观察期内支票账户、储蓄账户和信用额度（line of credit，LOC）账户中贷方和借方的日期与金额的信息，总计包括275万笔交易，平均每人每天约1笔交易。数据集还包括社员初始余额的信息，允许在任何时间点计算余额和可用流动资金。此外，我们在2006年1月11日和2006年3月26日观察了社员的FICO（Fair Isaac Corporation）得分，以及信用社在社员最近的信用申请时为其分配的内部客户得分。最后，数据集将电子借记方标记为当地市场领先的现金贷机构。

8.2　现金贷借款人的交易模式和信用评分

表8-1显示了数据库中具有代表性的随机样本和现金贷借款人的汇总统计数据。

现金贷借款人的FICO评分（2006年1月11日和2006年3月26日）较低。此外，从1月11日到3月26日，现金贷借款人的FICO评分有所下降，而非现金贷借款人的信用评分变化非常小。这一结果表明，现金贷借款人可能有财务困难，导致他们不偿还债务（降低信用评分），或者现金贷借款人做出导致分数降低的糟糕的选择。

表8-1	汇总统计	
	信用合作社代表性样本	信用合作社现金贷借款人
2006年1月11日的FICO	720（83.3）	584（84.7）
2006年3月26日的FICO	720（68.0）	581（69.5）
高于CU评分下限的百分比	96	76
高于CU评分上限的百分比	82	31
交易总次数	123（167）	364（199）
支票交易数	105（159）	338（192）
平均绝对支票交易金额（美元）	295（627）	145（86.7）
现金贷平均次数	0	3.28（2.69）
平均现金贷金额（美元）	0	449（220）
已付平均现金贷利息（美元）	0	175（171）
2006年1月1日的流动性资金总额（美元）	6 529（22 469）	832（2 434）
总样本数	11 824	3 654

注：此表为观察期（2006年1月1日至2006年6月14日）期间信用合作社社员的代表性样本以及向现金贷机构进行电子支付的社员的人口汇总统计。括号内报告的是标准偏差。CU（credit union，信用合作社）评分临界值影响获得信用社信贷的机会，并影响利率。所有的结果在1%的置信水平下显著。

资料来源：作者根据信用合作社的行政数据计算而得；见本文。

表8-1还报告了现金贷借款人发生的高频交易次数。在整个样本期间，现金贷借款人平均进行了364次交易，而随机样本只进行了123次。由于以前没有这方面记录，所以原因仍然不清楚。假设现金贷借款人在这个信用合作社以外的账户较少，更多地使用信用社账户，那么可能难以缓解财务压力，因为家庭进行很多的小额交易在某种程度上会增加金融机构的成本。

8.3 金钱错误？

以前的文章指出，当有廉价的贷款可用时，人们选择了更昂贵的贷款就会造成金钱错误。通过获取有关客户信用额度（LOC）账户、支票账户和储蓄账户中可用余额的信息，我们可以确定他们是否可以通过在别处以低利率获得借款，或者他们是否可以完全避免借款。由于缺少现金贷借款人的其他可用贷款的信息（例如信用卡上的流动资金数据），我们的估计值是最小值。

要在任意给定的日期查找客户在其信贷额度（LOC）账户中的可用余额，我们首先找出1月1日和4月1日的LOC账户限额。然后，通过计算LOC账户的滚存余额（根据1月1日的初始余额减去所有贷记发生额加上所有借记发生额），我们发现某一天的LOC账户可用余额是LOC账户限额减去LOC账户余额。数据集中的一些人在1月1日的LOC账户限额为零，但LOC账户余额为正值。说明这些人的账户已关闭，但欠款未偿还。根据1月1日和4月1日LOC账户限额数据，发现70.1%的现金贷借款人的LOC账户限额为零。与LOC账户类似，为了查询支票账户和储蓄账户的可用余额，我们使用了账户1月1日的初始余额和随着时间的推移对账户进行的增加或减少的借记发生额或贷记发生额。

我们根据还款金额（从电子借记中得知）和利率（在此由州法律确定）推断客户的现金贷金额，然后使用最保守的方法估计利息损失。

我们计算了现金贷还款期间LOC账户、支票账户和储蓄账户金额的最低流动水平，然后将估计的现金贷金额与每个消费者账户的可用余额以及各账户的总流动资金进行比较。假设消费者在其账户余额最少时获取现金贷，就会得到"错误"百分比的下限。

图8-1显示了个人的支票账户、LOC账户和储蓄账户从现金贷首次还款的前54天至后54天的动态情况（样本是在2006年2月23日至4月18日期间第一次偿还现金贷的现金贷借款人）。在现金贷还款的前5天，支票账户余额开始上升。然后支票账户余额开始下降，从现金贷还款的当天开始下降，下降趋势持续大约10天。典型的现金贷借款人为了偿还现金贷而提前几天存款，但在偿还之后的几天内支票账户余额继续下降，然后再次平稳。他们的LOC账户可用余额和储蓄余额保持稳定，但在整个时间段内持续上升。

为了估计社员不使用LOC方式借贷造成的利息损失，我们首先需要估计选择使用支票或LOC方式借贷的利率。我们假设贷款期限为45天，这是该州现金贷的最长还款期限，然后估计借款人使用LOC方式而不是现金贷的利息支出额。换言之，如果现金贷借款人在这段时间内获得现金贷，我们设定他/她的备选方案成本（使用LOC或支票账户借贷）尽可能地高。在借款人账户余额最低的那一天，我们累计所有可用余额，并与其估计的现金贷余额进行比较。如果借款人在获取200美元的现金贷时，他/她的账户中有100美元，那么他/她的损失将是100美元乘以45天内LOC的利率。我们使用这种方法发现，在6个半月内，每位现金贷借款人的平均损失为87.91美元。损失分布如图8-2所示。

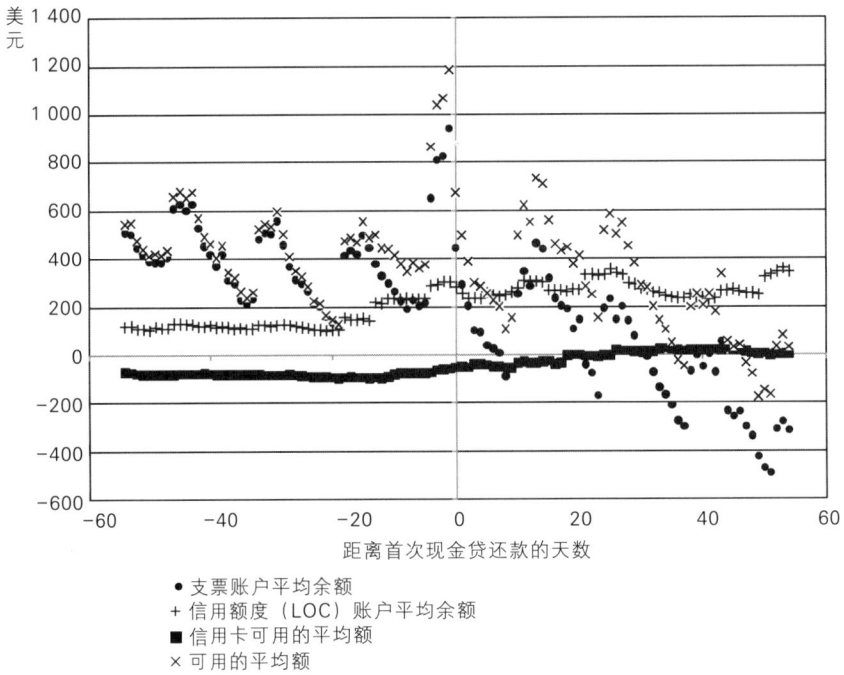

图8-1　随时间变化的流动性资金

- 支票账户平均余额
+ 信用额度（LOC）账户平均余额
■ 信用卡可用的平均额
× 可用的平均额

注：该图报告了信用社社员首次偿还现金贷期间，几种借贷形式的家庭流动资金的变动情况。我们将样本限制在还款的前54天至后54天观察到的个体（第一次还款发生在2006年2月23日至2006年4月18日期间的个体）。

资料来源：作者根据信用合作社的管理数据计算而得；见本文。

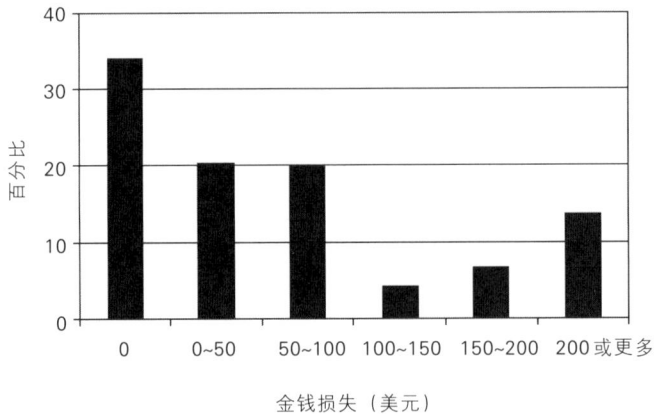

图8-2　金钱损失的直方图

注：2006年1月1日至2006年6月14日期间因使用现金贷而非其他流动资金而发生的金钱损失。

资料来源：作者根据信用合作社的行政数据计算而得；见本文。

接下来我们考虑影响金钱"错误"的因素。在表8-2中，我们用信用社社员的损失对在期初已知的借款人特征因素（FICO评分，支票、储蓄、LOC和VISA账户余额和可用金额）进行OLS回归。在第1列和第2列中，回归样本选择至少有过一次现金贷的人。不出所料，FICO分数较低的人更有可能遭受损失。有趣的是，1月1日支票账户余额更高的借款人更有可能造成更多损失，而1月1日LOC账户余额更高的借贷人也会造成更多损失。在第3列和第4列中，样本增加了随机抽取的信用社社员数，并对样本加权以表示此时信用社的所有社员。非现金贷借款人在现金贷中没有损失。与前面一样，我们发现1月1日FICO评分较低且LOC余额较高的社员更有可能出现更大的损失。支票账户余额的回归结果不再显著。1月份LOC和VISA账户限额（以及可用余额）是影响损失的重要因素；但是，LOC限额回归结果为负值，而VISA限额为正值。效应的大小接近于零。

表8-2　　　　　　　　　　现金贷引起金钱损失的影响因素

	第1列	第2列	第3列	第4列
2006/01/11 FICO	−0.17***	−0.17***	−0.016***	−0.016***
	0.038	0.038	0.00072	0.00072
2006/01/01 支票账户余额	0.0039***	0.0039***	0.0000019	0.0000019
	0.0011	0.0011	0.0000015	0.0000015
2006/01/01 储蓄账户余额	0.00098	0.0010	0.0000028***	0.0000028***
	0.0025	0.0025	0.00000064	0.00000064
2006/01/01 LOC 余额	0.0078***	0.0079***	0.00024***	0.00020***
	0.0025	0.0010	0.000033	0.000030
2006/01/01 LOC 限额	0.000062		−0.000038***	
	0.0026		0.0000058	
2006/01/01 VISA 余额	−0.0015	0.0015	−0.000024	−0.0000040
	0.0032	0.0014	0.000015	0.000013
2006/01/01 VISA 限额	0.0031		0.000020***	
	0.0028		0.0000029	
2006/01/01 LOC 可用余额		0.0001		−0.000038***
		0.0026		0.0000058
2006/01/01 VISA 可用余额		0.0031		0.000020***
		0.0028		0.0000029
常数项	176.15***	176.15***	12.38***	12.38***
	22.20	22.20	0.54	0.54
总数	3 238	3 238	12 894	12 894
调整后的 R^2	0.027	0.027	0.0075	0.0075

注：用使用现金贷的损失对社员初始特征因素进行回归，表8-2确定了金钱错误的影响因素。第1列和第2列仅包括在2006年1月1日至2006年6月14日期间有过现金贷的人，而第3列和第4列包括现金贷借款人和信用社社员中的随机样本，并对样本加权以表示此时信用社的所有社员。系数下面报告的是标准误差。***表示在1%的置信水平下的显著。

资料来源：作者根据信用合作社的管理数据计算而得；见本文。

最后，我们研究了获取现金贷之外的其他信贷对个人决定是否办理现金贷的影响。在图8-3中，我们绘制了在2006年1月1日到2006年6月14日期间现金贷次数与FICO评分（在图表中表示为FICO的标准差，并以FICO均值为中心）的关系图。从图中可以看出，现金贷多发生于FICO评分较低处，但随着FICO评分上升，现金贷的次数开始下降。我们使用断点回归方法来识别LOC利率的临界值是否显著影响借款人使用现金贷的次数。如果FICO评分临界值发生跳跃，则表明仅仅获得其他信贷就会导致办理现金贷次数发生跳跃。我们的研究结果显示，在利率变化出现第一次截断时，现金贷的斜率和水平发生了重大变化。这些结果见本章附录，有学者开始探究获得其他信贷对使用现金贷的影响。

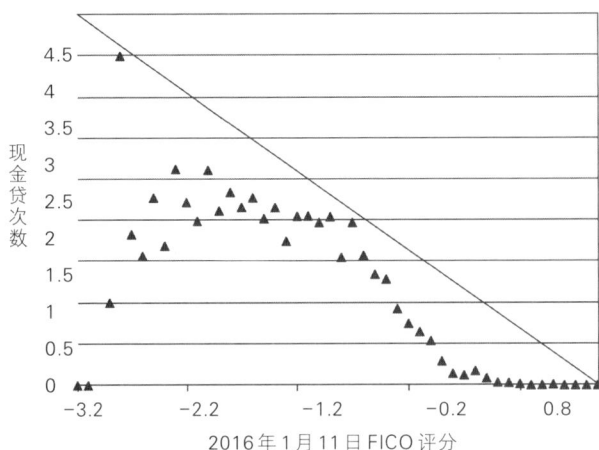

图8-3　现金贷次数关于FICO评分的函数

注：显示2006年1月11日FICO评分与该日期至2006年6月14日期间办理现金贷次数之间的关系。FICO评分以评分均值为中心，并以评分标准差表示。每个点表示样本中办理现金贷的平均次数，数据分布的宽度等于标准差的1/10。

资料来源：作者根据信用合作社的行政数据计算而得；见本文。

8.4　结论

本章重点介绍了现金贷借款人造成金钱错误的几个影响因素。首先，现金贷借款人的信用评分较低，而且呈现下降趋势。其次，现金贷借款人的交易次数几乎是非现金贷借款人的3倍，而现金贷借款人主要交易的规模是非现金贷借款人的一半。最后，现金贷借款人积累支票账户流动资金用于偿还其现金贷。

比较估计的现金贷金额与借款人支票账户、储蓄账户和LOC账户中可用的流动资金，我们估计了使用现金贷而不是其他账户可用资金所发生的损失。在六个半月内，这些损失约为88美元。

本章集中讨论了一批拥有信用社账户的现金贷借款人，他们通过做出更好的财务决策可以受益更多。进一步的工作是研究信用评分如何影响流动资金的获取，这种资金的获得对现金贷和利息损失的影响，以及信用社和其他人可以用研究结果来帮助消费者做出良好财务决策的策略。

附录

信用社使用外部和内部信用评分以及其他信息来确定谁可获得 LOC 贷款以及相应利率。我们知道信用社办理 LOC 贷款的基本外部信用评分临界值。根据社员的 FICO 评分，我们可以估计个人需要支付的利率水平。回看图 8-3，我们可以看到随着 FICO 评分达到一定水平，现金贷的次数不断下降。使用断点回归方法，我们研究了获得低利率 LOC 贷款是否会导致所使用的现金贷次数减少的问题。简而言之，通过断点回归检测在 FICO 评分临界值附近的人。通过回归，我们可以确定 FICO 评分或获得较低利率 LOC 贷款是否影响现金贷的使用。

我们必须首先检查 FICO 评分是否高于或低于临界值，为此，我们可以通过附录图 8A-1 中查看信用评分的密度。如果在 FICO 评分临界值周围出现跳跃，则表明可能是其他因素使现金贷增加，而不是利率。但事实上，似乎没有发生任何明显的跳跃。

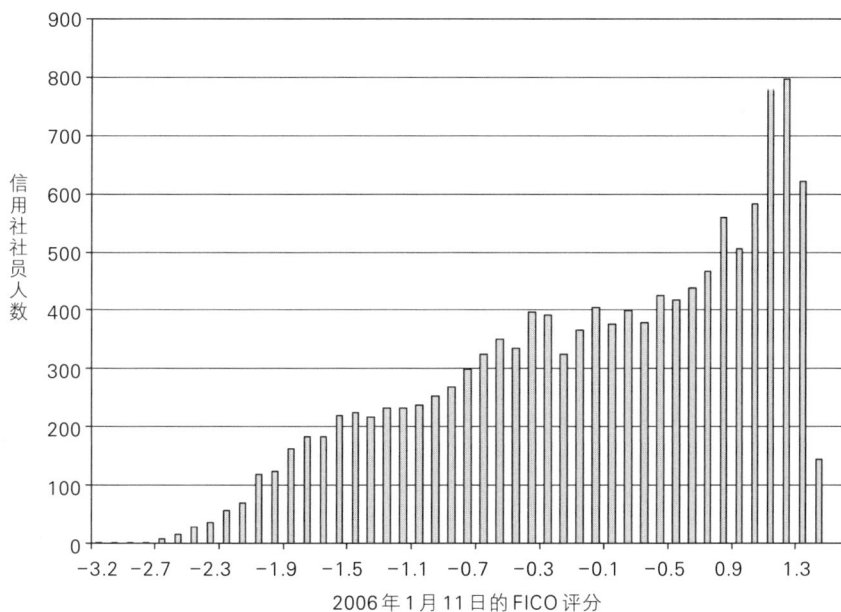

图 8A-1 信用社社员信用评分的分布

注：表示信用社社员 2006 年 1 月 11 日标准化 FICO 评分的分布情况。评分集中在 2006 年 1 月 11 日 FICO 平均值和标准差之间。

资料来源：作者根据信用合作社的管理数据计算而得；见本文。

我们使用以下回归方程式来测试临界值周围是否有重大变化：

$$NumberPDLs_i = \beta_1 AboveThr_i + \beta_2 BelowThr_i + f\left(FICO\_Above_i\right) +$$
$$f\left(FICO\_\_Below_i\right) + \epsilon_i$$

其中 f（·）是信用评分的函数。NumberPDLs 是在 1 月 11 日报告 FICO 评分之后样本中现金贷的次数。AboveThr（BelowThr）是虚拟变量，表示信用评分高于（低于）临界值。FICO_Above（FICO_Below）是在临界值以上（以下）的个人的 FICO 得分。我们使用 FICO 评分的线性、平方、立方和四次方函数。这些回归被加权以代表目前信用社的所有社员。

这些回归结果见附录表 8A-1。高于临界值和低于临界值的虚拟变量在前三列都是显著的；但在第 2 列和第 3 列中低于临界值的虚拟变量系数为负，表明低于 FICO 评分临界值的人不太可能获取现金贷。附加检验（未报告）发现，除了使用四次方 FICO 分数以外，所有规格中临界值以上和以下的水平同斜率都有显著差异。在 NumberPDLs 使用 3 月 26 日报告 FICO 评分之后样本中现金贷的次数时，发现类似的结果。

表 8A-1　　　　　　　　　　　　　　　断点回归

	第 1 列	第 2 列	第 3 列	第 4 列
AboveThr	0.069***	0.052***	0.017***	0.0060
	0.0037	0.0038	0.0050	0.0066
BelowThr	0.36***	−1.44*	−9.50**	22.38
	0.089	0.74	4.71	37.94
FICO_Above	0.00000470***	0.00016***	0.0030***	0.017***
	0.00000031	0.000010	0.00031	0.0038
FICO_Below	−0.00037**	0.0065**	0.054*	−0.21
	0.00016	0.0028	0.028	0.31
FICO_Above^2		0.00000020***	−0.0000077***	−0.000068***
		0.000000013	0.00000081	0.000015
FICO_Below^2		−0.0000066**	−0.00010*	0.00069
		0.0000027	0.000057	0.00096
FICO_Above^3			0.0000000050***	0.000000088***
			0.00000000054	0.000000020
FICO_Below^3			0.000000061	−0.0000010
			0.000000038	0.0000013
FICO_Above^4				0.000000000038***
				0.0000000000091

	第1列	第2列	第3列	第4列
总样本数	12 894	12 894	12 894	12 894
Adjusted R^2	0.021	0.022	0.022	0.022

注：本表是2006年1月11日到2006年6月14日期间获取现金贷次数的回归。AboveThr（BelowThr）是虚拟变量，表示信用评分高于（低于）临界值。FICO_Above（FICO_Below）是上述高于（低于）临界值的FICO评分。我们使用信用评分的线性、平方、立方和四次方函数。这些回归加权代表信用社的所有社员。***，**和*分别代表在1%，5%和10%置信水平下的显著。

资料来源：作者根据信用合作社的管理数据计算而得；见本文。

参考文献

Agarwal, S., P. M. Skiba, and J. Tobacman (2009). 'Payday Loans and Credit Cards: New Liquidity and Credit Scoring Puzzles?,' *American Economic Review Papers and Proceedings*, 99 (2): 412-17.

Bubb, R. and A. Kaufmann (2009). *Consumer Biases and Firm Ownership*. Boston, MA: Harvard University. https://files.nyu.edu/rb165/public/papers/BubbKaufman_ConsumerBiasesandFirmOwnership.pdf.

Davis, K. (2001). 'Credit Union Governance and Survival of the Cooperative Form,' *Journal of Financial Services Research*, 19(2-3): 197-210.

Emmons, W. R. and F. A. Schmid (1999). 'Credit Unions and the Common Bond,' *Review of the Federal Reserve Bank of St. Louis*, 81(5): 41-63.

—— (2000). 'Banks vs. Credit Unions: Dynamic Competition in Local Markets,' Federal Reserve Bank of St Louis Working Paper 2000-006A. St Louis, MO: Federal Reserve Bank of St Louis.

Feinberg, R. M. (2001). 'The Competitive Role of Credit Unions in Small Local Financial Services Markets,' *Review of Economics and Statistics*, 83(3): 560-3.

—— (2002). 'Credit Unions: Fringe Competitors or Cournot Competitors?' *Review of Industrial Organization*, 20(2): 105-13.

Goddard, J., D. G. McKillop, and J. O. S. Wilson (2009). 'Which Credit Unions are Acquired?' *Journal of Financial Services Research*, 36: 231-52.

Gross, D. and N. Souleles (2002). 'An Empirical Analysis of Personal Bankruptcy and Delinquency,' *Review of Financial Studies*, 15(1): 319-47.

Logan, A. and C. E. Weller (2009). *Who Borrows from Payday Lenders? An Analysis of Newly Available Data*. Washington, DC: Center for American Progress. http://www.americanprogress.org/issues/2009/03/payday_lending.html.

Lusardi, A. (2007). 'Houshold Saving Behavior: The Role of Literacy, Information and Financial Education Programs,' NBER Working Paper No. 13824. Cambridge, MA: National Bureau of Economic Research.

—— O. S. Mitchell (2007). 'Financial Literacy and Retirement Planning: New Evidence from the RAND American Life Panel.' Pension Research Council Working Paper No. 2007-33. Philadelphia, PA: Pension Research Council.

—— (2009). 'How Ordinary Consumers Make Complex Economic Decisions: Financial Literacy and Retirement Readiness,' NBER Working Paper No. 15350. Cambridge, MA: National Bureau of Economic Research.

—— P. Tufano (2009). 'Debt Literacy, Financial Experiences, and Overindebtedness,' NBER Working Paper No. 14808. Cambridge, MA: National Bureau of Economic Research.

Rauterkus, A. and Z. H. Ramamonjiarivelo (2010). *Why Choose a Credit Union? Determinants of Credit Union Deposits*. Birmingham, AL: University of Alabama. http://ssrn.com/abstract=1571335.

Zinman, J. (2007). *Household Borrowing High and Lending Low Under No-Arbitrage*. Hanover, NH: Dartmouth College. http://www.dartmouth.edu/~jzinman/Papers/Zinman_BHLL_apr07.pdf.

第9章 年金、金融知识及信息过载

Julie Agnew and Lisa Szykman

金融知识在投资决策和储蓄行为中发挥着重要的作用。研究表明，金融知识欠缺的人通常会远离股市（Christelis et al.，2006；Kimball and Shumway，2006；van Rooij et al.，2007，2008），并且更不会为退休储蓄（Lusardi and Mitchell，2006，2007，2008，2009；Agnew and Szykman，2005）。此外，知识欠缺的人更容易做出与抵押贷款再融资相关的错误债务决定，并且常以成本更高的方式交易（Lusardi and Tufano，2009）。随着学者发现越来越多的投资行为受金融知识影响，这个领域的文献也迅速增多。

本章对文献的贡献是，研究了金融知识与相对不足的金融决策之间的关系。随着从待遇确定型（DB）到缴费确定型（DC）的转变，越来越多的退休人员将会面临具体的问题：他们是否应该将退休储蓄年金化？[①]这个复杂的决定要求个人不仅要考虑他们未来的消费需求和投资组合选择，还要考虑他们的长期风险。对于许多退休人员来说，尤其是对于金融知识欠缺的人来说，这可能是一项艰巨的任务。在本章中，我们使用大规模实验数据研究金融知识与此项决策的关系，以及它如何影响参与者可能遇到的信息过载。我们还研究一旦参与者做出了选择，这些变量是否会影响他们的信心和满意度。尽管我们实验中的投资决策比人们在现实世界中可能遇到的投资决策简单得多，但实验中的控制条件为研究金融知识对重要退休决策的影响提供了很好的机会。此外，本章还列出了更多关于年金市场可能小于理论预期的看法。研究人员经常将这一发现称为"年金难题"。

我们首先简要回顾现有文献。然后描述实验室实验和要求参与者做出的选择。接下来，我们讨论实验中所包含的几个变量的测度。最后，报告结果，得出结论，并讨论它们的含义。

---

① 我们在整个文章中提到的都是单一的优质固定终身年金。

9.1 关于年金、金融知识和信息过载的早期研究

研究金融知识对退休投资等重要金融决策的影响的文献数量正在迅速增长。多项研究表明，金融知识丰富的个人更可能有退休规划，积累更多财富并参与股市。例如，van Rooij 等人（2008）的研究表明，金融市场的复杂性促使个人参与股市。他们发现，金融复杂度增加一个标准差将使拥有股票的可能性提高 8%。他们解释说，"高水平的金融技能降低了投资的经济障碍和心理障碍"。此外，Lusardi 和 Mitchell（2009）表明，即使控制了一系列社会经济因素，较高的金融知识仍与退休计划密切相关。另外，Agnew 等人（2009）发现，金融知识欠缺的个人几乎不可能自动注册和自愿注册 401（k）计划。Agnew 和 Szykman（2005）也证明，金融知识欠缺的个体在考察退休投资选择的实验中倾向于选择默认选项。

退休文献中关于金融知识的大部分研究都集中在积累储蓄资产阶段。到目前为止，这些文献并不关注储蓄资产的花费，而是侧重于是否购买年金。由于年金可以保障退休人士抵御长寿风险，因此年金对他们来说很有吸引力。但实际上，终生年金的市场规模远小于理论家的预期，我们暂不清楚这一现象产生的原因。因此，学者们一直在努力寻找这个"理性"发现和其行为产生的原因。Brown（2008a，2008b）关于供给侧和需求侧的总结不能完全解释市场规模偏小的原因。也就是说，关注行为因素的新研究更具潜力，并为解决"年金难题"提供了新的见解（如 Brown et al.，2008）。Brown（2008a）认为，行为偏差可能影响选择年金的决定，金融知识也可能同样产生影响。他指出，那些金融知识欠缺的个体更容易受到影响。Brown（2008a）回顾了这方面的相关研究，并总结了通常会相互矛盾的结果。

这方面研究较少的原因之一是很难找到直接衡量金融知识的数据。最近常用教育水平代表金融知识。只使用教育水平这一单一变量的早期研究发现，教育水平与年金购买是混合相关的。例如，Johnson 等（2004）使用健康和退休研究数据发现，随着教育水平的提高，社会保障支付以外的年金支付也在增加。可以预料到受过高等教育的个人可能有私人养老金。然而 Brown（2001）研究表明，在控制"年金等值财富"后，为了使固定缴款计划（DC）达到平衡，教育和年金决策之间没有显著相关性。可能的原因是，教育和金融知识不完全相关，所以教育不能显著地代表金融知识（Lusardi and Mitchell，2007）。因此，直到最近，研究人员才试图在金融知识的分析中考虑除教育之外的变量。

在一项新的研究中，Previtero（2010）控制了普通教育和金融教育水平，使用了2000 年至 2008 年在 IBM 的 DB 计划中注册的 1.8 万名参与者的单一数据。这篇论文的主要目的是确定过去的股票表现是否影响年金决策。作者找到了相关证据，但没有证据表明这个决策是否与受到的金融教育相关。然而，他认为接受过金融教育的人在决策时可能更看重近期的股票回报。这种过度推理的证据是行为偏差，这是影响年金决策的另一实例。值得注意的是，他发现受过金融教育的人也易受到过度推理的影响。Agnew 等人（2010）也发现了过度推理的现象。

在另一项实证研究中，Mottola 和 Utkus（2007）对两个 DB 计划中的个体进行了分析，并得出结论：更富有、已婚和男性的个人容易选择一次性支付年金。他们指出，选择一次性支付年金的个人往往具有丰富的财务经验和较丰富的金融知识。同样，与本章使用相同数据的早期分析表明，金融知识与个人年金决策负相关（Agnew et al.，2008）。正如我们在那篇文章中所提及的，投资选择的偏好可能是由于熟悉某种投资工具，以参与者的金融知识分数高或对其自身投资能力的过度信任来代表。也可能是因为增加投资决策的复杂性使得年金决策对金融知识欠缺的人更具吸引力。我们目前的研究扩展了此前的分析，以控制可能影响金融知识衡量的其他因素。

我们在研究中新增的变量之一是信息过载（认知和情绪）。当人们处于信息过载状态时，可能疲于处理手头的事务，并感到焦虑和压力。在某些情况下，他们可能会采用消极方式或使用激进的方法来做出选择，这种方式可能会对财务结果产生负面影响，具体效果取决于所用的方法。[①]Eppler 和 Mengis（2004）认为，特定的个人特征（如现有知识）会影响其对信息过载的感受，这表明金融知识可能会对信息过载产生影响。我们在早先的研究中找到了相关证据，表明那些金融知识欠缺的个人信息过载水平更高（Agnew 和 Szykman，2005）。此外，下文中对数据的初步分析表明，信息过载与金融知识之间存在负相关关系（Agnew 和 Szykman，2010）。我们还发现，那些经历更多信息过载的人偏向于选择年金。本章使用更严谨的统计技术来控制重要变量，并通过研究信息过载和金融知识、信息过载和年金决策的关系推动这一分析。我们还扩大了分析范围，纳入了信心和满意度的衡量。据我们所知，这是第一次在年金决策中对这些因素进行分析。

9.2 年金实验

我们的数据首次收集于 Agnew 等人的大型实验中（2008），我们报告了信息框架对决策的影响。本研究侧重于与年金决策以及金融知识和信息过载有关的新发现。[②]

我们的基本实验设计是在主体实验之间的三（年金默认值、投资默认值、无默认值）三（年金偏差、投资偏差、无偏差）实验。在实验中，参与者首先进行一个 10 道题的金融知识测试，旨在衡量其金融成熟度。一旦所有参与者都完成测试，我们将通过彩票选择实验来测量他们的风险偏好（Holt and Laury，2002）。接下来，参与者会观看一个五分钟的幻灯片，其中包含框架管理（年金偏好、投资偏好、无偏好）。

---

① 无效投资启发式的一个例子是利用过去的回报来选择投资。例如，当瑞典引入退休金计划时，积极投资者最可能选择技术和医疗保健基金，这些基金在其能够投资的 456 个基金中是表现最佳的基金（Cronqvist and Thaler，2004）。很可能，这些人对选择的数量感到不知所措，所以他们根据基金过往的业绩来选择。不幸的是，对于那些选择这个基金的人来说，到 2003 年，互联网泡沫破裂了，这个基金已经损失了 69.5% 的价值。对于财务界来说，一个值得进行的尝试就是设计启发式方法，以获得更好的结果。无论计划如何设计或通信如何简单化，总会有人对这些信息感到不知所措。如果这些人可以使用几种基本的启发式方法，那么这些人就可以获益，从而可以做出合理的投资决策。

② 关于实验程序的详细解释见 Agnew 等人（2008）的研究。

在幻灯片放映结束时，参与者将通过详细的指导和示例了解"退休游戏"的规则。接下来，将开始游戏，参与者的一个"账户"中将存有60美元，参与者要决定是否"购买年金"，这份年金将使他们每轮都能获得固定的收益，或在模拟的"市场"和无风险的"持有账户"之间分配资金。使年金价格保持精确公平，并避免在六轮游戏中有其相同的生存概率，可以避免年金偏差和逆向选择。如果参与者选择年金，他们在游戏中"存活"的每一时期都会获得16.77美元的奖励，这是由死亡率决定的。如果选择了投资，参与者每轮都会面临一系列决策。在每一轮决策中，他必须决定留存多少（用于模拟生活费用），然后决定在"市场"和"持有账户"之间分配。一旦做出这些决定，他们将掷骰子决定市场收益或损失。在将新的回报结算到每个参与者的账户余额中后，完成另一次死亡循环以确定参与者是否有资格继续下一轮游戏。无论他们选择投资还是选择年金，参与者最多可以参加六轮。

我们特定的实验设计使得年金决策更加简单，因为参与者只能在游戏开始时做出是否拥有年金的单一决定。通过投资选择，参与者必须决定每轮投资多少和撤回多少资金。因此，如果有人不知所措，产生困惑或信息过载，我们推测他会选择年金，因为年金需要考虑的因素和做出的决策更少。当然，我们的发现与特定的实验设计密切相关。设想一下年金决策困难的情景。例如，当前市场上提供许多不同类型的固定和可变年金，就可能会难住不熟悉这些产品的消费者。消费者需要考虑的年金功能和供应商越多，决策就越困难。在我们的实验中，参与者只需考虑价格相当的简单生活年金。另外，实验中的投资选择要求消费者定期决定他们的投资组合。虽然在理想情况下，参与者应该监测他们的投资组合选择并根据需要进行调整，但研究表明，个人很少随着时间的推移改变其退休金分配方案（Ameriks and Zeldes，2001；Agnew et al.，2003），这通常被称为惯性。因此，在年金选择众多的情况下，如果个人倾向于惯性，那么选择投资决策可能是阻力最小的路径。此外，虽然我们在实验中没有发现违约偏差的证据，但在先前的研究中，计划框架对退休决策的潜在影响是不可否认的。[1]因此，特定的计划设计可能会影响一种决策是如何显示或如何选择的。我们在考虑结果时，应该牢记这些问题。

9.3 衡量金融知识水平

正如前面提到的，在个人参加我们的退休游戏之前，我们通过10道题的测试来衡量他们的金融知识水平。我们也试图在他们完成测试后询问他们在考试中答对了多少问题，并尝试以此衡量他们的金融知识与实际情况的关系。从以前的实验中可以看出（Agnew and Szykman，2005；Lusardi and Tufano，2009），个人对自己所拥有的金融知识的看法与测试结果并不一致。尽管在很多市场营销文献中使用自我评估作为实

---

① 检查年金决策和违约的现有研究提供了影响的混合证据。请参阅布朗(2008a)了解更多详情。

际知识的替代指标，但之前的发现促使我们收集这两类衡量标准，并进一步分析自我认识与实际分数之间的关系。

表9-1列出了测试中的问题。通过实验设计，这些问题的难易程度会有所不同。例如，第一个问题是询问提前开始为未来储蓄是否正确。我们预计大多数人应该有自己的答案。相比之下，我们希望更少的人知道高级问题的答案，如 beta 的定义（问题9）。我们的测试目标是将经济复杂的参与者从简单的领域中分离出来，因为之前的研究已经分析了更复杂的知识与退休准备的关系（van Rooij et al.，2007，2008；Lusardi and Mitchell，2009）。[①]

表9-1   金融知识问题

（1）为未来的目标而储蓄。如果您为未来目标而储蓄，最好早点开始。这样您就能拥有更多的钱，并且所存的钱随着时间的推移而快速增值。
（a）**正确** （b）错误 （c）不确定
（2）信用卡平衡。只要您能够支付每月最低限度的款项，就可以在信用卡上保持平衡。
（a）正确 （b）**错误** （c）不确定
（3）ARM。如果您通过可变利率抵押贷款的方式购买房屋，那么利率上升，您每月的还款额也会增加。
（a）**正确** （b）错误 （c）不确定
（4）股票基金亏损。如果您要在股票、共同基金中投资 1 000 美元，那么撤回这笔资金，可能会得到不足 1 000 美元的资金。
（a）**正确** （b）错误 （c）不确定
（5）最高的长期增长。从历史上看，哪个选项提供最高的长期增长？
（a）储蓄账户 （b）存款证明 （c）保险单 （d）**股票共同基金** （e）不确定
（6）货币市场构成。货币市场基金通常会关注以下哪种投资类型？
（a）股票 （b）债券 （c）**短期债务证券** （d）不确定
（7）分散化。当投资者分散投资时，亏损风险是增加还是减少？
（a）**减少** （b）增加 （c）不确定
（8）相对风险货币市场。货币市场基金比股票基金风险更高。
（a）正确 （b）**错误** （c）不确定
（9）beta。股票基金的 beta 评级可以更好地描述为：
（a）**衡量基金相对标普500指数的相对波动率**
（b）衡量标普500指数的相对增长
（c）衡量基金相对于标普500指数的相对资本流出量
（d）不确定
（10）利率和债券价格。如果利率上升，那么债券价格通常会：
（a）上升 （b）**下降** （c）不确定

注：金融知识学科类别用斜体表示；正确答案以粗体显示。
资料来源：作者计算得到；见本文。

表9-2列出了每个问题回答的正确率，大多数参与者可以正确回答第一个问题

[①] 我们的衡量标准并非旨在衡量认知能力，我们也不相信它可以作为这方面的替代，因为大多数问题需要对经济和金融有一定的了解。Lusardi等人（2010）和 van Rooij 等人（2007）在研究中将智商和知识作为控制变量，并发现金融知识变量在统计上仍然具有统计意义。尽管以前的研究表明基础金融知识也可能很重要，但我们注意到 Lusardi 和 Mitchell（2009）发现，当他们在分析中设置一个复杂的金融知识测量指标时，其基本指标便不再显著。

（95%），但可以正确定义 beta 的人却很少（25%）。另外两个问题似乎更加困难，正确率均低于75%：许多参与者不清楚什么样的证券会投资于货币市场基金（问题6，正确率为33%），也不清楚利率和债券价格如何相对变动（问题10，正确率为53%）。此外，货币市场的构成问题和 beta 测试问题也引发了更多"不确定"的反应（分别为28%和62%）。[①]

表9-2　　　　　　　　　　　　　　对金融知识问题回答的准确性

金融知识问题	正确（%）	不正确（%）	不确定（%）
为未来的目标而储蓄	95	3	2
信用卡平衡	88	10	2
ARM	86	7	7
股票基金亏损	89	4	7
最高的长期增长率	75	14	11
货币市场构成	33	39	28
分散化	82	11	8
相对风险货币市场	80	6	15
beta	25	14	62
利率和债券价格	53	28	19

资料来源：作者计算得到；见本文。

表9-3显示了原始分数的总体分布。大约56%的样本正确回答了7个或更少的问题，而只有13%的样本正确回答了所有问题。我们使用中位数来划分样本，7分以下的为低知识组，8分以上的为高知识组。高知识组的参与者正确回答较难问题的可能性更大。

[①]　我们不会在这里分析"不确定"的回答，但 Lusardi 和 Mitchell（2006，2008）发现"不确定"的回答可以提供有价值的见解。因此，我们计划在未来的分析中进一步分析"不确定"的回答。虽然这里没有报告，但与我们以前的研究一致——曾经多次找到框架条件和选择之间的重要关系。此外，那些更厌恶风险的人更有可能选择年金。

表9-3

实际分数	百分比	累计百分比
1	0	0
2	2	2
3	4	6
4	6	12
5	10	22
6	14	36
7	20	56
8	19	75
9	12	87
10	13	100

表9-4检验了人口特征变量的影响。研究发现，知识水平高的男性比女性更多，随着受教育程度、收入和年龄的增加，受访者中知识水平高的比例同步增加。这个结果与先前的文献基本一致（例如，Agnew and Szykman，2005）。另外，使用参与者对其测验分数的估计值来评估他们的实际金融分数，我们将参与者分为三组：高估者、准确者和低估者。那些低估者可能会对标准答案有所怀疑，准确预测他们得分的人可能很清楚他们对金融领域的了解程度。最后，高估者表示他们对某些问题的准确性非常肯定，但实际上回答错误。

在表9-5第一部分中，显示了低估者、高估者和准确者的比例。因为得分为1的人不能低估他们的分数，而满分的人不能高估，所以我们不讨论这两个极端分数，而主要关注分数在2~9之间的人。有趣的是，高估（低估）者的比例随分数的增加而下降（增加）。这个结果可能是由于个人随着分数增加（减少）而过高估计（低估），但也可能是因为随着个人金融知识的丰富，他们更清楚自己的水平。存在一定比例的准确者（在大多数情况下），且这个比例通常随着实际分数而增加。准确判断自己的金融知识非常重要，因为不了解自身金融知识水平的人几乎不会寻求帮助。

表9-5的第二部分报告了不同人口特征下的读写能力，其中剔除了两个极端分数的样本。有趣的是，与女性相比，男性高估分数的比例更高，这个结果与男性在与贸易等其他相关金融行为中更易有过度情绪的现象相符（Barber and Odean，2001）。教育也似乎很重要：从大学本科的26%到研究生的19%，随着受教育程度的提高，参与者高估的比例下降。同样，参与者高估收入的比例也随收入增加而减少，2万美元到4万美元之间的参与者的比例为32%，4万美元的比例为17%~18%，均高于收入超

表9-4 人口特征和金融知识（%）

	知识水平低	知识水平高	占总体比例	观察值
全部	56	44	100	828
性别				
男性	42	58	47	392
女性	68	32	53	435
教育				
高中及以下	82	25	8	68
大学肄业	73	28	19	160
大学	55	45	35	286
大学毕业	43	57	38	311
收入				
<20 000美元	84	16	4	37
20 000~40 000美元	79	21	12	100
40 001~60 000美元	63	37	16	131
60 001~80 000美元	44	56	16	132
80 001~100 000美元	51	49	16	130
100 001~150 000美元	50	50	17	140
>150 000美元	45	55	11	91
年龄				
<30岁	83	17	11	90
30~40岁	71	29	11	92
41~50岁	76	24	14	115
51~65岁	54	46	29	242
>65岁	36	64	35	286

资料来源：作者计算得到；见本文。

表9-5　　　　　　　　　　　　　自我评估金融知识分数的准确性

第一部分　基于原始金融知识的回答，整体样本（%）

实际正确分数	低估	准确	高估	N
1	0	0	100	2
2	13	19	69	16
3	29	24	47	34
4	39	26	35	46
5	35	28	36	85
6	52	19	29	113
7	56	25	19	167
8	58	33	9	158
9	66	28	6	96
10	59	41	0	110

第二部分　排除个人分数极端值（1或10）的回答

小组		低估	正确	高估	N
全部		51	26	23	714
性别					
	男性	44	31	25	306
	女性	57	23	20	408
教育					
	高中及以下	42	19	39	64
	大学肄业	55	19	26	152
	大学	54	26	19	242
	大学毕业	48	33	19	255
收入					
	<20 000美元	46	29	26	35
	20 000~40 000美元	44	24	32	95
	40 001~60 000美元	52	25	24	122
	60 001~80 000美元	57	17	26	107
	80 001~100 000美元	47	36	17	116
	100 001~150 000美元	61	22	17	118
	>150 000美元	40	43	18	68
年龄					
	<30岁	51	27	22	85
	30~40岁	48	26	26	88
	41~50岁	51	26	22	107
	51~65岁	49	24	27	211
	>65岁	55	29	16	222

资料来源：作者计算得到；见本文。

过 8 万美元的比例。因此，在以前的文献中，部分群体（收入最低，受教育程度最低）可能更易于高估他们在本研究中正确回答的问题个数。鉴于许多自我评估的分数并不准确，我们将使用实际测试的金融知识分数来衡量金融知识水平。

接下来，我们使用多变量 probit 分析来检验人口特征与金融知识测试的关系。表 9-6 报告了 40~50 岁受过大学教育的未婚女性，收入在 40 000~60 000 美元之间的回归效应。第一列显示了金融知识测试的结果。我们发现，大部分年龄较大的个体处于高知识水平组。此外，受过高等教育的个人在高知识水平组中的概率增加了 14%，而男性在高知识水平组中的概率下降了 22%。这与其他学者的研究结果相符（例如，Agnew 和 Szykman，2005）。

表 9-6　　　　　　　　　金融知识测试的多变量 probit 分析的边际效应

被解释变量：高金融知识水平（1 = 是，0 = 否）

全部	
性别	
男性	0.221*** (0.044)
教育	
高中及以下	−0.137*** (0.050)
大学肄业	−0.066 (0.041)
大学毕业	0.048 (0.038)
收入	
<40 000 美元	−0.065 (0.053)
60 001~80 000 美元	0.120* (0.062)
80 001~100 000 美元	0.054 (0.057)
100 001~150 000 美元	0.041 (0.056)
>150 000 美元	0.052 (0.062)
年龄	
<30 岁	−0.086 (0.062)
30~40 岁	0.005 (0.062)
41~50 岁	0.166*** (0.055)
>65 岁	0.267*** (0.055)
婚姻情况	
已婚	−0.043 (0.041)
调整 R^2	0.1799
观察值样本	753

注：括号内是标准误。人种/种族受到控制。***为 1%的水平下显著；**为 5%的水平下显著；*为 10%的水平下显著。

资料来源：作者计算得到；见本文。

9.4　衡量信息过载

我们使用两种不同方法收集信息过载和情绪方面的认知数据。其中多项衡量标准基于对表9-7中的问题的回答，并对所有问题的回答进行平均以构建综合评分。然后，我们分别按这两种方法所得数据的中位数将个人分为两组（高和低）。如表9-8所示，我们使用二元超载度量作为相关变量来估计两个多元probit回归，以衡量信息过载和金融知识之间的关系。结果显示，高知识水平组的个人在超载类别中可能性低10％。情绪超载结果类似。有趣的是，我们还发现某些特殊情形很重要。无论采取什么措施，男性几乎都不会报告信息过载。此外，30岁以下的人更可能报告知识过载（16％）和情绪过载（29％）。这种情况可能是由于年轻人还未接触到年金产品，并且不太熟悉年金产品。

表9-7　　　　　　　　　　　　　　　　　衡量过载

知识过载（克朗巴赫（Chronbach's）系数 α = 0.827）

以下每个问题都基于以下等级来回答：
非常不赞同 1 2 3 4 5 非常同意

（1）在我必须在投资期权和年金之间进行选择之前，有太多信息需要考虑
（2）这个决定需要很多思考
（3）这是一个困难的决定
（4）我发现这个决定是压倒性的
（5）很难理解所有可用的信息
（6）这项任务很有压力
（7）做出决定会让我感到很轻松

情绪过载（Chronbach's α = 0.876）

考虑向您呈现的有关投资期权和年金期权之间差异的信息。使用下面列出的每对单词，指出信息如何让您感到：

不害怕	1	2	3	4	5	6	7	非常害怕
轻松	1	2	3	4	5	6	7	紧张
冷静	1	2	3	4	5	6	7	焦虑
悠闲	1	2	3	4	5	6	7	兴奋

资料来源：作者计算得到；见本文。

表 9-8   知识和情绪过载的多变量概率分析的边际效应

（1 =是，0 =否）

被解释变量	高知识过载	高情绪过载
全部		
性别		
男性	-0.086^{**}（0.043）	-0.143^{***}（0.043）
教育		
高中及以下	0.064（0.101）	-0.039（0.104）
大学肆业	-0.047（0.062）	-0.030（0.063）
大学毕业	-0.002（0.048）	0.007（0.050）
收入		
<40 000 美元	0.009（0.079）	-0.100（0.077）
60 001~80 000 美元	0.052（0.071）	0.049（0.071）
80 001~100 000 美元	-0.093（0.071）	-0.044（0.074）
100 001~150 000 美元	0.033（0.070）	0.045（0.072）
>150 000 美元	-0.111（0.078）	-0.041（0.082）
年龄		
<30	0.162^{*}（0.089）	0.286^{***}（0.083）
30~40 岁	0.098（0.082）	0.220^{***}（0.080）
50~60 岁	0.052（0.069）	0.045（0.069）
>65 岁	0.015（0.071）	-0.128^{*}（0.070）
婚姻情况		
已婚	0.033（0.057）	0.021（0.057）
金融知识		
高知识	-0.104^{**}（0.045）	-0.099^{**}（0.046）
调整 R^2	0.051	0.0907
观察值数量	613	613

注：括号内是标准误。种族、偏见、违约和风险等分析控制变量包括在回归中但未报告。人种/种族也受到控制。***为 1% 的水平下显著；**为 5% 的水平下显著；*为 10% 的水平下显著。

资料来源：作者计算得到；见本文。

9.5　年金决策分析

表9-9显示了参与者在实验中的年金和投资决策，我们在Agnew等人（2008）的基础上进行构建。其中包括两项额外的信息过载措施以及人口特征，风险厌恶和框架条件的控制措施。在这里，我们只报告重要人口变量的边际效应及金融知识和过载的变量。[1]

表9-9　　　　　　　　　　　　　年金决策多元probit回归分析的边际效应

选择年金		（1=是，2=否）	（1=是，2=否）
收入			
	100 000~150 000美元	−0.163** （0.065）	−0.153** （0.062）
金融知识			
	高知识	−0.142*** （0.045）	−0.123** （0.043）
过载			
	知识过载	0.040 （0.044）	
	情绪过载		0.085* （0.045）
调整 R^2		0.1129	0.1172
观察值		612	612

注：括号内是标准误。种族、偏见、违约和风险等分析控制变量包括在回归中但未报告。人种/种族也受到控制。***为1％的水平下显著；**为5％的水平下显著；*为10％的水平下显著。

资料来源：作者计算得到；见本文。

金融知识影响决策的方式可能有以下四种。首先，如前所述，实验年金决策要求的金融知识水平不高，所以金融知识水平较低的人可能偏好简单的年金决策。其次，金融知识水平高的个人可能对自己的投资能力过于自信，因此偏向于选择投资决策。这很有趣，因为技能不能影响报告的投资表现（这一观点基于掷骰子）。再次，可能存在熟悉偏见。金融知识水平高的个人可能更熟悉股票，因此偏向于选择股票。相反，金融知识水平低的人可能会回避这些类型的证券。最后，金融知识水平高的个人更偏好投资于年金，因为他们更偏好长期风险的保险。

结果表明，金融知识水平高的个人认为我们的投资选择更具吸引力。因此，前三种理论不能排除。我们还发现，收入较高者选择年金的可能性较低，这与Mottola和

---

① 见Agnew等人（2008）的研究，详细了解是如何计算的。

Utkus（2007）的发现一致。熟悉度偏差可能会导致这一结果。我们还发现情绪过载对年金选择具有正向影响，尽管这一估计结果仅在10%的水平下显著。因此，那些感到信息过载的人更偏向于简单的决策。

9.6 自信与满意度

对于金融知识与个人做出决策后的感受是否相关这一问题，我们也十分关注，我们将在游戏结束后得知最终的结果。尽管大多数研究都集中在金融知识对实际决策和预期行为的影响上，但我们认为了解人们做出决定后的感受也很重要。例如，金融知识水平高的个人更了解他们的选择以及风险吗？如果参与者经历了更多的信息过载，不管决策结果如何，他们是否不满意于最初的选择？如果我们可以证明高水平的金融知识与更少的过载和更高的置信度及满意度有关，那么就表明金融知识培训和简化投资信息除了鼓励合理的投资决策外还有额外的好处。

我们在表9-10中考察了个人如何做出他们的决策，同时考虑他们的金融知识和认知过载及情绪过载。为了衡量信心，我们在做出选择后立即向参与者提出以下问题："想一想您在投资期权和年金选项之间做出的决策，请从1到10中圈出一个数字，以表明您对这一决策好坏的确信程度"（1=不确定；10=非常确定）。他们在玩游戏过程中及在了解最终的财务结果之前回答了这个问题。

一旦游戏结束，参与者将知道他们赚了多少钱，我们会问三个问题来评估他们的总体满意度。[1]使用从1（非常不同意）到5（非常同意）的等级，参与者对以下内容做出回应：（a）我对我的选择感到满意；（b）我对我的选择感到较满意；（c）我对我的选择感到非常满意（α= 0.94）。我们再次对平均得分进行平均，得到一个总分，然后用中位数将个人划分为高低等级的置信度和满意度类别。和以前一样，我们估计一个多变量probit回归，二元被解释变量对于高类别为1，对于低类别为0。同样，我们只报告具有统计学意义的人口特征变量。首先考察游戏前的信心，金融知识对信心并不重要，但这两种过载与参与者的信心水平存在显著的负相关关系。高信息过载的群体充满信心的概率会低30%。同样，情绪过载的人充满信心的可能性也相对低24%。我们发现所选择的实际期权（年金或投资）与决策后的初始信心水平之间没有任何关系。

游戏结束后，个人将知道他们赚了多少钱，这将帮助我们直接度量出总体满意度。其他控制变量代表了总奖金和每个人"生存"的周期数。我们期望他们能"生活"更久并获得更多的收入，这样他们的满意度会更高。我们还控制了他们对决策的初步置信度，因为态度理论预测，当人们对事物持有强烈的态度时，他们会重新选择

---

[1] 根据态度理论,当人们对自己选择的满意度表达态度时,一个人会试图与目前人的相关态度(置信度)保持一致。据此,我们不希望报告低满意度的人在他们的初始选择中报告高度信心。

表 9-10

信心和满意度多元 probit 回归分析的边际效应

人口特征和金融知识（%）

被解释变量		游戏前		游戏后	
全部		高信心 （1=是，0=否）	高信心 （1=是，0=否）	高满意度 （1=是，0=否）	高满意度 （1=是，0=否）
性别					
	男性	0.154***	0.148***	−0.051	−0.077*
		(0.085)	(0.042)	(0.043)	(0.044)
年龄					
	>65	−0.129*	−0.151**	0.052	0.001
		(0.070)	(0.072)	(0.073)	(0.074)
金融知识					
	高知识	0.060	0.068	0.064	0.092*
		(0.047)	(0.046)	(0.050)	(0.052)
过载					
	认知过载	−0.304***		−0.169***	
		(0.043)		(0.050)	
	情绪过载		−0.237***		−0.221
			(0.045)		(0.058)
新控制变量					
	选择年金	0.010	0.018	0.056	0.085
		(0.050)	(0.051)	(0.060)	(0.063)
	总支出			0.008***	0.009***
				(0.002)	(0.002)
	高信心			0.270***	0.274***
				(0.047)	(0.046)
	周期结束			0.011	0.012
				(0.023)	(0.023)
调整 R^2		0.105	0.078	0.190	0.204
样本量		571	572	563	564

注：括号内是标准误。种族、偏见、违约和风险等分析控制因素包括在回归中但未报告。人种/种族也受到控制。***为 1% 的水平下显著；**为 5% 的水平下显著；*为 10% 的水平下显著。

资料来源：作者计算得到；见本文。

或改变其他态度，这与以前的态度不一致（Eagly and Chaiken，1993）。其次，过载起到很大的作用。如果个人在做决策时正在经历认知或情感过载，那么他们的满意度就会降低。这是一个重要的发现，因为它表明理财规划者可以通过降低决策过程中经历信息过载的可能性来提高客户的满意度。因此，尽管他们不能保证金融收益，也不能控制每个客户的个人特征，但他们可以控制信息的呈现方式，从而提高满意度。知识对于游戏结束后的满意度也重要，但并不十分重要（10％的水平）。

9.7　结论

本章探讨了金融知识与情绪及认知过载的关系，分析了它们与对退休有重要影响的金融决策的关系，特别是退休储蓄年金的决策。本章通过分析大规模实验数据，不仅揭示了金融知识与信息过载的关联，还揭示了这些因素对财务决策及后续满意度和信心的影响。以下总结了本章的主要结论及其意义，并提出了改进参与者决策满意度的建议。

我们在分析中概述了一些金融知识和信息过载的新证据，对一些退休储蓄者可能产生负面影响。例如，我们确定了可能系统地高估或低估其金融知识的群体。对那些高估自己知识水平的人来说，可能会出现潜在的风险，因为他们可能因过度肯定自己的知识而不寻求财务建议。因此，金融教育者必须认识到，这些消费者没有寻求帮助，是因为他们可能尚未达到特定标准。

我们在分析中也证明了较低的金融知识水平与更多的认知和情绪过载有关。对开发计划的人来说，需优先考虑避免让消费者处于认知和情绪过载状况，因为过载可能会妨碍个人决策，甚至导致一些人无法做出决策。本章的结论表明，计划者必须记住，金融知识水平低的参与者可能更易经历信息过载，应深入了解他们。

我们还发现了新证据，表明除了鼓励更加独立的决策外，还有减少信息过载所带来的额外好处。我们的发现表明，构思"以最简单的方式选择"可能会减少过载，也可能增强个人的信心和满意度。因此，使投资产品和决策更易于理解可以改善人们对其决策的感受，并提高客户的满意度水平。当然，金融市场永远是不确定的。即使个人做出明智的财务决策，他们仍可能蒙受财务损失。然而，基于这些证据，我们认为信息过载的个人可能会比经历类似财务表现的人满意度更低，因为面临过载的个人可能没有做出成熟的选择。简单的信息更易理解，并能够帮助人们更好地理解其选择的相关风险和好处，从而使其能够做出更明智的决策。如果消费者在决定是否选择年金时不那么沮丧，他们实际上可能满意度更高，并对自己的决定保持信心。行业专业人员可以将重点放在减少决策环节上，并考虑尽可能简化产品的设计，这一点至关重要。

最后，正如 Choi 等人（2002）在他们的研究中表明的，"最小阻力的路径"对决策产生强大的影响。我们通过实验发现了额外的证据来补充这些文献，认为这条道路可能对那些金融知识水平低的人有更大的吸引力。在实验中，金融知识水平低的人更有可能选择年金。我们的理论认为，由于在实验中与年金相关的决策比投资选择的决策要简单得多，所以选择年金是"阻力最小的路径"，因为它最大限度地减少了决策所需的条件。因此，计划者应仔细考虑向参与者提供的选择，并牢记最简单的选择方案可能会吸引金融知识水平低的个人。总之，我们认为，通过金融教育简化计划设计和有效沟通为投资者赋权，不仅有利于投资者，正如它能够鼓励个人做出更加明智的决策一样，同时也有助于规划赞助商和整个行业，以令消费者获得更多满足感。

致谢

本论文的发表由FINRA投资者教育基金会大力资助。

参考文献

Agnew, J. and L. Szykman (2005). 'Asset Allocation and Information Overload: The Influence of Information Display, Asset Choice and Investor Experience,' *Journal of Behavioral Finance*, 6(2): 57-70.

————(2010). 'Information Overload and Information Presentation in Financial Decision Making,' in Brian Bruce, ed., *Handbook of Behavioral Finance*. Cheltenham, UK: Edward Elgar Publishing, pp. 25-44.

——P. Balduzzi, and A. Sundén (2003). 'Portfolio Choice and Trading in a Large 401(k) Plan,' *American Economic Review*, 93(1): 193-215.

——L. Anderson, J. Gerlach, and L. Szykman (2008). 'Who Chooses Annuities: An Experimental Investigation of Gender, Framing and Defaults,' *American Economic Review: Papers & Proceedings*, 98(2): 418-22.

——L. Szykman, S. P. Utkus, and J. A. Young (2009). 'Literacy, Trust and 401(k) Savings Behavior,' CRR WP 2007-10. Chestnut Hill, MA: Center for Retirement Research at Boston College.

——L. Anderson, and L. Szykman (2010). *An Experimental Study of the Effect of Prior Market Experience on Annuitization and Equity Allocations*. Williamsburg, VA: College of William and Mary. http://financeseminars.darden.virginia.edu/Lists/Calendar/Attachments/64/Agnew.pdf.

Ameriks, J. and S. P. Zeldes (2001). *How Do Household Portfolio Shares Vary with Age?* New York, NY: Columbia University. http://www1.gsb.columbia.edu/mygsb/faculty/research/pubfiles/16/Ameriks_Zeldes_age_Sept_2004d.pdf.

Barber, B. and T. Odean (2001). 'Boys will be Boys: Gender, Overconfidence, and Common Stock Investment,' *Quarterly Journal of Economics*, 116: 261-92.

Brown, J. R. (2001). 'Private Pensions, Mortality Risk, and the Decision to Annuitize,' *Journal of Public Economics*, 82(1): 29-62.

——(2008a). *Financial Education and Annuities*. Urbana-Champaign, IL: University of Illinois. http://www.oecd.org/dataoecd/38/0/44509379.pdf.

——(2008b). 'Understanding the Role of Annuities in Retirement Planning,' in A. Lusardi, ed., *Overcoming the Saving Slump: How to Increase the Effectiveness of Financial Education and Savings Programs*. Chicago, IL: University of Chicago Press, pp. 178-208.

——J. R. Kling, S. Mullainathan, and M. V. Wrobel (2008). 'Why Don't People Insure Late Life Consumption? A Framing Explanation of the Under-Annuitization Puzzle,' *American Economic Review*, 98(2): 304-9.

Campbell, J. (2006). 'Household Finance,' *Journal of Finance*, 61(4): 1553-604.

Choi, J. J., D. Laibson, B. C. Madrian, and A. Metrick (2002). 'Defined Contribution Pensions: Plan Rules, Participant Decisions and the Path of Least Resistance,' in J. M. Poterba, ed., *Tax Policy and the Economy*, Vol. 16. Cambridge, MA: The MIT Press, pp. 67-113.

Christelis, D., T. Jappelli, and M. Padula (2006). 'Cognitive Abilities and Portfolio Choice,' CSEF Working Paper No. 157. Salerno, Italy: University of Salerno.

Cronqvist, H. and R. H. Thaler (2004). 'Design Choices in Privatized Social-Security Systems: Learning from the Swedish Experience,' *American Economic Review*, 94(2): 424-8.

Eagly, A. H. and S. Chaiken (1993). *The Psychology of Attitudes*. New York, NY: Harcourt Brace Jovanovich College Publishers.

Eppler, M. and J. Mengis (2004). 'The Concept of Information Overload: A Review of Literature from Organizational Science, Accounting, Marketing, MIS, and Related Disciplines,' *The Information Society*, 20: 325-44.

Holt, C. A. and S. K. Laury (2002). 'Risk Aversion and Incentive Effects,' *American Economic Review,92:1644-55.

Johnson,R. W.,L. E. Burman,and D. I. Kobes(2004). *Annuitized Wealth at Older Ages: Evidence from Health and Retirement Study*. Washington,DC:The Urban Institute. http://www.urban.org/UploadedPDF/411000_annuitized_wealth.pdf.

Kimball,M. S. and T. Shumway(2006). *Investor Sophistication, and the Home Bias, Diversification, and Employer Stock Puzzles*. Ann Arbor,MI:University of Michigan. http://isites.harvard.edu/fs/docs/icb.topic446361.files/02_03_09_Kimball_1.pdf.

Lusardi, A. and O. S. Mitchell(2006). 'Financial Literacy and Planning:Implications for Retirement Wellbeing,' Pension Research Council Working Paper No. 2006-01. Philadelphia,PA:The Wharton School.

————(2007). 'Baby Boomer Retirement Security:The Roles of Planning,Financial Literacy,and Housing Wealth,' *Journal of Monetary Economics*,54(1):205-24.

————(2008). 'Planning and Financial Literacy:How Do Women Fare?,'*American Economic Review*,97(2):413-17.

————(2009). 'How Ordinary Consumers Make Complex Economic Decisions:Financial Literacy and Retirement Readiness,' NBER Working Paper No. 15350. Cambridge,MA:National Bureau of Economic Research.

——P. Tufano(2009). 'Debt Literacy,Financial Experiences and Overindebtedness,'NBER Working Paper No. 14808. Cambridge,MA:National Bureau of Economic Research.

——O. S. Mitchell,and V. Curto(2010). 'Financial Literacy Among the Young,'*Journal of Consumer Affairs*,44(2):358-80.

Mottola,G. R. and S. P. Utkus(2007). *Lump Sum or Annuity? An Analysis of Choice in DB Pension Payouts*. Malvern,PA:Vanguard Center for Retirement Research. https://institutional.vanguard.com/iam/pdf/CRRLSA.pdf.

Previtero,A.(2010). 'Stock Market Returns and Annuitization,' Anderson School of Management Working Paper. Los Angeles,CA:UCLA.

Van Rooij,M.,A. Lusardi,and R. Alessie(2007). 'Financial Literacy and Stock Market Participation,' NBER Working Paper No. 13565. Cambridge,MA:National Bureau of Economic Research.

————(2008). *Financial Literacy, Retirement Planning, and Household Wealth*. Amsterdam, Netherlands:De Nederlandsche Bank. http://www.ech.wur.nl/NR/rdonlyres/78C9E59D-A152-465B-9216-348F21E97C3A/73915/AbstractRooij.pdf.

第三部分　营造金融知识环境

第10章 金融咨询、金融知识与家庭决策

Sumit Agarwal，*Gene Amromin*，*Itzhak Ben-David*，*Souphala Chomsisenghet*，*and Douglas D.Evanoff*

研究表明，消费者通常会做出看似是减少其福利的决定。许多人没有支票账户（Hilgert et al.，2003）；当有成本更低的信贷方式可供选择时，他们仍会在信用卡上存放大笔余额（Gartner and Todd，2005），会以极高的到期日利率借入贷款（Agarwal et al.，2009c），会选择次优的贷款合同。如果对于消费者来说这样做是最优的，则不能进行抵押贷款再融资（Agarwal et al.，2008a），也无法安排退休规划，因为他们几乎没有存款（Lusardi and Mitchell，2006）。对于这种行为的一个最主要的解释便是消费者不具备金融知识——他们缺乏足够的金融概念和工具来帮助他们做出明智的金融决策。[1]

调查发现，在美国和其他国家，很大一部分消费者没有通过基本的金融知识测试。许多成年人不理解复利和单利的区别，不清楚股票和债券等金融资产的特征，不明白多元化投资的好处，不了解他们自己的抵押贷款、社会保障和养老金计划的重要特征（Lusardi and Mitchell，2006，2007a，2007b）。

如果金融知识缺乏导致了次优（或福利损失）的金融行为，那么提高消费者的金融知识水平可能会增加其福利。越来越多的文献针对教育是否能有效提高金融素养、改善金融行为进行了研究。虽然证据不一，但似乎金融类教育确实能够优化毕业生的行为和行为产生的结果。对于财务上最脆弱的群体而言，这种作用最为明显，特别是对于那些低收入者和文化水平较低的人。但是，金融教育、金融知识和金融行为与结果之间的关系并不直观，一些金融教育增加了人们的金融知识，但没有改善其金融行为，另外一些金融教育在未提高金融知识的情况下改善了金融行为和结果，还有一些金融教育项目似乎根本没有效果。

在下文中，我们将回顾现有文献，并分析评述关于评估消费者金融知识方法的相

---

[1]　其他人将金融知识与认知能力联系起来。例如，Agarwal等人(2008b，2009a)发现，一些消费者可能会做出次优的决策，支付更高的费用和利率，并且他们从错误中学习的可能性较小。Agarwal和Mazumder(2010)明确指出，这些是由认知能力引起的错误。

关研究，而后评价金融类教育对于改善消费者的金融行为和投资结果是否有效的研究结论。本章并不会针对该领域的研究进行全面的调查研究，而是寻找最有说服力的研究结果，重点关注其研究设计、数据的局限性和估计偏差的潜在原因。我们还着重分析了教育项目的预期影响是否能归因为其丰富了人们的金融知识。总体而言，我们发现，一些研究显示教育项目有益于人们的投资结果，且这主要是因为金融知识水平的提高，但很难区分影响教育改善作用的具体因素。一些是因为教育项目本身，一些是因为参与者的选择，还有一些是由于教育项目附加的影响。文中我们还讨论了金融知识普及计划的作用随着时间的推移可能会降低的问题，这主要是因为随着年龄的增长，人们做金融决策会变得更加困难。最后我们分析了未来在这方面的研究需要。

10.1　关于金融知识普及和金融类教育项目的文献回顾

有相当多的证据表明，大部分美国人不具备金融知识。这意味着很多人不了解基本的金融概念和产品，不足以为他们自己及其家人做出合理的短期和长期金融决策。过去二十多年来，人们对各类消费者关于金融产品的了解和基本概念的理解进行了调查，这些调查证实了这一结论。尽管调查在内容和样本人群选择上存在较大差异，但普遍得出了以下几个结论：

1.很大一部分消费者不具备金融知识，即使是最富有的人和受教育程度最高的人也是如此。

2.金融知识的普及率在不同群体中存在差异，拥有更多财富和受教育程度更高的人、男性（尽管调查结果有所不同）和白人（在美国）这三类人群的金融知识普及率更高。

3.缺乏金融知识导致了福利受损的金融行为和投资结果。

虽然现在关于缺乏金融知识会导致消费者做出次优金融决策这一问题已达成了较为广泛的共识，但在如何降低这种不良影响和迄今为止已尝试的方法的有效性上仍存在较大分歧。在评估这些（教育）项目的研究中，往往会遇到一系列计量经济学问题，这些问题会导致实证结果存在偏差。同样，人们行为的变化可能不是受益于教育项目，而是因为这些项目带来的附加影响。在接下来的讨论中，我们首先评价关于金融知识的研究成果，并分析次优金融决策的不利影响；然后讨论那些普及金融知识教育项目的作用，同时着重分析实证研究这些影响时产生的潜在问题。

10.2　金融知识

大部分关于金融知识的研究都在美国进行，因此我们着重分析了这些文献。[①]早

---

① 在其他国家进行的一些调查证实了美国的研究发现(ANZ,2003;Miles,2004;OECD,2005)。

期关于衡量成年人金融知识水平的研究出现在20世纪90年代，私营企业利用涉及公司利益的特定材料设计少量问题，进行调查研究（Volpe et al.，2006）。同样，早期对高中生和大学生的调查提出的问题相对较少，且被抽样的院校也较少。①但在高中和大学进行的评估整体金融知识水平的调查也许是最有效的。1997—2006年，Jump$tart 金融知识调查每两年会随机选择高年级学生，针对相同的问题对他们进行调查。问卷共有31个问题，涵盖收入、资金管理、储蓄和投资、支出和信贷几个方面，旨在了解受访者在一系列领域的金融能力水平。Jump$tart 的调查结果并不乐观，1997年学生的平均得分为57分（合格分数为60分），且在随后几年（2000—2006年），分数略有降低。②

　　Chen 和 Volpe（1998）发现大学生的金融知识水平同样较低。在13所被调查的私立大学和公立大学中，受访者在包括基本金融知识的36道问题测试中平均得分为53分。样本还包括了大比例的商科专业学生，他们比其他领域的同龄人得分高，但在测试中的平均分也仅仅为50分。重要的是，测试中涉及年轻人可能有一定经验的领域（如汽车保险和公寓租赁）的问题，学生的得分最高；他们在其可能较少涉及的领域（如税收、人寿保险和投资）得分最低。这表明金融经验有助于丰富金融知识，且研究金融知识对金融行为的影响时应检验反向因果关系。

　　尽管这些金融知识的低得分者令人担忧，但我们必须谨慎解读该结果，因为它们可能存在偏差。这两项调查的应答率都较低，Chen 和 Volpe 的调查应答率为51%，Jump$tart 调查的应答率更低，因此可能会出现无应答偏差。③Chen 和 Volpe 的调查中商科专业学生应答率过高，虽然可能在开始时过多抽取了商科专业学生，而他们完成测试需花费的时间和精力更少，更有可能对调查做出回应，但这一应答率仍与整体水平不成比例。Chen 和 Volpe 没有解决这一问题，也没有考虑到反映大学生群体分布的结果。Jump$tart 调查存在另一个样本问题：调查随机选取了美国的公立高中，并对每一个高年级班级进行调查。然而在1997年，只有44%的高中同意接受调查，此后这一比率降低至20%以下。拒绝参加调查的高中最常提到它们需要为州和联邦强制性的标准化考试做准备，这就表明弱势的学校更不可能参加。值得注意的是，如果存在这两种无应答偏差，这两项的调查结果会偏高，导致研究低估了金融知识的普及率。

　　Jump$tart 与 Chen、Volpe 进行的测试是否准确评估了受访者的金融知识水平也值得怀疑。这两项测试全部由多项选择题组成，这意味着一些题目的正确答案可能被猜

---

　　①　关于私营企业的其他早期研究包括 CFA/AMEX（1991）、EBRI（1995）、KPMG（1996）、Oppenheimer Funds/Girls Inc（1997）、PSRA（1996，1997）和 Vanguard Group/Money Magazine（1997）。对于高中教育项目的早期研究包括 Bakken（1967）、Langrehr（1979）、Danes 和 Hira（1987）以及 Volpe 等人（1996）。

　　②　Mandell（2008）详细分析了研究结果，并指出收入、父母受教育水平和种族是分数的有力预测因子。

　　③　目前还不清楚这种偏差的方向可能是什么。

测出来，这就导致了对受访者金融知识水平的过高估计。同时，受访者不正确的回答可能并不能反映出其储蓄能力，制定退休规划、管理债务的能力以及做出重要财务决策的能力。例如，一些问题需要真实数据（如大学学位会在多大程度上影响赚钱能力），但受访者可能仅依据其个人前景展望做出回答。此外，某些问题涉及高中生可能不熟悉的概念（如低收入者和流动性），目前对这些概念的误解可能成为评价学生未来金融决策能力的不良指标。Chen 和 Volpe 的测试问题更难，往往需要具备专业人员都可能不知道的具体金融知识（如 FDIC 为成员商业银行提供存款保险的最大金额）。另外一些问题虽然不难，但更加模棱两可。

其他研究是在更具体的情况下研究成年人的金融知识水平。例如，有大量文献研究了金融知识与退休规划/储蓄之间的关系。这些文献提出了两个显而易见但十分重要的结论。第一，在控制了宏观的经济和人口特征变量之后，金融知识水平更高的人更有可能进行退休规划，且这些投资在他们退休后往往有更高的净值。第二，金融知识影响退休规划，退休规划影响财富。

个人通过个人养老金计划、社会保障以及雇主养老金计划来积攒养老金。为了确定需为退休存储多少储蓄金，人们必须知道他们的预计退休日期、预期寿命以及社会保障和/或养老金权利。然后他们需要考虑预期的储蓄回报率，计算出要存多少钱才能维持某种退休后的生活水平。这一计划过程需要了解社会保障水平和养老金计划的特点，还需计算复利和每月累计额的能力。这在现实生活中是一个困难的过程，Bernheim（1988）、Mitchell（1988）、Gustman 和 Steinmeier（2005）在研究中说明了这一问题。Bernheim（1988）指出，许多成年人不了解自身的社会保障权利和养老金的重要特征。他利用社会保障退休历史调查（RHS）数据，研究指出即将退休的成年人没有准确的社会保障福利预期。在对比了预期收益和已实现收益后，发现研究预测是无偏但有"噪声"的：事实上，预期收益仅能解释真实可获收益变动的60%。此外，超过一半的受访者无法给出估计值。

Mitchell（1988）研究了员工对公司养老金的了解程度，发现许多员工并不知道该计划的重要内容。她将个人在消费者财务状况调查（Survey of Consumer Finances，SCF）中报告的养老金情况与准确的政府数据进行了比较，发现在需要缴纳养老金的雇员中，只有一半的人表示按照规定做了，且只有一半的雇主表示他们按照要求缴纳了雇主养老金。超过 1/3 的受访者不了解提前退休条款，而在那些了解提前退休条款的受访者中，2/3 的人的描述不准确。那些能够准确说出相关情况的人往往是白人、有更高收入和受教育水平高的人以及企业中职位较高的人。

Gustman 和 Steinmeier（2005）运用 1992 年健康与退休调查（Health and Retirement Survey，HRS）的结果，证实了上述发现。研究指出，大多数受访者无法准确说出其社会保障和养老金权利。只有27%的受访者给出的估计值偏差在真实社会保障情况的25%这一范围内，仅有16%的受访者给出的估计值偏差在真实养老金权利的25%这一范围内。可能最令人惊讶的是，超过40%的受访者无法对其社会保障和养老金进行估计。受过教育的人、收入更高的人、白人和男性给出的预测值更加准确。

即使消费者了解自身的社会保障情况和养老金权利，他们也难以完成退休规划所需的相关计算。重点在于许多成年人无法正确回答需要运用基础的金融知识来理解的问题。例如，Lusardi 和 Mitchell（2006，2007a）发现，在2004年健康与退休调查的受访者中，只有18%的人知道如果期初持有100美元，以20%的复合年利率存入银行账户，5年后获得的钱会超过200美元。许多受访者认为该账户中的钱恰好为200美元，这表明他们并不理解复利。2004年健康与退休调查问卷中金融知识部分中有一道更简单的利率问题，这道题的正确率更高，但它不要求受访者了解单利和复利的区别。与这一领域的其他研究一致，拥有更多财富和受教育程度更高的人、白人和男性回答问题的正确率更高。尽管如此，在最有可能回答正确的人群中，依然存在错误答案。Lusardi 和 Mitchell（2007b）发现，在美国兰德公司的调查中，选取了受过良好教育的高收入中年人作为样本，但其中超过1/4的受访者仍无法正确回答健康与退休调查问卷中更难的复利问题。

进一步的研究表明，利率计算能力与年龄的相关性很弱。Lusardi 等人（2009）发现，20多岁的受访者和50多岁的受访者具有相同的人口特征，可以正确预测他们在其他调查中的反应。这些研究还揭示了其他形式的投资知识缺乏问题。许多消费者错误地回答了"货币幻觉"问题，表明他们不了解通货膨胀的后果（Lusardi and Mitchell，2006，2007b）。将近一半的健康与退休调查受访者答错了"乐透区"问题，这一题目相当于简单的分离定理问题（Lusardi and Mitchell，2007a）。在健康与退休调查问卷的金融知识部分问题中，只有52%的受访者认为投资于共同基金的风险低于投资于单一公司股票的风险，这表明人们对风险和投资组合多样化存在误解（Lusardi and Mitchell，2006）。

在抵押贷款市场也发现了投资知识缺乏的例子，例如许多持有可调整抵押贷款（adjustable rate mortgages，ARM）的人并不清楚抵押贷款条款。Bucks 和 Pence（2006）通过比较消费者财务状况调查中报告的家庭抵押贷款特征与三个贷方报告中数据集的分布，证明了这一问题。他们发现可调整抵押贷款借款人往往无法提供与其贷款有关的基本信息。[1]当可调整抵押贷款借款人介绍他们的贷款情况时，经常存在一些误解，并低估他们的风险和潜在的负债。Agarwal 等人（2009b）选取芝加哥特定邮政编码区域，分析其中高风险贷款申请人提出的强制性贷款咨询计划的数据，证实了这一结论。大多数程序是针对可调整抵押贷款的，根据该项目的顾问评估摘要，绝

---

[1]　有35%的人不知道每期利率变化的上限；41%的人不知道所允许的最高利率；20%的人不知道初始利率。

大多数可调整抵押贷款申请人并不知道他们的抵押贷款利率在期限内不固定。[①]此外，9%的借款人口述的条款内容与贷款文件中的条款存在明显差异。

这些研究表明，很多消费者缺乏金融知识和计算能力来帮助他们做出明智的金融决策。然而，基于调查的研究很可能夸大了人口中投资知识缺乏的人的数量，因为人们往往没有正确作答的动力。当一些问题需要受访者花费更多的时间准备和分析才能准确作答时，他们可能会忽略或错误回答这些问题。相反，如果他们意识到金融决策会带来金钱方面的影响，则会有更强烈的动机做出正确的选择。然而，如果较高的金融知识分数能够带来积极的金融行为和投资结果，那么这些测试将发现可能十分重要的变量。

Lusardi 和 Mitchell（2006，2007a，2007b）的三篇文章研究了知识水平、与投资结果的因果关系，并给出了强有力的证明，他们试图将退休规划、退休时的家庭财富和金融知识联系起来。他们利用1992年至2004年健康与退休调查和 兰德美国生活小组（American Life Panel，ALP）的数据证明，即使在控制了经济、人口和其他特征变量后，知识水平、计划和财富变量也存在强正相关关系。此外他们还证实，这种因果关系是知识水平和退休规划影响财富，而不是财富影响知识水平和退休规划。他们使用工具变量检验了反向因果关系，得出了这一结论。他们还特意将已经有退休规划的经济和人口特征、前一年房地产价格区域变化作为虚拟变量，其中最后一个变量被公认为是衡量家庭财富的有效工具。财富对于退休规划的影响并不显著，表明了如果一个人更加富有，他可能不会为退休制订计划。

兰德美国生活小组的研究进一步分析证实了健康与退休调查的发现。Lusardi 和 Mitchell（2007b）发现，如果金融知识测试更加详细，那么其得分可以预测人们的计划。为了消除内生性，他们使用以下问题的答案作为金融知识的工具变量：您在学校接受的教育（高中、大学或更高学历）中有多少课程是学习经济学的知识？很多、一些、很少、几乎没有。有趣的是，相比于原有测试得分的估计，加入工具变量后对金融知识水平和计划之间关系的估计值更大。ALP测试的金融知识问题比 HRS 多，其中很多问题需要具备更深入的金融工具知识。作者发现在制定了退休规划后，人们的计划行为仍可用来预测其金融知识水平。因此，计划可能影响人们的知识水平，但反之不然，反向因果关系并不能完全解释二者的关系。[②]在退休规划和储蓄的研究中，有证据表明金融知识会影响金融行为和结果。

金融知识与行为之间的关系在贷款市场中也得到了验证。在一项对华盛顿州居民

---

① 咨询信息由伊利诺伊州住房计划提供(2007年)。对于那些关于防止掠夺性贷款行为的咨询,他们还发现9%的贷款存在"欺诈现象",22%的贷款利率高于市场利率300个基点,还有一半的借款人被认为无力或几乎无力承担贷款。

② 尽管HRS样本人群更可能考虑退休,但关于年轻人调查的NLSY样本与同等金融知识水平的HRS数据一样好(Lusardi and Mitchell,2006；Lusardi et al.,2009)。

的调查中，Moore（2003）发现，金融知识较少的消费者会做出较差的抵押贷款产品选择。此外，向涉及掠夺性贷款诉讼的借款人借款的消费者往往会在投资和复利方面出现问题，这一情况表明，消费者因投资知识缺乏而易被利用。在相关的研究中，Stango 和 Zinman（2010）指出，无法计算贷款利率的消费者（在特定的本金和支付流下），借款更多，财富积累更少，并且信贷成本更高。Campbell（2006）研究发现，缺少专业金融人士的家庭往往会出现重大金融决策失误，尤其是在形势较好的情况下，他们不太可能对抵押贷款进行再抵押。

总之，有大量的研究证据表明，许多消费者不具备金融知识，并且这些消费者往往做出了糟糕的金融决策。

10.3 金融教育、金融知识和金融行为

如果消费者因投资知识缺乏导致了不明智的金融行为，那么提高金融知识水平则可以增加消费者的福利。在过去的几十年中，美国为此推出了一系列金融类教育项目。这些项目包括雇主提供的退休规划研讨会、在公立学校开设国家规定的个人财务管理课程和一对一抵押贷款咨询。这些活动是否有效？如果有效，哪种类型的活动更加有效？

为了回答这些问题，我们借鉴了几篇关于金融教育文献的评论，并不是所有评论都认同现有研究结论的证明力度。在这些评述中最全面的是 Collins 和 O'Rourke（2010）的一篇文章，他们对金融教育的有效性持乐观但谨慎的态度。Martin（2007）对储蓄和退休、信贷、房屋所有权的项目效果持积极态度，Hogarth（2006）也给出了更加乐观的评价。然而，有些评论认为金融教育的前景并不乐观：Hathaway 和 Khatiwada（2008）以及 Willis（2008，2009）发现，没有可靠证据表明金融教育项目是有效的。在评估个人财务管理课程的五项研究中，Caskey（2006）总结说，即使使用工具变量和其他建模技术来消除内生性，非实验项目研究结果也往往不能近似于实验条件下得到的结果。这种批评质疑了在绝大多数金融教育的文献中，存在实验组并不是随机分配这一问题。

尽管我们认可上述评论中一些批评的观点，但我们认为，存在强有力的证据表明金融教育项目能够改善人们的金融行为和结果，也有一些成果证实教育项目提高了人们的金融知识水平。然而，教育、知识水平和结果三者之间的联系尚不明确。没有研究明确表明金融教育项目通过提高金融知识水平改善了参与者的投资结果，许多研究发现教育项目是无效的。我们还发现，对于评价金融教育项目有效性的证据，其说服力的大小取决于所研究的金融教育项目的类型。在接下来的两节中，我们在一些证明了金融教育可能是有效的文章中，分别讨论了在工作场所和学校中金融教育项目的有效性。然后，我们研究如何评估抵押贷款、破产、信用修复和其他金融教育项目。最后，我们将初始研究融入最佳研究方案和创新设计，这一研究设计可作为未来研究的模型。

10.4 行为与结果：来自工作场所的证据

如果金融教育项目存在潜在的选择偏差，那么对其效果的评估可能是不可信的。也就是说，如果是自愿参加调查的，那么接受培训可能与一些未被发现的因素相关，这些因素可能影响测试结果。因此，教育项目的影响可能是由这些因素引起的，而不是培训本身。为了解决这个问题，学校和工作场所的金融教育研究已经寻找到有效的工具变量来进行检验。工作场所的研究已经使用了工作场所金融教育项目的可得性这一变量，而不是出勤率，以学校为基础的金融教育项目则使用了州财政教育任务。总体而言，这些研究发现，金融教育项目不会影响投资结果，不会提高储蓄率和养老金计划的参与性，也不会增加以后的净值。

通过研究由美林公司所做的对美国工人的电话调查，Bernheim 和 Garrett（2003）认为，工作场所金融教育项目的可得性预示着储蓄率的提高、存入 401（k）账户和其他退休账户的资产增加以及 401（k）账户参与率提高。然而，其对总资产的影响并不显著，这表明差异可能是源于资产替代而不是更高的整体储蓄金额。作者认为，金融教育的可得性可能是一种有效的测试手段，因为工人不会以金融教育项目提供与否为标准选择雇主。事实上，工作场所的金融教育往往是一种补救行为，这就可能降低估计出的影响。在这种情况下，正的影响估计值可以作为真正影响的下限值。

消除了这些情况对结果的影响后，这项研究也可能产生由其他一些来源引起的偏差。第一，提供金融教育研讨会可能是雇主吸引员工的一个因素，即使研讨会不是求职过程中考虑的条件。这会导致对研讨会效果的高估。第二，作者可能无法把握养老金计划的特点，可能导致储蓄模式的差异。尽管他们引用了计划作用、参与度与储蓄率之间弱相关的研究结果，但也有其他论文发现它们之间存在更强的关系（Bayer et al.，2009）。此外，关于这个研究的第三点担心就是它依赖于员工自我报告的调查数据。其可信度低于雇主提供的数据或者政府数据，尤其是受工作场所金融教育影响最大的受访者可能回想起已经提供过数据。①

在这种情况下，估计结果可能会上偏。Bayer 等人（2009）的补充论文证实了 Bernheim 和 Garrett（2003）的观点，并解决了其中的一些问题。它使用了一项连续两年对雇主的调查，这项调查更准确地衡量了员工 401（k）计划贡献度和工作场所金融教育的可得性。这项研究还控制了养老金计划的特点，且数据的纵向性质也使他们能够控制私营企业特征，从而消除潜在的选择性偏差。横截面研究结果证实，工作场所研讨会对于 401（k）计划的参与度和贡献度有显著的积极作用，对低收入

---

① 如果我们假定工作场所的金融教育没有导致任何人减少储蓄，那么这就意味着金融教育的确会产生积极作用，真实效果小于估计值，尽管这种偏差可能会很严重。

者的影响更大。此外作者提出，工作场所研讨会往往具有补救性质，使得横截面估计出的效果是真实效果的下限。尽管作者无法否认参与度和贡献度的增加可能是由于资产替代和个体异质性导致的，但研究仍有助于证实工作场所教育项目可以影响金融行为。

在相关分析中，Lusardi（2004）发现参加退休研讨会（大部分是雇主提供的）不仅仅带来了更多的退休金投入，也预示着整体储蓄规模的提高。这一发现弥补了早期研究的一个重要缺陷。利用1992年的HRS数据，Lusardi控制了个体异质性，而之前的研究却无法做到这一点。她认为参加退休研讨会在经济意义上增加了储蓄和财富。她还发现，对于储蓄最少和受教育水平最低的人，是否参加研讨会导致的差异最大（按比例）。重要的是，Lusardi指出，在考虑了一系列个体差异的情况下，估计值降低了，但依旧显著。

这些研究证实了金融教育可以改善人们的金融行为。此外他们指出，对于经济脆弱程度最高的人来说，金融教育的效果更突出。然而这些研究并没有证明金融教育项目通过普及金融知识发挥了作用。例如，工作场所研讨会或许会增进工人对于一些漏洞的认识，或者他们会因为同群效应而增加储蓄。研讨会还可以增进员工对公司计划的了解，同时鼓励他们做出贡献。这些都可以改变员工的行为，但不会使员工更加理解储蓄或他们所购买的特定金融产品的益处。为了解决这些问题，几位作者专门检验了工作场所金融教育是否提高了金融知识水平。其结论不一。[①]例如，Hira 和 Loibl（2005）在对美国一家大型保险公司的调查中发现，参加半天退休研讨会的员工只增加了四个方面的知识：退休需求、投资、未来规划和信用管理。然而这种增加只是员工的个人感觉，并不是通过客观评估得到的。由于人们可以认为知识收益高于实际收益，无论是否真的受益，参加研讨会的人都可能会声称自己已经受益（Willis，2009）。

10.5 行为与结果：来自学校教育项目的证据

在针对以学校为基础的教育计划的研究中，关于教育项目的有效性的研究结论不一。一些以学校为基础的教育项目的研究发现，学生的金融知识显著增加，金融行为明显改善。[②]然而，这些研究随后被质疑存在研究设计偏差或数据存在局限性的问题（如小样本问题）。另外还有一些研究使用国家金融教育命令作为在校金融教育可得性的工具变量，发现学校的教育项目影响了学生成年后的储蓄和投资行为。Bernheim 等人（2001）的研究发现，国家金融教育命令使人们在成年期的资产积累水平更高。他

---

① 参见 Kim 等人（1998）、Garman 等人（1999）、Clark 和 D'Ambrosio（2002）、Kim（2007）、Holland 等人（2008）。

② 参见 Boyce 和 Danes（1998）、Danes（2004）、Peng 等人（2007）、Mandell（2008）。

们使用了与 Bernheim 和 Garrett（2003）研究所用的美林公司的调查数据，该调查受访者在20世纪60年代和70年代都在上学，而那时才开始推行国家命令。

讨论国家命令与成年人储蓄行为之间的联系是否由金融教育引起这一问题，有以下几个环节：国家命令对于人口特征而言必须是外生的，因为人口特征可能会影响储蓄；它必须导致金融教育的可得性增加；国家命令必须与储蓄行为相关。Bernheim 等人认为，国家命令是外生的，它通常由立法者和利益集团推行，而不是公众自发的意识。在研究期间，推行国家命令的州和未推行国家命令的州在收入、高中生比例和零售额之间不存在明显差异。为显示人们金融教育可得性增加，Bernheim 等人建立了一个probit模型，发现在所在州推行国家命令的政策后，高中毕业的受访者在校期间更可能受过家庭财务教育。学校经历国家命令的时间越长，这种可能性越大，这就表明国家命令的推进需要一定时间。作者检验了"命令前几年"这一变量是否影响了可得性，发现该系数很小且在统计上不显著，表明结果并不反映独立于国家命令的金融教育项目增长的总体趋势。最后，Bernheim 等人指出，经历国家命令年数更长的高中，显示出更高储蓄率和净值的特征。

尽管 Bernheim 等人的研究贡献巨大，但其研究结果在最近的研究中受到了一些批评。Cole 和 Shastry（2009）试图使用美国人口普查数据和更稳健的实证方法复制其结果，但研究结果并不与之相符。尤其是 Cole 和 Shastry 还放宽了学校经历命令政策的年数和结果变量存在线性关系的假设。他们还控制了各州间的经济状况差异，强化了 Bernheim 等人在研究中运用的包括出生年份在内的一系列虚拟变量和州固定效应。[①]他们发现命令推行在时间上没有明确的断点；此外可能最令人担忧的是，接受命令至少五年后毕业的系数远小于其他系数；而且其关系不是单调的。关于他们研究结果的一个解释是，国家命令是在国家 GDP 高速增长的时期引入的，这就可以解释金融市场参与和投资收入在命令前后均上涨这一现象。这些因素可能主宰了国家命令的任何实际影响。

10.6 行为与结果：来自抵押贷款和其他咨询项目的证据

对于以工作场所和学校为基础的抵押贷款咨询计划的研究，主要有以下三个方面内容。首先，这些研究评估了具体的金融教育项目，并说明了教育项目更加详细的情况及参与者在咨询前后的财务状况。其次，工作场所和学校的抵押贷款咨询计划在形式上截然不同，学校的咨询项目主要在课堂上进行。为解决每个人的问题，满足其需求，抵押贷款计划通常以一对一的形式出现。此外，抵押贷款计划主要是针对那些正

---

① 人们希望受访者表示在命令开始前毕业的年份数的虚拟变量对结果没有影响，并且结果说明学校被命令后的年份数增加时，估计值增加(为正)。相反，所有虚拟变量的系数都很大，并且显著为正。关于参与率和投资收益的研究也是如此。

在做重要金融决策的人。最后，这里讨论的抵押贷款计划主要针对低收入到中等收入的人群，这些人群的特征使其更易违规抵押。由于这一人群的金融知识水平最低，因此可能最需要进行咨询，是十分重要的研究群体。

我们发现，有很多不同的研究结论证明抵押贷款咨询改善了人们的金融行为和投资结果，但也同样可能存在样本选择偏差。Hirad 和 Zorn（2002）的研究旨在严格纠正样本选择问题的偏差，他们分析了一大批向房利美保障金计划申请抵押贷款的高风险借款人。在房利美的服务人员批准他们的抵押贷款前，往往要提供抵押贷款咨询，但一些借款人也会获得豁免。为了控制可观察特征，被告知后的借款人往往不会拖欠抵押贷款90天。作者估计了一个复杂的四阶段模型来选择实验方法、实验的组织类型和被接受的实验类型。一旦考虑了选择过程，除非其存在巨大偏差，一些类型的实验就仍然有效。研究发现，一对一咨询会降低90%以上的不良率，而其他实验形式无效。作者指出，他们所用的选择模型是一个较差的方法，并且包含了可能与原始回归中误差项相关的变量。

Hartarska 和 Gonzalez-Vega（2005，2006）以及 Quercia 和 Spader（2008）的后续研究发现，尽管两个研究结果存在矛盾之处，但抵押前咨询与贷款结果相关。Hartarska 和 Gonzalez-Vega 发现，经过咨询的借款人违约率较低，但预付款行为并未受到影响。相反，Quercia 和 Spader 指出，咨询改善了预付款行为，但对违约率没有影响。这些差异可能是因为所研究的时期不同，Hartarska 和 Gonzalez-Vega 使用了20世纪90年代的数据，而 Quercia 和 Spader 研究的对象经历了2006年这一利率极低的时期，这使很多借款人有所改变。此外，在这些研究中还存在其他应该关注的方面。Quercia 和 Spader 没有检验是否能选择进行不同类型的咨询，也没有控制选择进行咨询这一情况，反而认为咨询需求是由贷款人决定的，高风险借款人可能更需要进行咨询（他们无法检验此要求）。在 Hartarska 和 Gonzalez-Vega 的分析中，经过咨询的借款人在他们拥有非负的现金流之前不能申请贷款，现金流被定义为收入减去开支、抵押和其他债务支付。因此，咨询计划可能会起到一个过滤器的作用，阻止了经济状况较差的人获得贷款，这会使研究结果避开了实际情况。作者没有讨论借款人未成功通过咨询的原因，这就无法分析咨询行为改善贷款结果的途径是改善了财务管理行为还是消除了信用不足。

相比之下，Agarwal 等人（2009b）研究发现，在按照芝加哥邮政编码选择的高风险借款人中，提供州一级的抵押贷款咨询计划不能优化他们的贷款抵押选择。与此同时，他们的研究表明，金融教育项目能够影响投资结果，而不一定能提高金融知识水平。作者表示，在强制咨询期间，按照邮政编码处理的抵押贷款违约率显著下降，但这似乎是因为风险最大的贷款人和借款人离开了市场，而不是因为剩余的借款人选择了更好的抵押贷款产品。监管力度加大和潜在的欺诈监管对贷款人形成了威慑，以及参加咨询会议的借款人所认识到的风险，都大大降低了信贷的供给和需求。为避免咨询，借款人会选择风险更低的产品，贷款人则拒绝了更多的贷款申请，并在实验期间发放更少的低门槛贷款（项目结束后活动恢复至正常水平）。有些借款人遵循了咨询员的建议，但同时也有许多人会违背咨询员的建议，更改他们的贷款方式，而其他人虽然曾被告知他们无力承担贷款，但还是设法获得了贷款。

除了金融教育外，抵押贷款和信贷咨询还包括其他服务，比如向客户进行宣传和积极干预，这就很难区分金融教育所发挥的作用。印第安纳波利斯邻里房屋合作计划（Indianapolis Neighborhood Housing Partnership，INHP）就是如此，这是一项由Agarwal等人（2010）评估的自愿抵押贷款咨询计划。研究发现，在控制贷款特征的情况下，参与INHP的借款人（其中一些人通过INHP获得贷款和服务）在参加计划后12~18个月中违约率显著下降。这个结果的几个计量经济学评价指标和倾向匹配得分模型都是稳健的。INHP的服务看似改善了人们金融投资的结果，但仍不清楚这种作用有多少是因为贷款条件改善，有多少是因为贷款拖欠时INHP采取的积极干预，有多少是因为咨询提高了借款人的财务管理能力。

Ding等人（2008）关于关键时刻抵押贷款咨询计划的研究，为抵押贷款咨询的有效性提供了最有力的证据。该研究对超过25 000名具有高风险特征但申请了低风险抵押贷款的借款人进行了检验。所有贷款均为固定利率，99%为30年摊销期，但借款人信用评分较低，贷款价值比高（3/4超过95%）。作者发现，对拖欠抵押贷款45天的借款人进行电话询问，会使得这些特殊贷款的偿还率更高，丧失抵押品赎回权频率更低。作者使用更有贴合性的模型对实验进行了检验，估计结果的数值下降了，但仍然为正并且在统计上显著。除了举例说明控制未被发现的借款人特征的重要性之外，本章认为在决策的关键时刻提供抵押贷款咨询服务可能是有效的。

一项关于非抵押贷款咨询计划的研究进一步证明，金融咨询可能会影响金融行为的结果。Elliehausen等人（2007）研究了信贷咨询项目，该项目由国家信用咨询基金会（NFCC）批准的5家机构在1997年夏季推出，向8 000名借款人提供了服务；与之匹配的对照组没有得到NFCC咨询。这一研究运用了分析了截止到2000年的信贷情况和付款历史记录，研究显示，接受咨询的人其信用评分、债务水平和银行账户使用情况均有所改善。咨询对于信用评分最低、债务行为最差的人最为有效。在考虑了选择误差后，这种差异变小，但仍显著存在。Elliehausen等人的这项研究得益于实验组内部的一致性，NFCC对其资讯服务提供商有特定的标准，并且在1997年接受服务的借款人没有接受NCFF的其他服务。对照组成员接受的未观测到的金融服务会使估计结果偏低，并提高咨询效果的可信度。

10.7　最佳的教育方式

一些文章研究了不同类型教育项目的有效性的变化，其他文章也估计了培训实验中额外的教育时间或咨询时间的边际收益。现有的模型关于此问题尚无定论，但似乎额外的教育时间或咨询时间对于人们的金融结果有积极影响。例如，Hirad和Zorn（2002），Quercia和Spader（2008）以及Barron和Staten（2009）比较了四种实验类型：家庭学习、电话/互联网教学、课堂学习和一对一咨询，研究发现，并没有证据表明一种培训方式总是优于其他方式。前两项研究评估了抵押贷款咨询项目，发现课堂学习和一对一咨询往往比其他形式的教育项目更加有效，较之于电话教学和家庭学习有更大的影响，电话教学和家庭学习似乎没有显著作用。相比之下，Barron和Staten发现在一个信贷咨询项目中，如果客户可以选择咨询方式，一对一咨询并不比电话或互联网咨询更加有效。这两种研究评估的是两种不同类型的教育项目，这似乎可以解释其产生了不同的结果。贷款抵押研究的局限性也可能导致研究结果偏大，或者是由于受到选择偏误的影响，Barron和Staten的研究结果并没有反映真实作用。[①]与Hirad和Zorn（2002）以及Quercia和Spader（2008）的研究相比，Ding等人（2008）发现，电话询问对于拖欠抵押贷款55天的人是有效的。此外，不同的研究结果可能是由于活动本身的差异（或者抵押贷款前咨询的效果比抵押贷款后咨询的效果差）。

教育项目的设计者可能会问，是什么导致边际收益递减和额外的咨询无效。在Clancy等人（2001）和Collins（2007）的研究中，有证据表明更多的培训会产生更好的投资结果。之前的研究表明，对于拖欠贷款的借款人，进行额外咨询辅导（长达5小时）的确降低了其进入到更为严重的止赎阶段的可能性，因此，额外咨询的边际效应为正。[②]Clancy等人（2001）研究了涉及匹配储蓄账户的个人发展账户中的低收入者，为其提供金融教育课程。通过分析18小时的培训课程学习，额外的课时时长与储蓄行为正相关；接受了12小时培训课程的人比没有接受培训课程的人每年多储蓄100美元。在所研究的14个项目中，都有金融教育要求，但具体内容不同。总的来说，教育以及更多特定主题的培训指导为有效储蓄提供了金融信息和方法，比如家庭购买。尽管作者使用两阶段选择模型来分析教育项目，但他们没有控制培训时长的选择。因此，我们无法得知这些结果是否存在由于借款人的特征或者IDA计划特定要求导致的内生性。

为了得到关于培训类型和培训时间更加稳健的研究结果，需要正确选择培训类型和时间。鉴于一些金融教育项目似乎是有效的，这一问题是十分值得研究的。

---

① 如前所述，Hirad和Zorn选择的模型并不合适，并且可能包括与原始回归的误差项正相关的因子。Quercia和Spader没有在实验组引入选择模型，更没有引用模型选择实验类型。因此，这两篇论文的结果可能会出现偏差。Barron和Staten没有进行模型选择，但他们的确发现可能会产生这种结果的、关于选择问题的证据。在他们的信用咨询计划中，互联网客户在他们咨询前一年中信用评分大幅度下降，这表明这些客户有动力去学习并改善其行为。

② 然而，该研究关注的是小样本、6个月短时间随访期，同时借款者有机会接受其他培训。此外，在借款人所在的都市区进行的几小时指导性营销活动，让更多有意愿的人接受更多咨询。

10.8　创新性的研究设计

现有几篇关于金融教育的研究的项目评估方法值得注意。这些文章提供了关于随机方法的有益范例,这种方法不需要否认实验组具有特定的人口学特征,并且使用了非传统的形式进行实验。这项工作十分重要,因为许多项目评估都受到内生性的影响,也就是说选择接受实验或者实验的类型和强度往往不是随机的。当有人想或者需要接受实验时,实验将不满足随机性要求,这个问题很难能决。一些研究延迟了对于控制组的实验(而不是完全不进行),或者为参与实验组提供了额外的激励。这些研究在实施中取得了不同程度的成功,其方法均具有启发性。

Collins(2008)、Servon 和 Kaestner(2008)的研究推迟了控制组实验的时间。首先,实验组和对照组的女性接受相同的金融教育课程,但控制组在实验组接受课程一年后进行。如果两组参与者的信用评分和储蓄行为的类似改变大致间隔一年,那么这些差异可能就是金融教育引起的。在第二篇论文中,Servon 和 Kaestner 使用相同的方法来测试所谓的"信息和通信技术"(包括互联网和网上银行服务)是否能成为获得金融知识的途径。他们给参与者一台电脑,教会他们使用互联网和网上银行服务,并且提供了金融知识培训。实验开始时立即向实验组提供了电脑和指导,九个月后为对照组提供相同的培训。这项研究对实验设计、访问隔离和获取技术具有启发意义,尽管它在实施中遇到了问题(不完全随机),并且统计结果不显著。

Duflo 和 Saez(2003)在研究一所大学员工参与税收延期账户计划的问题中使用了激励策略。他们为参加学校主办的福利信息展览会的人提供了20美元的奖励,随机选择校内部门,然后在所选部门中随机选择员工给予奖励。通过这种处理,作者对比了同一部门中接受实验和未接受实验的员工的行为,也与未接受实验的部门员工的行为进行了对比。该研究没有评估金融教育本身的影响,但它们的设计提供了实验中的外生差异,可以被用来研究基于激励的金融知识活动。

由于消费者教育需求差异很大,金融教育计划通常针对具体的人口和社会经济群体。例如,Sanders 等人(2007)在四个应急庇护所针对受虐妇女进行了研究。其中两个庇护所开设了适合这些妇女需要的金融教育课程,另外两个庇护所尚未开设此类课程。该研究受小样本问题影响,而且只考察了金融知识和"自我效应"的主观感受。此外,在后续测试中参与者大量流失。尽管如此,如果可以更有效地完成后续计划,这种研究模式对于有更多观测值、客观知识和行为数据的情况而言,是值得推广的。

所有这些研究都只评估了传统的金融教育项目,然而最近创新性的支付方式已经兴起。Spader 等人(2009)分析了这样一个案例,有一部名为"Nuestro Barrio"(我们的邻居)的西班牙语连续剧,它主要针对低收入西班牙裔移民。有关金融产品的信息和说明被纳入故事情节,比如银行服务和信贷行为,借此来将金融教育覆盖至无法参加教育项目的人群。创作者还希望克服参与金融教育项目的传统障碍,如时间、金钱成本和对提供教育的组织的不信任。尽管传递信息的成本相对较低，但是量化这种干预的影响是十分困难的。

10.9   结论

本章中，我们回顾了关于金融咨询、金融知识和消费者决策的文献。总的来看，许多消费者缺乏基本的金融知识，也没有为实现其财务目标做好相应准备。在某些情况下，金融教育可以提高金融知识水平并改善金融行为，且对于那些金融知识、收入和储蓄较少的人而言，金融教育最为有效。但是目前仍不清楚金融教育项目是否是通过提高知识水平来发挥作用的，也不清楚教育项目是否符合成本效益原则及哪种活动最有效。要想回答这些问题需要开展更多的研究。

幸运的是，最近广泛开展的金融教育项目为这项研究提供了大量机会。但是，现有计划的设计对于稳健的影响评估只能提供有限的帮助。Hathaway 和 Khatiwada（2008）在他们的评论中呼吁，应将正式的项目评估方法引入教育项目的设计中。在我们看来，这个提议是最合适的。

致谢

作者感谢 Annamaria Lusardi、Olivia S.Mitchell 和 Matt Rosen 为早期研究提出的建设性意见，感谢参加养老金研究理事会于 2010 年 4 月组织的主题为"金融知识：对退休保障和金融市场的影响"研讨会的学者提出的建议。

作者也从与 Michael Collins 的讨论中受益，并回顾了他以往的研究。感谢出色的研究助理 Jacqui Barrett、 Robert McMenamin 和 Daniel Waldinger，并感谢 Helen Koshy 提供的编辑方面的帮助。本章所表达的观点为作者个人的看法，可能并不反映美国联邦储备系统、芝加哥联邦储备银行或货币监理署的观点。

参考文献

Agarwal, S. and B. Mazumder (2010). *Cognitive Ability and Financial Decision Making.* Chicago, IL: Federal Reserve Bank of Chicago. http://ushakrisna.com/cognitive.pdf.

——S. Chomsisengphet, C. Liu, and N. Souleles (2006). 'Do Consumers Choose the Right Credit Contracts?' FRB-Chicago Working Paper No. 2006-11. Chicago, IL: Federal Reserve Bank of Chicago.

——J. Driscoll, and D. Laibson (2008a). 'Optimal Mortgage Refinancing: A Closed Form Solution,' NBER Working Paper No. 13487. Cambridge, MA: National Bureau of Economic Research.

—— ——X. Gabaix, and D. Laibson (2008b). 'Learning in the Credit Card Market,' NBER Working Paper No. 13822. Cambridge, MA: National Bureau of Economic Research.

——J. Driscoll, X. Gabaix, and D. Laibson (2009a). 'The Age of Reason: Financial Decisions over the Life-Cycle and Implications for Regulation,' *Brookings Papers on Economic Activity*, 2:51-117.

——G. Amromin, I. Ben-David, S. Chomsisengphet, and D. D. Evanoff (2009b). 'Do Financial Counseling Mandates Improve Mortgage Choice Performance? Evidence From a Legislative Experiment,' Federal Reserve Bank of Chicago Working Paper No. 2009-07. Chicago, IL: Federal Reserve Bank of Chicago.

——P. Skiba, and J. Tobacman (2009c). 'Payday Loans and Credit Cards: New Liquidity and Credit Scoring Puzzles?' *American Economic Review: Papers and Proceedings*, 99(2):412-17.

——G. Amromin, I. Ben-David, S. Chomsisengphet, and D. D. Evanoff (2010). 'Learning to Cope: Voluntary Financial Education Programs and Loan Performance during a Housing Crisis,' *American Economic Review: Papers and Proceedings*, 100(2):495-500.

Australia and New Zealand Banking Group (ANZ) (2003). *ANZ Survey of Adult Financial Literacy in Australia.* Melbourne, VIC: Roy Morgan Research. http://www.thesmithfamily.com.au/webdata/resources/files/ANZreportMay03.pdf.

Bakken, R. (1967). 'Money Management Understandings of Tenth Grade Students,' *National Business Education Quarterly*, 36:6.

Barron, J. M., and M. E. Staten (2009). *Is Technology-Enhanced Credit Counseling as Effective as In-Person Delivery?* Terre Haute, in: Networks Financial Institute at Indiana State University Conference: Improving Financial Literacy and Reshaping Financial Behavior May 14-15. http://www.networksfinancialinstitute.org/News/Documents/Staten.pdf.

Bayer, P. J., B. D. Bernheim, and J. K. Scholz (2009). 'The Effects of Financial Education in the Workplace: Evidence From a Survey of Employers,' *Economic Inquiry*, 47(4):605-24.

Bernheim, B. D. (1988). 'Social Security Benefits: An Empirical Study of Expectations and Realizations,' in R. Ricardo-Campbell and E. P. Lazear, eds, *Issues in Contemporary Retirement.* Stanford, CA: Hoover Institution Press, pp. 312-45.

——D. Garrett (2003). 'The Effects of Financial Education in the Workplace: Evidence From a Survey of Households,' *Journal of Public Economics*, 87:1487-519.

—— ——D. Maki (2001). 'Education and Saving: The Long-Term Effects of High School Financial Curriculum Mandates,' *Journal of Public Economics*, 80:435-65.

Boyce, L. and S. M. Danes (1998). *Evaluation of the NEFE High School Financial Planning Program, 1997-1998.* Englewood, CO: National Endowment for Financial Education. http://hsfpp.nefe.org/loadFile.cfm? contentid=646.

Bucks, B. and K. Pence (2006). 'Do Homeowners Know Their House Value and Mortgage Terms?' FEDS Working Paper No. 2006-03. Washington, DC: Board of Governors of the Federal Reserve System.

Campbell, J. Y. (2006). 'Household Finance,' *Journal of Finance*, 61(4):1553-604.

Caskey, John P.(2006). 'Can Personal Financial Management Education Promote Asset Accumulation by the Poor?' Networks Financial Institute Policy Brief No. 2006-PB-06, Indianapolis, IN: Networks Financial Institution.

Chen, Haiyang and Ronald P.Volpe(1998). 'An Analysis of Personal Financial Literacy Among College Students.' Financial Services Review, 7(2):107-28.

Clancy, M., M.Grinstein-Weiss, and M.Schreiner(2001). 'Financial Education and Savings Outcomes in Individual Development Accounts,' Center for Social Development Working Paper No.2001-02.St Louis, MO: Washington University.

Clark, R.L.and M.B.D'Ambrosio(2002). 'Financial Education and Retirement Savings,' TIAA-CREF Institute Working Paper No.4-070102-A.New York, NY: TIAA-CREF Institute.

Cole, S.and G.K.Shastry(2009). 'Smart Money: The Effect of Education, Cognitive Ability, and Financial Literacy on Financial Market Participation,' Harvard Business School Working Paper 2009-071.Boston, MA: Harvard University.

Collins, J.M.(2007). 'Exploring the Design of Financial Counseling for Mortgage Borrowers in Default,' Journal of Family and Economic Issues, 28:207-26.

—— (2008). The Impacts of Mandatory Financial Education: Evidence From a Field Study.Orange County, CA: AFCPE Annual Conference.http://content.hks.harvard. edu/journalistsresource/pa/economics/finance/impacts-of-mandatory-financial-education-evidence-from-a-randomized-field-study/.

——C.M.O'Rourke(2010). 'Financial Education and Counseling—Still Holding Promise Evaluating Financial Education and Counseling.' Journal of Consumer Affairs, 44(3):483-98.

Consumer Federation of America and American Express Company(CFA/AMEX)(1991). 'Student Consumer Knowledge: Results of a National Test.' Washington, DC: Consumer Federation of America and American Express Company.

Danes, S.M.(2004). Evaluation of the NEFE High School Financial Planning Program Curriculum: 2003-2004.Minneapolis, MN: University of Minnesota.http://hsfpp. nefe.org/loadFile.cfm? contentid=273.

——T.K.Hira(1987). 'Money Management Knowledge of College Students,' The Journal of Student Financial Aid, 17(1):4-16.

Ding, L., R.G.Quercia, and J.Ratcliffe(2008). 'Post-purchase Counseling and Default Resolutions among Low- and Moderate-Income Borrowers,' Journal of Real Estate Research, 30(3):315-44.

Duflo, E., and E.Saez(2003). 'The Role of Information and Social Interactions in Retirement Plan Decisions: Evidence from a Randomized Experiment,' Quarterly Journal of Economics, 118(3): 815-42.

Elliehausen, G., E.C.Lundquist, and M.E.Staten(2007). 'The Impact of Credit Counseling on Subsequent Borrower Behavior,' Journal of Consumer Affairs, 41(1):1-28.

Employee Benefit Research Institute(EBRI)(1995). 'Are Workers Kidding Themselves? Results of the 1995 Retirement Confidence Survey.' EBRI Issue Brief 168. Washington, DC: Employee Benefit Research Institute.

Garman, E.T., J.Kim, C.Y.Kratzer, B.H.Brunson, and S.Joo(1999). 'Workplace Financial Education Improves Personal Financial Wellness,' Financial Counseling and Planning, 10(1):79-88.

Gartner, K.and R.M.Todd(2005). Effectiveness of Online 'Early Intervention' Financial Education for Credit Cardholders.Chicago, IL: Chicago Federal Reserve.http://www. chicagofed.net/digital_assets/others/events/2005/promises_and_pitfalls/paper_intervention.pdf.

Gustman, A.L.and T.L.Steinmeier(2005). 'Imperfect Knowledge of Social Security and Pensions,'

Industrial Relations,44(2):373-97.

Hartarska,V.and C.Gonzalez-Vega(2005). 'Credit Counseling and Mortgage Termination by Low-In-come Households,'*Journal of Real Estate Finance and Economics*,30(3):227-43.

—— ——(2006). 'Evidence on the Effect of Credit Counseling on Mortgage Loan Default by Low-In-come Households,'*Journal of Housing Economics*,15(1):63-79.

Hathaway,I.and S.Khatiwada(2008). 'Do Financial Education Programs Work?'FRB-Cleveland Work-ing Paper 2008-03.Cleveland,OH:Federal Reserve Bank of Cleveland.

Hilgert,M.A.,J.M.Hogarth,and S.Beverly(2003). 'Household Financial Management:The Connec-tion between Knowledge and Behavior,'*Federal Reserve Bulletin*,89(7):309-22.

Hira,T.K.,and C.Loibl(2005). 'Understanding the Impact of Employer-Provided Financial Education on Workplace Satisfaction,'*Journal of Consumer Affairs*,39(1):173-94.

Hirad,A.and P.Zorn(2002). 'A Little Knowledge is a Good Thing:Empirical Evidence of the Effective-ness of Pre-Purchase Homeownership Counseling,'in N.Retsinas and E.Belsky,eds,*Low-In-come Homeownership:Examining the Unexamined Goal*.Washington,DC:Brookings Institution Press,pp.146-74.

Hogarth,J.M(2006). *Financial Education and Economic Development*.Moscow,Russia:Federal Re-serve Board.http://www.oecd.org/dataoecd/20/50/37742200.pdf.

Holland,J.H.,D.Goodman,and B.Stich(2008). 'Defined Contribution Plans Emerging in the Public Sector:The Manifestation of Defined Contributions and the Effects of Workplace Financial Edu-cation,'*Review of Public Personnel Administration*,28(4):367-84.

Housing Action Illinois(2007). *Findings from the HB 4050 Predatory Lending Database Pilot Pro-gram*.Chicago,IL:National Low Income Housing Coalition.http://www.nlihc.org/doc/repository/IL-Findings.pdf.

Kim,J.(2007). 'Workplace Financial Education Program:Does It Have an Impact on Employees'Per-sonal Finances?'*Journal of Family and Consumer Sciences*,99(1):43-7.

——D.C.Bagwell,and E.T.Garman(1998). 'Evaluation of Workplace Personal Financial Education,' *Personal Finances and Worker Productivity*,2(1):187-92.

KPMG Peat Marwick LLP(KPMG)(1996). *Retirement Benefits in the 1990s:1995 Survey Data*. New York,NY:KPMG.

Langrehr,F.W.(1979). 'Consumer Education:Does it Change Students'Competencies and Atti-tudes?'*The Journal of Consumer Affairs*,13:41-53.

Lusardi,A.(2004). 'Saving and the Effectiveness of Financial Education,'in O.S.Mitchell and S.Ut-kus,eds,*Pension Design and Structure:New Lessons from Behavioral Finance*.Oxford,UK:Ox-ford University Press,pp.157-84.

——O.S.Mitchell(2006). 'Financial Literacy and Planning:Implications for Retirement Wellbeing,' Pension Research Council Working Paper No.2006-1.Philadelphia,PA:The Pension Research Council.

—— ——(2007a). 'Baby Boomer Retirement Security:The Roles of Planning,Financial Literacy,and Housing Wealth,'*Journal of Monetary Economics*,54:205-24.

—— —— (2007b). 'Financial Literacy and Retirement Planning:New Evidence From the RAND American Life Panel,'Michigan Retirement Research Center Working Paper No.2007-157.Ann Arbor,MI:Michigan Retirement Research Center.

—— ——V.Curto(2009). 'Financial Literacy Among the Young:Evidence and Implications for Con-sumer Policy,'Pension Research Council Working Paper No.2009-09.Philadelphia,PA:The Pen-sion Research Council.

Mandell,L.(2008). 'Financial Literacy of High School Students,'in A.Lusardi,ed.,*Overcoming the*

Saving Slump: How to Increase the Effectiveness of Financial Education and Saving Programs. Chicago, IL: University of Chicago Press, pp.257-79.

Martin, M. (2007). 'A Literature Review of the Effectiveness of Financial Education,' FRB-Richmond Working Paper No.07-03.Richmond, VA: Federal Reserve Bank of Richmond.

Miles, D. (2004). *The UK Mortgage Market: Taking a Longer-Term View.* London, UK: Controller of Her Majesty's Stationery Office.

Mitchell, O.S. (1988). 'Worker Knowledge of Pension Provisions,' *Journal of Labor Economics*, 6: 21-39.

Moore, D. (2003). 'Survey of Financial Literacy in Washington State: Knowledge, Behavior, Attitudes, and Experiences,' Washington State Technical Report 03-39.Olympia, WA: Washington State Department of Financial Institutions.

Oppenheimer Funds/Girls Inc. (1997). *Girls, Money, and Independence.* New York, NY: Oppenheimer Funds/Girls, Inc.

Organisation for Economic Co-Operation and Development (OECD) (2005). *Improving Financial Literacy: Analysis of Issues and Policies.* Paris, France: OECD.

Peng, T.M., S.Bartholomae, J.J.Fox, and G.Cravener (2007). 'The Impact of Personal Finance Education Delivered in High School and College Courses,' *Journal of Family and Economic Issues*, 28: 265-84.

Princeton Survey Research Associates (PSRA) (1996). *Investor Knowledge Survey*, Arlington, VA: Investor Protection Trust.

——(1997). *Planning for the Future: Are Americans Prepared to Meet Their Financial Goals?* Princeton, NJ: Nations Bank/Consumer Federation of America.

Quercia, R. and J.Spader (2008). 'Does Homeownership Counseling Affect the Prepayment and Default Behavior of Affordable Mortgage Borrowers?' *Journal of Policy Analysis and Management*, 27(2):304-25.

Sanders, C.K., T.L.Weaver, and M.Schnabel (2007). 'Economic Education for Battered Women: An Evaluation of Outcomes,' *Journal of Women and Social Work*, 22(3):240-54.

Servon, L.J.and R.Kaestner (2008). 'Consumer Financial Literacy and the Impact of Online Banking on the Financial Behavior of Lower-Income Bank Customers,' *The Journal of Consumer Affairs*, 42(2):271-305.

Spader, J., J.Ratcliffe, J.Montoya, and P.Skillern (2009). 'The Bold and the Bankable: How the Nuestro Barrio Telenova Reaches Latino Immigrants with Financial Education,' *The Journal of Consumer Affairs*, 43(1):56-79.

Stango, V.and J.Zinman (2010). *Fuzzy Math, Disclosure Regulation, and Credit Market Outcomes: Evidence from Truth-in-Lending Reform.* Davis, CA: University of California.http://faculty.gsm.ucdavis.edu/~vstango/TILA_july_2010.pdf.

Vanguard Group/Money Magazine (1997). 'Financial Literacy of Mutual Fund Investors,' *Money Magazine.* New York, NY, January.

Volpe, R.P., J.J.Pavlicko (1996). 'Personal Investment Literacy Among College Students: A Survey,' *Financial Practice and Education*, 6:86-94.

——H.Chen, and S.Liu (2006). 'An Analysis of the Importance of Personal Finance Topics and the Level of Knowledge Possessed by Working Adults,' *Financial Services Review*, 15:81-96.

Willis, L.E. (2008). 'Against Financial Literacy Education,' *Iowa Law Review*, 94:197-285.

——(2009). 'Evidence and Ideology in Assessing the Effectiveness of Financial Literacy Education,' *San Diego Law Review*, 46:415-58.

第11章　时间感知与退休储蓄：行为决策的研究

Gal Zauberman and B.Kyu Kim

个体经常做出不符合他们长期利益的财务决策。一个非常重要的例子是退休储蓄不足：人们常常推迟开始储蓄计划或者推迟对有益储蓄计划增加投入。事实上，受最近的金融危机影响，因推迟开始储蓄或低缴款率而导致的退休储蓄不足倾向可能会进一步加剧，这不仅降低了储蓄账户的价值，也降低了人们感知的和实际的家庭收入的"宽松"程度。

在行为决策研究和行为经济学方面的工作旨在找出人们经常做出糟糕的财务决策的原因（包括低退休储蓄率），以及通过政策和个人自身为更好地做出长期决策（基于个人自己的偏好以及退休时通常会接受的水平）所能做的事。在这一章中，我们不再回顾或重复其他章节所涵盖的内容，而是关注行为研究的发现和影响，研究退休储蓄的基本心理过程（Lynch and Zauberman，2006）。我们特别关注两个与这个问题相关的关键认知机制，第一个是基于资源松弛理论（Zauberman and Lynch，2005）和心理表征的相关研究（Trope and Liberman，2003；Malkoc and Zauberman，2006），人们对待短期未来和长期未来的表现（成本和收益）。第二个是时间感知的贴现模型（如 Kim and Zauberman，2009；Zauberman et al.，2009），研究人们如何感知现在与未来目标日期之间的时间（预期的持续时间）。在下面几节中，我们讨论这些行为倾向的主要影响：（a）为什么人们推迟退休储蓄开始时间，推迟提高退休缴款时间；（b）能够克服拖延倾向的办法。

11.1　跨期选择研究与退休储蓄

跨期选择研究，涉及不同时点成本和收益之间权衡的决策，与规范的贴现模型相比，它从心理学、行为决策研究和行为经济学的角度考察人们实际所做决策的行为规律。这些文献与公共政策问题有关，个体似乎在很大程度上低估了未来的结果，因而与退休储蓄决策的研究密切相关。

在研究跨期偏好时，研究者通常会衡量个体对未来延迟结果的贴现率。例如，研究者要求实验室和现场实验的参与者在当前的较小奖赏和未来的较大奖赏之间做出选择，并且在设置奖励金额时，使他们认为在当前与未来奖赏之间没有差异。如果某人认为今天的100美元和一年后的110美元没有差别，则对于这个人来说，一年后100美元的价值因一年的延迟仅被打折了10%。但是，如果另一个人认为今天的100美元和一年后的1 000美元无差别，则这个人将同样的100美元的延迟打折了900%。测度的贴现率越高，人们对未来结果的折扣就越大（比如，退休储蓄带来的好处）。因此，这种基本的延迟贴现的测量方法作为度量不耐烦程度和冲动性的标准之一，已被大量使用和验证（如Green et al.，1994）。

这一简单的时间贴现概念在两个方面与低储蓄率问题有关。第一，贴现率的个体差异可能反映了个体在退休储蓄倾向上的稳定差异。与现实的情况一致，许多延迟折现问题的研究报告显示，在观察到的折现率中，个体差异很大（如 Green et al.，1994；Kirby，1997；Kirby et al.，2002；Frederick，2005；Shamosh et al.，2008）。例如，在 Kim 和 Zauberman（2009）的一项研究中，一些参与者认为没有折现，而另一些参与者表示，同样的75美元延迟3个月的金钱奖励的折现率几乎达到了400%。虽然这些研究的折现率相对于退休储蓄（例如 20 年）的延迟时间来说是相对短期的，但这些决策具有显著的影响。高折扣率的个体为退休进行储蓄的可能性更小，因为他们可能从储蓄中获得的所有延迟收益会被大打折扣。也就是说，通过今天储蓄100美元而在将来能够花费超过100美元的吸引力远不如现在就花掉100美元。显然，从这个角度来看，这些个体的折现倾向需要随着时间的推移和跨领域的问题（如退休储蓄、健康饮食等）保持稳定，而这两方面是有争议的。尽管可能需要调整，但个体差异的方法在行为影响个体决策方面作用甚微。

第二，研究跨期可能会影响退休储蓄决策的前提是，这种决策对环境的变化具有高度敏感性，这是我们讨论的核心内容。例如，现已证明，折现率是变化的，它取决于获利还是亏损，金额是小还是大，以及所需做的是延迟使用现在的资金还是提前使用未来的资金（可参见 Frederick et al.，2002）。但可能与我们的讨论最相关的发现是，人们以不同的比率折现延迟结果的倾向取决于延迟发生的时间。有大量的经验证据表明，一般来说，延迟发生时间相对较快（例如，消费从今天延迟到明天）的结果比延迟相对较远时间（例如，消费从 100 天延迟到 101 天后）的结果有更大的折扣。也就是说，虽然同样的结果被延迟了相同的时间间隔（例如，一天），从今天延迟一天的结果比从第100天延迟一天表现出更高的贴现率，这种现象通常被称为"双曲贴现"，它与储蓄不足的问题有关，并解释了为什么人们计划在未来储蓄，但真正储蓄的时候却不这么做。尽管从今天的角度来看，储蓄一定比例的未来收入（或者放弃一定数量的未来享乐）似乎是合理的，但当这个时间靠近并且个体实际需要储蓄时，储蓄成本（或者放弃当前享乐）似乎比最初设想的要高得多，因为延迟即时消费比延迟未来消费有更大的折扣。

11.2　时间贴现的行为决定因素

为了能够从跨期选择研究中吸取经验，我们必须分离相关的行为机制，了解导致这些行为的基本过程可以为推进政策和干预措施提供更坚实的基础。为了识别心理过程，研究者开始关注情感和生理因素对决策短视的影响。例如，Loewenstein（1996）认为，当奖赏满足诸如饥饿、口渴等生理需求时，这些奖赏的贴现比其他奖赏更高。一旦这种状态被激活，与其他所有延迟消费相比，满足人们直接食欲反应（或渴望）的即时消费会被赋予不成比例的高权重，从而得到延迟消费的类双曲贴现（Loewenstein，1996）。类似地，在食品消费中，当他们缺乏认知能力或者奖励更加实物化时（例如，当面对实际存在的甜点与它的图片时，Fedorikhin，1999），参与者表现出更多的陋习（例如，巧克力蛋糕），而不是美德（例如，水果沙拉）。类似地，药物滥用者对成瘾物质和金钱的延迟显示出高贴现率（Kirby et al.，1999；Baker et al.，2003），这些结果都与延迟满足的"热/冷"系统（Metcalfe and Mischel，1999）一致。总的来说，这些结果都表明：当生理需求被激活时，人们往往会忽视延迟的未来结果。

尽管这些情感/生理过程与许多现实生活中的决策有关，例如吸烟、冲动消费或暴饮暴食，但它们可能不直接适用于需要更多计算的决策，比如退休储蓄或贷款。我们稍后阐述一个包含更多认知的"冷"的过程集，我们认为虽然这些过程受到的关注较少，但可以帮助个体决策。具体而言，我们提出两个不同的认知过程来解释短视的金融决策，一个以延迟结果本身的感知为中心（例如，对松弛或不同结果的心理表征的感知），另一个则以结果的时间距离感知为中心（例如，直到收到延迟结果的持续时间的感知）。

11.3 基于时间依赖的结果感知账户

接下来，我们关注的是在近期和远距离的未来，结果的感知和资源松弛如何影响观察到的贴现率。

11.3.1 资源松弛理论

Zauberman 和 Lynch（2005）提出了感知的"资源松弛"概念，来解释为什么不同的资源会以不同的费率贴现。他们将资源松弛定义为"可用于完成一项重点任务的特定资源的感知盈余"，并从时间和金钱两个角度检验了松弛理论。他们发现，平均而言，人们预计未来会有更多的时间，但这种乐观的预期对于金钱来说并不那么明显，因此，人们对时间投资的折现超过了金钱投资。重要的是，只有在人们预期时间（相对于金钱）延迟能够在未来带来更多增长时，才会表现出比金钱更多的时间折现。然而，当人们预期到相反的情况时，他们对未来的金钱折现超过了未来的时间。例如，当人们预计未来会加薪时，对金钱价值的感知会进一步打折，从而导致他们的储蓄减少。需要注意的是，这可能是完全理性的分析，只有当人们的预期没有偏差时才会如此，而实际却恰恰不是这样。

除了时间和金钱的不同贴现率之外，资源松弛理论还解释了时间与金钱的双曲贴现和微分双曲贴现。具体来说，如果个体预期的金钱数在时间 t 低于时间 $t+n$，相

比于遥远未来的 t，t 很近时的差别更大，由于松弛收益的差异，他们会以不同的速率折现延迟的金钱。当人们预计未来将加薪时，情况尤其如此。尽管他们计划把未来加薪的一部分作为储蓄，但随着加薪时间的临近，任何延迟的消费对他们来说都是痛苦的，因此，除非是具有约束力的预先承诺，否则他们不会履行，我们稍后将进一步讨论。

11.3.2　建构水平理论

建构水平理论（Trope and Liberman，2003；Liberman et al.，2007）为近期和远期事件的特征如何影响跨期偏好提供了不同的认知解释。建构水平理论认为，个体看待较远未来事件往往采用高水平建构的方式，而对较近未来事件的思考呈现低水平建构的方式。也就是说，对于近期事件，人们具体考虑事件的可行性和约束条件，但对于远期的未来事件，他们更多地从抽象思维的角度思考，并关注相同结果的可取性。例如，当被要求选择在短期内完成的任务时，参与者选择了不太有趣的任务（低可取性和高可行性的选项），但当被要求选择在遥远未来需要完成的任务时，参与者选择更有趣但更困难的任务（高可取性和低可行性的选项）。

建构水平理论为人们为什么会进行双曲贴现提供了一个认知理由。人们通过今天的储蓄获得未来的享乐是高水平建构，但是，人们需要通过储蓄放弃享乐以及享乐本身的持续时间是低水平建构。因此，在决定是现在消费，还是储蓄和延迟消费时，延迟的折扣会更大，导致个人寻求即时享乐而不是储蓄。然而，在考虑到未来的储蓄时，快乐的数量比延迟的痛苦更多，因此，个人愿意将来储蓄他/她的收入。作为对双曲贴现这一解释的直接检验，根据建构水平理论，Malkoc 和 Zauberman（2006）控制了参与者的建构水平，使得延迟消费的抽象思考变得更加具体，削弱了双曲贴现的程度，支持了建构水平在短视决策中的作用。

11.3.3　对储蓄的影响

由于双曲贴现或不一致，贴现者在计划未来储蓄和那一天临近之间经历跨期冲突，并且实际上必须遵循他们的决定。当个人计划储蓄时，储蓄的延迟收益（与不花钱的机会成本相比）打折相对较少，因此未来的储蓄看起来很有吸引力。但是当未来变成现在，人们必须决定现在储蓄时，储蓄的成本（或者放弃消费的痛苦）似乎比从远期看的要大得多。出于这个原因，许多行为经济学家建议将预先承诺作为对当前和未来自我之间冲突的补救措施。也就是说，如果让人们在当前就预先承诺会做某事，他们便不会选择即时消费，即使这一事件在此刻是一种成本，并不可取。

行为决策研究的几个发现说明了这种预先承诺的设置在提高储蓄率方面的有效性。建构水平理论认为，当人们在当前做出储蓄决定时，短期成本和约束显得很大，但当他们被赋予一种选择，预先承诺将他们未来的加薪作为退休储蓄时，因为其是在未来发生的，储蓄的收益将大于其成本。资源松弛理论的观点也预示着这种预先承诺策略的成功，人们通常希望他们的支出总是恰好匹配或低于他们的财务资源，如果他们现在的现金约束太多，很可能在未来也会受到现金约束（因为他们调整了自己的收入水平）。但是，人们觉得在获得加薪后自己会有更多的财务松弛，则愿意预先承诺未来储蓄。资源松弛理论进一步预测，一个预先承诺计划的参与者将坚持该计划，而不是退出。当一个人在实现加薪的前几个月进行预先承诺，选择退出的成本似乎非常小，但是当时间到来的时候，转换成本会变得更有约束力（Zauberman，2003；Zauberman and Lynch，2005）。也就是说，当他们的加薪到来时，人们可能希望退出，但他们会拖延这样做，因为他们必须寻找时机。

与这些预测一致，Thaler和BealZii（2004）"储蓄更多的明天"的计划是预先承诺策略的现实应用，取得了巨大的成功。在这个计划中，员工可以选择预先承诺将未来的加薪中的一部分作为退休储蓄，该计划使得员工的年退休储蓄率在40个月内从3.5%大幅增加至近14%（并且他们很少选择退出）。

11.4 基于时间距离的感知账户

如前所述，大多数跨期决策研究和相关模型都集中于不同时点结果感知的变化，他们倾向于通过关注为什么个体以不同比率折现未来事件的价值来解释双曲贴现。最近，研究人员提出了另一种观点，指出将价值感知的影响与时间贴现的延迟感知的影响分离开来的重要性（如 Read，2001；Ebert and Prelec，2007；Killeen，2009；Kim and Zauberman，2009；Zauberman et al.，2009）。当两个过程分离时，双曲贴现可以简单地解释为，降低对较长时间距离的敏感性，而不对未来结果本身的贴现做出任何假设。也就是说，如果近距离的延迟似乎比远距离的未来延迟史长，则近距离的延迟结果将比远距离的延迟结果有更高的贴现率，从而产生双曲贴现。为了更具体地说明这一点，Zauberman 等人（2009）提出了以下情景：假设一个人认为今天的100美元、1年后的1 000美元和3年后的2 000美元价值无差异。如果他/她的时间感知是无偏差的（他们感知3年的时间距离是1年的时间距离的3倍），则意味着这个人的1年的复合贴现率为230%，3年的复合贴现率为100%，这表明当前的偏好是有偏差的，这是最常见的双曲贴现的证据（Thaler，1981）。现在，假设上述的消费者对主观的时间感知有偏差，比如他/她感知3年的时间仅仅是1年的1.3倍（而不是3倍的时间）。在计算贴现率之前，保持贴现率恒定，并将时间从3调整到1.3，得到了1年和3年时间距离的贴现率均为230%。换句话说，相同的偏好集（今天的100美元=1年后的1 000美元 = 3年后的2 000美元）可以根据主观时间使用恒定的贴现率或者按客观时间使用递减的贴现率来准确地建模。

通过度量参与者对各种预期时间距离的感知，对上述假设的实证研究表明（Kim and Zauberman，2009；Zauberman et al.，2009），非线性函数比线性函数更适合参与者的主观时间估计，证实了时间敏感性的下降。此外，他们发现，在不考虑参与者的主观时间估计时，所计算的年复合贴现率随着时间的推移而下降（双曲贴现），这在过去的研究中是比较常见的。但是，当主观时间估计被纳入考虑范围时，在大多数时间里贴现率不再下降（贴现率与指数贴现一致）。这些结果表明，即使个体在事件感知上具有恒定（指数）的贴现率，但对时间敏感性降低的个体可能表现为贴现率下降。

这种基于时间感知的贴现账户对退休储蓄不足有着重要的影响。即使人们有意为退休储蓄，如果他们主观感知退休离现在很遥远，那么他们就不太可能从今天开始为退休储蓄。因此，任何可以纠正他们主观时间感知的补救措施都将使他们增加储蓄。在下面的章节中，我们将讨论缓解退休储蓄不足的各种方法。

改变退休的时间感知

如果时间贴现可以由人们如何感知时间来驱动，那么旨在改变未来时间主观感知的干预措施可以用作提高储蓄率的策略。为了说明时间感知的情境依赖性，我们给出不同因素并讨论它们的影响。

最近的一项相关研究表明，利用时间和空间的相互依赖可以影响金钱奖励的贴现。具体而言，Kim 等人（2010）调查了与知名退休城市的空间距离是否影响参与者对自己退休前的时间的主观感知，他们向参与者展示了一张显示在 7 个城市退休的美国地图，要求参与者记住每个城市的位置，并要求大约一半的参与者想象他们将住在费城，直到他们退休，然后搬到加德纳维尔牧场（长距离条件），而另一半则想象在退休后搬到加里（短距离条件）。将参与者对他们退休的主观时间估计进行度量后，那些想要搬到加德纳维尔牧场的人主观感知的到退休的持续时间比那些要搬到加里的人更长。这些发现指出了决策情境的重要作用，它能够影响未来时间的主观感知。

关于如何通过改变时间感知来改变决策的研究现在才刚刚开始，我们只能推测它与真实货币决策的相关性。然而，潜在影响是耐人寻味的。正如先前的空间控制所提到的那样，信息的微妙变化可能会改变未来事件（退休）的时间距离的长短，从而改变储蓄倾向。一个可能的拓展是利用对时间流逝的时间感知研究，表明控制时间"标签"能够改变给定持续时间的长短（Zauberman et al., 2010）。在这项研究的基础上，我们预计当人们从现在到退休考虑许多"标签"时，他们会把它想得更远，而不是只考虑退休前的时间。

11.5 结论

本章对跨期选择问题的研究以及对退休储蓄的可能影响进行了选择性回顾。我们关注两种认知机制来解释未来贴现的原因：（a）由于心理表征的变化和感知的松弛而导致延迟结果感知的变化；（b）时间距离对延迟结果感知的改变。

关于延迟结果感知的变化，我们回顾了贴现认知基础的两个理论：资源松弛理论和时间建构理论。对于试图增加退休储蓄的人和政策制定者而言，这两个理论主要意义在于能够控制人们的时间感知。如果一项行动涉及成本和收益的某种混合，建构水平理论表明成本在近期会比在远距离的未来更大。在近期，成本可能超过收益，但从更长的时间距离来看，成本似乎会逐渐消失，而收益仍然存在。为了得到一种长期可取的行为模式，必须引导人们预先承诺在远距离的未来的某个时刻做出决策。如果储蓄不足的问题来自于对未来成本的低估，那么政策措施就是相反的：引导人们对未来做出决策，就好像这些事件会立即生效一样。从资源松弛理论的角度来看，人们设想未来的资金松弛比他们实际赚的更多，因此他们错误地预测将来他们能够储蓄多少收入。

关于时间贴现的另一个观点侧重于对延迟结果的时间距离感知的变化。根据这一观点，导致人们感知到退休的因素还很遥远，不太可能在今天储蓄，因为储蓄的延迟收益会按照他们感知延迟的时间长短进行贴现。在近期研究证明的众多影响因素中，我们仅回顾一二，可能还有其他因素会影响个体感知退休时间的长短，这些因素都可用来提高各种教育和商业环境下的储蓄率。

总之，我们得出结论：更好地理解人们如何感知延迟事件和事件的时间距离对解决退休储蓄不足的问题是至关重要的，密切关注这一重要行为领域的研究将有益于未来的干预措施和公共政策制定。

参考文献

Ariely, D. and G. Loewenstein (2006). 'The Heat of The Moment: The Effect of Sexual Arousal on Sexual Decision Making,' *Journal of Behavioral Decision Making*, 19:87–98.

Baker, F., M.W. Johnson, and W.K. Bickel (2003). 'Delay Discounting in Current and Never-Before Cigarette Smokers: Similarities and Differences across Commodity, Sign, and Magnitude,' *Journal of Abnormal Psychology*, 112:382–92.

Ebert, J. and D. Prelec (2007). 'The Fragility of Time: Time-Insensitivity and Valuation of the Near and Far Future,' *Management Science*, 53:1423–38.

Frederick, S. (2005). 'Cognitive Reflection and Decision Making,' *Journal of Economic Perspectives*, 19:25–42.

——G. Loewenstein, and T. O'Donoghue (2002). 'Time Discounting and Time Preference: A Critical Review,' *Journal of Economic Literature*, 40:351–401.

Green, L., A.F. Fry, and J. Myerson (1994). 'Discounting of Delayed Rewards: A Life-Span Comparison,' *Psychological Science*, 5:33–6.

Killeen, P.R. (2009). 'An Additive-Utility Model of Delay Discounting,' *Psychological Review*, 116:602–19.

Kim, B.K. and G. Zauberman (2009). 'Perception of Anticipatory Time in Temporal Discounting,' *Journal of Neuroscience, Psychology, and Economics*, 2:91–101.

—— —— (2010). 'Can Victoria's Secret Change the Future? Sexually-Arousing Images, Anticipatory Time Perception, and Impatience,' Working Paper. Philadelphia, PA: University of Pennsylvania.

—— —— J. Bettman (2010). 'Feel More Distant to Your Retirement When You Retire to a Distant City? Space-Time Interdependence, Time Perception, and Impatience,' Working Paper. Philadelphia, PA: University of Pennsylvania.

Kirby, K.N. (1997). 'Bidding on the Future: Evidence Against Normative Discounting of Delayed Rewards,' *Journal of Experimental Psychology: General*, 126:54–70.

——N.M. Petry, and W.K. Bickel (1999). 'Heroin Addicts have Higher Discount Rates for Delayed Rewards than Non-Drug-Using Controls,' *Journal of Experimental Psychology*, 128:78–87.

——R. Godoy, V. Reyes-Garcia, E. Byron, L. Apaza, W. Leonard, E. Perez, V. Valdez, D. Wilkie (2002). 'Correlated of Delay-Discount Rates: Evidence from Tsimane' Amerindians of the Bolivian Rain Forest,' *Journal of Economic Psychology*, 23(3):291–316.

Liberman, N., Y. Trope, and E. Stephan (2007). 'Psychological Distance,' in E.T. Higgins and A.W. Kruglanski, eds, *Social Psychology, Second Edition: Handbook of Basic Principles*. New York, NY: Guilford Press, pp. 353–84.

Loewenstein, G.F. (1996). 'Out of Control: Visceral Influences on Behavior,' *Organizational Behavior and Human Decision Processes*, 65:272–92.

Lynch, J.G. and G. Zauberman (2006). 'When Do You Want It? Time, Decisions, and Public Policy,' *Journal of Public Policy and Marketing*, 25:67–78.

Malkoc, S.A. and G. Zauberman (2006). 'Deferring Versus Expediting Consumption: The Effect of Outcome Concreteness on Sensitivity to Time Horizon,' *Journal of Marketing Research*, 43:618–27.

Metcalfe, J. and W. Mischel (1999). 'A Hot/Cool-System Analysis of Delay of Gratification: Dynamics of Willpower,' *Psychological Review*, 106:3–19.

Shiv, B. and A. Fedorikhin (1999). 'Heart and Mind in Conflict: The Interplay of Affect and Cognition in Consumer Decision Making,' *Journal of Consumer Research*, 26:278–92.

Read, D. (2001). 'Is Time-discounting Hyperbolic or Subadditive?' *Journal of Risk and Uncertainty*,

23:5-32.

Shamosh, N.A., C.G.Deyoung, A.E.Green, D.L.Reis, M.R.Johnson, A.R.Conway, R.W.Engle, T.S.Braver, and J.R.Gray (2008). 'Individual Differences in Delay Discounting,' *Psychological Science*, 19:904-11.

Thaler, R.H. (1981). 'Some Empirical Evidence on Dynamic Inconsistency,' *Economic Letters*, 8: 201-7.

——S.Benartzi (2004). 'Save More Tomorrow: Using Behavioral Economics to Increase Employee Saving,' *Journal of Political Economy*, 112:164-87.

Trope, Y. and N.Liberman (2003). 'Temporal Construal,' *Psychological Review*, 110:403-21.

Van den Bergh, B., S.Dewitte, and L.Warlop (2008). 'Bikinis Instigate Generalized Impatience in Intertemporal Choice,' *Journal of Consumer Research*, 35:85-97.

Wilson, M. and M.Daly (2003). 'Do Pretty Women Inspire Men to Discount the Future?' *Proceedings of the Royal Society of London*, Series B: Biological Sciences, 271:177-9.

Zauberman, G. (2003). 'The Intertemporal Dynamics of Consumer Lock-In,' *Journal of Consumer Research*, 30:405-19.

——J.G.Lynch (2005). 'Resource Slack and Propensity to Discount Delayed Investments of Time versus Money,' *Journal of Experiment Psychology: General*, 134:23-37.

——B.K.Kim, S.Malkoc, and J.R.Bettman (2009). 'Time Discounting and Discounting Time,' *Journal of Marketing Research*, 47:543-56.

——J.Levav, K.Diehl, and R.Bhargave (2010). '1995 Feels So Close Yet So Far: The Effect of Event Markets on Subjective Feelings of Elapsed Time,' *Psychological Science*, 21:133-9.

第12章　制造储蓄赢家：与奖金挂钩的储蓄产品概述

Melissa S.Kearney，*Peter Tufano*，*Jonathan Guryan*，*and Erik Hurst*

　　旨在提高家庭储蓄率的政策措施通常集中在诸如强制储蓄、改变储蓄决策的选择结构、提供财务激励或在社交网络中嵌入储蓄等方面。[①]本章中，我们将回顾一种替代的政策选择：与奖金挂钩的储蓄（prize-linked Saving，PLS）账户。该机制为一个标准的储蓄账户增加了一个类似彩票的功能，创造了一种可能对人群中低储蓄者极具吸引力的资产结构。虽然在美国该账户尚属新事物，但这类账户在其他国家已经十分盛行。此外，与使用财务激励来鼓励储蓄行为的账户或政策相比，此类账户可能是一种更有效的促进储蓄的方式。在美国广泛推广和提供 PLS 账户的主要障碍在于这类产品的合法性，稍后将对此进行讨论。

　　PLS账户不同于标准储蓄账户。除了提供固定的利息回报，PLS账户还提供随机的回报，存款人能够定期获得赢取一定金额（可能较大）的机会，金额是存款数量的函数。从这个意义上说，这一机会类似于彩票。与传统彩票不同的是，在存款到期或者有需要时，本金会返还给投资者。储蓄回报的随机部分可以采取实物支付的形式——就像拉丁美洲的商业银行所提供的那样；或者以现金奖励的形式给予账户持有人，成为储蓄的一部分，就像英国溢价债券一样。

　　PLS账户有两个特点，可能会吸引潜在储户。首先，该类账户提供了一种不对等的回报分布。许多潜在投资者都渴望有一个正的风险敞口（一个发财的机会）。其次，就该类账户提供的类似彩票的组成部分而言，PLS账户可能提供了娱乐的元素。

　　我们提出三个间接证据来表明PLS产品将在美国低收入和中等收入家庭中受到欢迎。首先，许多低收入和中等收入的美国家庭间接参与地区赌博的现象表明，拥有小概率获得高回报的储蓄运作模式将是极具吸引力的资产，尤其是对于中低收入的投资者而言。其次，PLS资产在其他几个国家很受欢迎，并且已经流行了三个多世纪。最后，近期在美国进行的两次 PLS 实验表明，初步来看，消费者接受度较好。但在解释 PLS产品受欢迎的证据时需要注意：迄今为止，没有任何证据表明这些产品是否真的

---

①　参见 Tufano 和 Schneider（2008）关于美国旨在促进中低储蓄者进行储蓄的现有政策的概述。

增加了家庭总储蓄。这仍是未来应研究的重要问题。[①]

12.1　PLS账户的吸引力

现在，学者和政策制定者已经达成共识，包括IRA和401（K）类账户在内的传统的增加储蓄的方式，通常无法有效地使财富分配占比较低的阶级增加个人储蓄。最近推行的储户信贷和个人发展账户等措施，使用配套资金作为储蓄额外的吸引力，这一举措有望成功，但是需要大量的政府财政支持（Tufano and Schneider，2008）。

PLS产品在推广中非常重视潜在储户所具有的重视"暴富"机会的特点。由此我们推测美国的储蓄产品尚未满足全部需求，这些产品提供了改变当前财富状况的（遥远的）愿景，但并不一定能增加财富。如果这种推测是正确的，那么这类非标准的投资工具以赢得大奖为形式提供财富收益，而不是有保证的适度回报，将更有效地激励个人将收入存入投资账户，而不选择缴费与收益相匹配的投资计划。此外，PLS账户具有彩票性质的组成部分可能比有机会赢得大奖更具吸引力。对于那些认为买彩票很有趣的人而言，具有彩票性质的组成部分的储蓄账户可能比拥有稳定回报的标准储蓄账户更有吸引力。

12.1.1　PLS账户对美国家庭的潜在吸引力

PLS政策背后一个基本的问题便是，现已观察到的不确定收益偏好是否可以用来鼓励储蓄行为。我们给予两组观察进行推测。美国彩票赌博的经验表明，人们对于低概率、高奖金的赌博产品具有普遍的需求，特别是低收入的个人和家庭。2008年，在42个州和哥伦比亚特区推行地方彩票，达到约600亿美元的销售额，每个家庭花费超过540美元（NASPL，2010）。同年，每个美国家庭的所有乳制品花费为430美元，酒精饮品花费为444美元（BLS，2010）。可见，相比于牛奶或啤酒，我们会购买更多的彩票。

美国低收入和中等收入家庭也喜欢彩票赌博。1998年全国民意调查委员会（NORC）对赌博行为的调查，是最近一次全国代表性的美国赌博行为调查，该调查揭示了三个现实情况，第一，彩票赌博与种族、性别、收入和受教育程度有关。第二，就种族而言，黑人受访者花费在彩票上的支出是白人和西班牙裔受访者的近两倍，而高中辍学的黑人男性参与率和支出额最高。第三，最低、中等和最高收入群体以美元计算的平均每年彩票支出大致相同。这意味着平均而言，低收入家庭在彩票上支出的比例高于其他美国家庭。[②]

---

① 这个研究团队尝试了多个项目,旨在调查与奖金挂钩的储蓄产品是否能带来新的储蓄,并提供储蓄信息,而不是通过其他途径转移资产。

② 根据NORC数据设定的2005年家庭收入少于30 400美元的标准,占1/3的收入最低群体平均每年彩票支出为164美元。通过将这些数字与1992年、1995年、1998年和2001年消费者财务状况调查（SCF）进行比较,我们可以粗略对比彩票赌博和低收入者的储蓄情况。在SCF调查中低于高中学历的群体储蓄和支票账户的平均资产总额为200美元(按2005年的美元计算);类似于流动资产的中位数。SCF的数据表明,这一数值与流动资产的中位数、储蓄中位数和支票资产金额相当,在该收入组内,这些金额均为200美元。

很多研究针对消费者对赌博的需求进行了可能的解释。国家彩票赌博的情况特别有趣，因为它的预期收益为负。平均来看，国家彩票在一美元上的收益为52美分（La Fleur and La Fleur，2001）。负收益如此之大，但为什么超过一半的美国成年人仍参与彩票赌博？关于此问题有很多可能成立的解释。许多流于表面的研究人员将彩票赌博和部分彩票赌徒的误解和困惑联系在一起。然而，购买彩票的选择不一定是错误的。传统经济学中的消费者选择理论认为，由于大多数州将这笔钱用于教育或其他公共产品，如果这类消费者从赌博或以这种方式向慈善机构捐款中获得了足够的娱乐效用，那么在风险厌恶的消费者中就存在这种赌博。行为经济学家也给出了一个可能的解释，即购买彩票的赌徒可能高估了与获利有关的小概率。

另外一种与本章相关的对彩票发售的解释是，国家彩票为一些财富较少的潜在投资者提供了一种很好的资产，这种资产给他们提供了赢得巨款、改变生活的机会。对于那些资产较少，或者在参与传统金融市场时遇到其他障碍（无论是现实的还是心理上的）的人而言，一张彩票可能会填补"市场缺失"的空白。如果一个中低收入者希望为大笔支出赢得一笔钱——比如购买一辆汽车或支付房屋首付款，这可能是他/她直接实现该远期目标的唯一途径。

PLS产品的推出可能能够替代彩票，它可以为投资者提供更高的收益（当然也是更低的负收益。调查数据证实了一些彩票购买者的这种准投资框架。美国消费者协会和理财规划协会2006年以1 000多名美国成年人为代表性样本进行调查，调查发现"21%的人和38%的收入低于25 000美元的人认为彩票中奖是他们积累数十万美元财富的最实用的方式"（CFA，2006）。

PLS产品的潜在吸引力必须在了解其替代品的背景下进行理解。要求流动性和无本金损失以备不时之需的储户通常局限于选择某种低收益的活期存款。虽然理论显示复利的作用可能会为储蓄提供动力，但对于一个应急储蓄者而言，他的不确定境况可能持续几年或者几个月，复利并不足以成为储蓄的理由。具体来说，2010年3月，美国货币市场账户（对提款有限制）的年平均利率为0.82%（Bankrate.com，2010）。对于余额为1 500美元的紧急储户而言，在支付所得税前每月获得的利息为1.05美元。这笔金额少于大多数彩票的获利，这就为小型储户提供了微弱的动机将钱存入银行。PLS账户的运作模式可以让人们在保持流动性和主要确定性收益的同时，舍弃小笔利息，同时为人们提供赢取大量资金或耐用品的机会。

此外，在一系列实验研究中，Volpp等人（2008a，2008b）已经表明，在一些特定的情况下，比起固定比例的奖励，受试者对随机奖励所表达的意愿更为强烈。他们研究的随机奖励类似于PLS账户中具有彩票性质的那部分。在一个实验中，试图减肥的受试者如果每月的体重达到了他们减肥的目标体重，他们便可以参加博彩。那些处于彩票奖励情况下的人比没有奖励的受试者每月减掉了更多的体重，而且他们比那些没有目标激励的受试者略重（尽管后者的差异在统计上并不显著）。

12.1.2 PLS账户对美国发行人的潜在吸引力

如果产品能够吸引买卖双方，那么它就能上市。PLS的产品结构能吸引发行人的原因有很多。在此我们主要强调PLS账户便于设计、运作和上市的四个原因：

1.便于市场营销：与索引链接结构不同，PLS的产品结构并不要求买方了解金融市场，也不要求卖方向买方提供相应的金融市场教育，而且彩票的概念易于理解。

2.易于生产：提供PLS产品的金融机构可以将PLS产品的收益投资于较简单的投资品，不必采取复杂的投资策略。

3.透明性高：卖方可以随时间推移调整赔率来设置和维持浮动的奖金，因为相应的投资回报或资产池的规模都在随时变化。

4.便于提供流动资金：与奖金挂钩的金融产品供应者只需拒绝那些有资格赢取奖金的人，就可以便捷地获得流动资金。

鉴于该账户对潜在储户和发行人的吸引力，不妨思考一下，为什么没有普及PLS账户。其中的一个问题是，尽管人们可能会认为所有金融机构都愿意从所有储户手中汇集资金，但事实并非如此。例如，共同基金最低投资金额使得许多资产少于2 500美元的人无法开设基金账户（Schneider and Tufano，2007）。此外，如后所述，目前PLS账户在美国面对着巨大的法律和监管限制。在没有这些限制的地方，PLS账户十分普遍且备受欢迎。

12.2 国际上关于PLS账户吸引力的证据

在本节中，我们将简要地回顾历史事实和PLS账户国际上广泛的使用情况，并介绍英国和南非的两个PLS现代版本的相关数据。

12.2.1 简短的历史

自从英国设立"百万冒险"（债券）以来，PLS计划便存在了（Murphy，2005）。其最初设立是为了支付9年战争（1689—1697）的债务，百万冒险债券共发售10万张，每张售价10英镑。[①]小部分人将在接下来的16年里每年领取10英镑到1 000英镑不等的奖金。百万冒险债券也是一种储蓄计划，因为它每年向债券持有者偿付1英镑，直至1710年，或者按6.15%给付年收益。由于大多数公民仍没有能力购买一张百万冒险债券，债券也通过大财团提供给那些收入微薄的人。被称为是"将您带到陛下身边的马夫"的托马斯·尼尔负责监督该计划，他评价说百万冒险债券的成功之处在于它甚至吸引了小投资者，"许多人只有少量资金，还不能参与公开的市场，但现在他们可以参与该基金"（Murphy，2005：231）。据报道，百万冒险债券吸引了成千上万的投资者（当时英国人口大约在500万～600万之间），成为史无前例的大规模金

---

① O'Donoghue等人（2004）报告了1750—2003年连续的通货膨胀水平。在这段时期（并假设在1750年之前没有通货膨胀），票面价值的成本将在2003年超过1 400英镑。

融储蓄工具。

自1694年来，世界上许多国家都出现了类似的将赌博和储蓄相结合的（投资）计划。Levy-Ullman于1869年撰文对PLS项目进行了研究。他发现，彩票债券形式的PLS存在于欧洲的大部分金融市场之中，包括德国、奥地利、西班牙、希腊、意大利、瑞典和瑞士等国家（Levy-Ullman，1896）。现在一些国家仍沿用彩票债券，如瑞典。[①]

12.2.2 当前的例子

表12-1列出了世界各地商业银行和政府所提供的PLS产品的例子。[②]Guillen和Tschoegl（2002）调查了许多国际产品的发展历史和制度细节。正如他们的报告所述，商业银行自20世纪90年代以来一直在拉美地区提供与奖金挂钩的账户。拉丁美洲的一家私人银行Banco Bilboa Vizcaya在墨西哥（1996）、哥伦比亚（1997）、委内瑞拉（1997）、阿根廷（1997）推出了带有彩票性质的产品。自1990年，西班牙私人银行也已经提供带有定期彩票奖金的账户。私人金融机构也在德国、印度尼西亚和日本销售PLS产品。自1952年，德国的储蓄银行推出了一种账户，存款人可以将新获得的收入作为储蓄存入银行（给付传统的收益），也可以购买地区储蓄银行协会的彩票。1986年，印度尼西亚有一家专门向穷人提供小额信贷的金融机构，该机构引进了一种每月给付0～1.25%随机利率收益的账户（Morduch，1999）。1994年，未经财政部允许，日本的Jonan Shinkin银行推出了与奖金挂钩的一年期定期存款。这些账户在几天内为银行吸引了价值为3.05亿美元的存款，也使另外13家银行立即提供类似产品（Guillen and Tschoegl，2002）。

许多政府也推行了某种形式的PLS产品。Guillen和Tschoegl（2002）指出，自1918年起，瑞典政府提供了一种具有彩票性质的债券，支付票面利息；近几年来，这类债券约占瑞典政府债务的8%。除欧洲外，肯尼亚和巴基斯坦政府也提供了这类产品。下文中，我们将讨论英国的一项长期政府计划。

12.2.3 英国的溢价债券

1956年4月，英国首相哈罗德·麦克米伦宣布发行溢价储蓄债券，以此来鼓励第二次世界大战之后的储蓄。尽管下议院和宗教团体对此提出批评，但该债券仍在1956年11月1日在特拉法尔加广场开始发售，与"刺激储蓄"一样，麦克米伦认为"溢价债券会吸引那些没有被利息回报所吸引，但对财富激励感兴趣的人"（NSAI，2006：1，4）。消费者的反应印证了他的观点，发售第一天购买量就达到500万英镑（2005年达到近8 400万英镑）。1956年，最高的奖金为1 000英镑，在2005年这笔钱

---

① 关于该计划的经济分析，参见Green和Rydqvist（1997）。

② 该表取自Cole等人（2007）的文章，是通过文献评述、网络和与同业者交流收集而来。因为其中的一些项目并未得到广泛宣传，所以该表可能并不完整。

表 12-1

与奖金挂钩的储蓄产品

国家	起始年份	名称及模式	发售机构	总余额 US$	最高奖 (US$)	其他奖	抽奖频率
巴西	2003	HiperFundo account	巴西布拉德斯科银行	14亿雷亚尔（4 840万美元）	车	电器、DVDs、旅行、金条	每日 [b]
阿拉伯联合酋长国	1995	Mashreq Millionaire certificates	马士礼格银行	不详	1 000万迪拉姆（272 000）[a]	公寓	每月、特定抽奖日
爱尔兰	1956	Prize Bonds	中将债券有限公司（爱尔兰邮政和FEXCO的合资企业）	5.615亿爱尔兰镑（7.01亿美元）	每月15万欧元（18.7万美元）[a]	每周一份2万欧元奖金；5份1 000欧元奖金；10份250欧元奖金	每周/每月 [b]
英国	1956	Premium Savings Bonds	英国国民储蓄和投资公司	265亿英镑（470亿美元）	两份100万英镑（179万美元）[a]	50~100 000 000英镑奖金	每月 [b]
瑞典	1918	Swedish Lottery Bonds	瑞典国债管理局	409亿瑞典克朗（57亿美元）	100万瑞典克朗（13万美元）[a]	50瑞典克朗奖金	每年
巴基斯坦	1972	Prize Bonds	巴基斯坦国家银行、国民储蓄机构	1 700亿巴基斯坦卢比（28亿美元）	5亿巴基斯坦卢比（833 333美元）	1 000~20 000 000巴基斯坦卢比奖金	每双月 [b]
巴基斯坦	1998 [c]	Crorepati (multi-millionaire) maala-maal account CarAma [d] account ZarAma [d] account	哈比卜银行、穆斯林商业银行、投资银行（Bankers Equity）、美国银行	470亿巴基斯坦卢比（banks combined）（7.8亿美元）	1亿巴基斯坦卢比（19万美元）	现金、摩托车、电视、电脑和电子小配件	不详
德国	1952	Gewinnsparen account	Gewinnsparverein e. V.（和地方分支机构）	600万欧元（接近）（750万美元）	10万欧元（12.5万美元）	车和4~10 000欧元奖金	每月 [b]
土耳其	1950 [d]	Lottery-linked accounts	迪美亚银行（现在是汇丰银行）	不详	现金奖	黄金、公寓和家居用品	不详
肯尼亚	1978	Premium Bon [d]	肯尼亚邮政储蓄银行	56万美元（1998）（接近）	不详	不详	每月 [b]

续表

国家	起始年份	名称及模式	发售机构	总余额 (US$)	最高奖 (US$)	其他奖	抽奖频率
印度尼西亚	2002	BritAma account	印度尼西亚 Rakyat 银行	14.46万亿卢比 ($1.526亿美元)	100亿卢比 (10 900美元)	5份 2.5亿卢比奖金;10份1亿卢比奖金;500份1 000万卢比奖金	每半年 [b]
西班牙	1996	"el libreto'n" account	Banco Bilbao Vizcaya Argentaria (BBVA)	不详	100辆车	车、旅行、百科全书和现金	不详
墨西哥	1996	"el libreto'n" account	BBVA 银行	1.78亿美元 (1998)	车 (每日)	1.9万份DVDs	每日和每月
阿根廷	1997	"el libreto'n" account	法国BBVA银行	2.33亿美元 (1998)	车	30份1000美元奖金	每周
阿根廷	1997	Prize-linked savings	Santander Rio	不详	22万美元 (每月)	2万美元 (每天)	每日和每月
丹麦	1972	Lottery bonds	丹麦国家银行	2亿丹麦克朗 (接近) (3400万美元)	不详	不详	每半年 [b]
阿曼	1992	Mandoos Savings Account	阿曼国际银行	5.7亿里亚尔 (接近28亿美元)	13.5万里亚尔 (5.4万美元)	20份 2万里亚尔奖金和每月赛德斯车	每月,特定抽奖日 [b]
新西兰	1970	奖金债券 (Bonus Bonds)	至1990年,为澳新银行集团储蓄银行(财政部及邮政部门)	不详	1 000万美元 (65万美元) [a]	10万美元/5万美元/5 000美元/500美元/100美元/50美元/20美元	每月 [b]
斯里兰卡	1997	Ridee Rekha certificates	国家储蓄银行	不详	200万卢比或者一辆车 (2万美元)	4000 份 1 000 卢比奖金;5 000份500卢比奖金	每季度
印度	1963	Premium Prize Bonds	印度储备银行	不详	不详	不详	每五年两次 [b]

注：[a] 与奖金挂钩的储蓄计划免税的国家：阿拉伯联合酋长国、爱尔兰、英国、瑞典、新西兰。
[b] 每个计划的最短持有期限有所不同：巴西(7天)，爱尔兰(3个月)，英国(无)，巴基斯坦(1个月)，德国(1个月)，肯尼亚(3个月)，印度尼西亚(1个月)，新西兰(1个月)，斯里兰卡(1年)，印度(5年)。
[c] 1960年，土耳其 Demirbank 与奖励储蓄计划停止。

注：Jan-Emmanuel de Neve 和 Emily Ekins 协助整理此表。

资料来源：作者根据 Cole 等人 (2007)，exibit 8计算得到；参见正文。

大约为16 729.30英镑（NSAI，2010a）。这些债券在英国流行文化中盛行不衰，正如一句旨在感谢电脑抽选获奖者的摇滚歌词中所写：“伟大的老厄尼阿克，他提供了溢价证券的10英镑盈利”（Collecting-Tull.com，2010）。

溢价债券项目由国家储蓄和投资管理局（NSAI）管理，这一机构是英国财政大臣的执行部门（NSAI，与美国财政部下属的公共债务部类似）。正如NSAI网站上所描述的那样，“我们不支付利息，债券收益来自每月的抽奖。当人们投资于溢价债券时，他们被随机分配一串数字，每投资1英镑可得到一个数字。最低购买金额为100英镑（如果按月购买，则最低购买金额为50英镑），债券号码为100个，因此有100个获得大奖的机会”（NSAI，2010b）。个人投资者可以持有30 000英镑的溢价债券。每月的抽奖包括一个获得100万英镑大奖的机会以及从25英镑到10万英镑不等的低等奖。值得注意的是，这种中奖奖金加上低等奖金的产品模式类似于美国各州彩票头奖游戏的模式。每个月的奖金等于所有有效债券当月的利息总额。2010年2月的年度奖励基金利率为1.50%。这一利率用来计算奖励基金的金额、头奖的数量、分配给每个奖项的奖金份额，并且获奖的概率是可变的。16岁以上的英国居民可以为自己或其子女、孙辈购买该债券。溢价债券的奖金免缴英国的所得税和资本利得税。

官方数据显示，全英国共有2 300万名债券持有者，他们持有总价值为260亿英镑的溢价债券。近几十年来，这类债券的受欢迎程度一直在飙升，投资额从1994年的40亿英镑增加至2008年的400亿英镑（NSAI，2010b）。Tufano（2008）研究了奖金率、最高奖金、每年股票收益以及其他一系列因素，构建了人均溢价债券销售额的综合预测指标。奖金率可以被视为与债券收益率类似，涵盖了各种奖金的数量及大小的相关信息。Tufano指出奖金率一般低于同等政府债券支付的利率（假设投资者知道这一点），这就表明，溢价债券投资者愿意放弃一些收益来购买这类与奖金挂钩的投资产品。研究中的多元回归分析发现，年度净销售额与所提供的最高奖金的金额、奖金利差（奖金率低于基准利率）以及年度股票收益正相关。这些相关关系的变化可能表明，溢价债券既具有投资价值（因为需求与奖金利差正相关），也能提供赌博消费的价值（需求量随着最高奖金金额增加而增加，以奖金率为条件）。[1]需求量与股票年收益正相关可能表明，这类账户不是股票等的替代品，或者购买它们的投资者不同。

英国家庭资源调查（FRS）提供了溢价债券投资者的信息：FRS 2004—2005年度报告列出了家庭拥有不同类型储蓄账户的百分比（DWPUK，2010）。在没有孩子的丁克家庭中（样本量为9 178），96%的家庭拥有某类账户，30%拥有溢价债券账户，

---

[1] Kearney(2005)对美国各州彩票产品需求的分析,估计了参与水平和每周的情况,通过与此进行对比,发现积极的预期收益同样驱动了彩票销售,预期收益反映了投资动机和相关评估,包括名义上的最高奖金、所选数字和参与者的年龄。

26%持有股票，5%的家庭持有国家储蓄债券。在孩子与两个成人组成的家庭中（样本量为5 714），97%的家庭持有某种类型的账户，19%拥有溢价债券账户，22%持有股票，1%拥有国家储蓄债券。在孩子与一个成人组成的家庭中（样本量为2 050），93%的家庭持有某种类型的账户，6%拥有溢价债券账户，5%持有股票，1%拥有国家储蓄债券。

2004—2005年度财报数据的相关表格显示了处于收入分配不同阶层的家庭持有溢价债券的情况。19%的家庭持有溢价债券。这一比例中，已婚家庭占27%，单身家庭占12%。表12-2报告了按收入五分位制表划分的账户持有情况，结果表明，随收入增加，持有溢价债券的可能性增加，这类似于更一般的投资类型。这些债券可能被视为"正常"商品。尽管如此，低收入家庭仍参与这一市场，其中处于最低收入1/5阶层的家庭中，有近9%持有溢价债券。位于次低收入1/5阶层的家庭中有13%持有该债券。如果我们仅考虑拥有某类账户的家庭，按照收入组划分的各类家庭的参与情况大致不变。

表12-2 收入五分位组中家庭持有英国溢价债券的比例（%）

收入五分位组	全部家庭			有某种类型账户的家庭		
	全部家庭	已婚	单身	全部家庭	已婚	单身
1	8.8	21.1	6.6	10.4	22.8	8.0
2	13.2	24.3	10.6	14.4	25.1	11.9
3	18.1	24.4	10.6	19.0	25.1	11.5
4	23.4	26.9	13.0	24.0	27.4	13.9
5	31.1	36.3	19.4	31.7	37.0	20.0
观测数量	33 182	16 005	17 177	30 992	15 464	15 528

注：持有某种类型账户的家庭被定义为那些至少拥有一种这类账户或投资的家庭。收入五分位组代表全部家庭收入的五分位划分。五分位是按全部家庭、已婚夫妇、单身成年人划分的。制表时根据英国人口数进行加权。

资料来源：作者根据DWPUK（2010）计算得到；参见正文。

我们可以通过将一组中拥有溢价债券的比例与该组中最受欢迎的账户拥有比例相对比，来了解溢价债券在不同收入组的相对吸引力。例如，在每周赚200~300英镑的家庭中，最受欢迎的储蓄产品是社保账户，有39%的家庭持有该账户。在同一收入组中，有18%的家庭持有溢价债券，所以持有普通类型账户的家庭持有溢价债券账户的比例为46%。图12-1显示了这种持有规模的情况。这表明，溢价债券在低收入家庭中的相对吸引力似乎最强，且对于高收入家庭的相对吸引力也有所增加。后者可能反映了该债券的奖金免税这一问题。

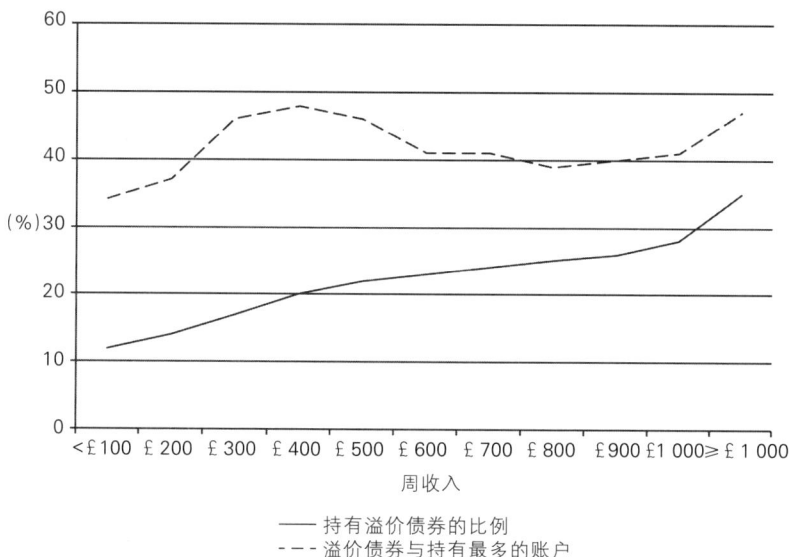

图 12-1　2005—2006 年英国溢价债券拥有量

注：本图展示了英国家庭持有溢价债券与每周收入之间的关系。它还表明这一比例是由该收入组存入资产最多的账户（不包括交易账户）按比例求出的。调查的样本为 28 029 个英国家庭。

资料来源：作者依据 2005—2006 年 DWPUK（2010）家庭资源调查的数据计算得到。

12.2.4　南非第一国民银行的"月入百万账户"

接下来我们回顾一下 PLS 项目的另一个范例：南非第一国民银行的"月入百万"账户（MaMA）。这与前面介绍的英国的项目形成了鲜明的对比，原因有两个：第一，MaMA 创建了一个私人运营 PLS 项目。第二，由于法律和监管方面的限制，MaMA 是短期的，而政府运行的英国溢价债券项目是长期的。[①]

第一国民银行（FNB）是南非市场上四大零售银行之一，于 2005 年推出了 MaMA。MaMA 项目是一个免费的储蓄账户，它会支付名义利率（0.25%），并且每投入100 兰特，储户将获得一次抽奖机会。[②]每月举行一次奖金抽奖活动，设置 114 个奖项，价值从 100 万兰特到 1 000 兰特不等。该产品由一个 32 天的通知存款账户构成，这个一般南非存款账户与美国的存款凭证类似，账户持有人在从账户中提取资金之前，必须提前 32 天告知银行。

南非金融服务部门的相关背景对于理解这一产品十分有用。大多数南非黑人（56%）没有银行账户，而没有银行账户的南非白人约占 7%。近 3/4（72%）的低收入南非黑人没有银行存款。2003 年银行和政府签署了金融部门章程，在该章程中，

---

①　本部分大多摘自 Cole 等人（2007）的文章。

②　兰特是南非货币。在撰写本文时，1 兰特的价值约为 0.14 美元。

银行承诺将努力把拥有银行账户的低收入南非人比例从28%提高至80%。银行扩大了分销渠道，设计了费用低的小额余额产品，并开展覆盖到无银行账户群体的市场营销活动。

FNB高管曾借鉴了英国溢价债券的经验教训，并调查访问了其他推行PLS项目的国家。虽然南非尚无PLS项目，但他们推断，基于南非博彩游戏和国家彩票广泛流行的现实情况，这样的项目在该国将取得成功：

2003年南非全国彩票的消费者认知度达到99%，72%的人经常参与彩票活动以期赢取二三千万兰特的大奖。2003年，参与者购买了37.72亿兰特的彩票，彩票当局将21.19亿兰特奖给3 100万名获奖者。参与彩票的人群分布相当均匀，受教育程度、种族、收入、性别的差异较小，尽管低收入者个人在彩票方面的花费低于高收入参与者，然而低收入者群体所花费的金额占总收入比例较高。在可支配月收入少于800兰特的人中，每月彩票支出平均为33.40兰特，约占可支配收入的8.5%。在每月可支配收入超过12 000兰特的人中，彩票支出高得多，为126兰特，但占收入的百分比却低得多，仅为0.8%（Cole et al.，2007：7）。

该项目的期限是2005年1月到2008年3月。在此期间，该银行使用平面广告、电视广告和分店促销来销售该产品。截至2008年3月，FNB已经开设了110多万个账户，吸收了14亿兰特的存款（FDIC，2009）。据高管报告，约有12%的账户属于KYC（know your customer）账户（充分了解的客户），这是一类免税账户，是无银行账户的标志。据估计，该银行这一账户的存款额占南非银行存款总额的7.1%，将1.1%的无银行账户群体吸收进银行体系。该项目的盛行也最后导致了它被叫停，因为南非彩票局起诉该项目属于非法彩票。虽然该项目不能继续运行，但银行从MaMA项目中获得了持续的收益。在该项目被政府叫停的时候，FNB提出将资金退还给储户，或者他们可以选择将资金转入更为传统的32天通知账户。但在该项目关闭的14个月后，该银行仍继续拥有53%的账户和83%的余额。

12.3 美国近期的PLS示范项目

在美国推行的PLS产品中，信用社一直处于领先地位。通过与非营利机构"梦之门"（D2D）基金以及其他合作伙伴合作，信用社推行了两个示范项目，旨在调查在低收入和中等收入人群中PLS账户的可行性和普及度。[①]

印第安纳州中央信贷合作社项目

2006年10月，在法林研究所和Affinity Plus联邦信用社的资助下，D2D协助总部位于印第安纳州的中央信贷合作社推出"超级储蓄"，这是一个基于奖金的储蓄产

---

① 本章的共同作者Peter Tufano是D2D基金的主席和联合创始人。D2D的使命是为低收入家庭创造、测试和开展创新性金融产品和服务，扩展金融服务的渠道，尤其是资产积累的机会。

品。为了符合相关法律规定（稍后评估），这款产品被设置为一种"无须购买"的抽奖活动。2009年1月，在D2D基金、法林研究所、金融服务创新中心和密歇根信用合作社联盟的协助下，8个信用社推出了名为"多存、多赢"的PLS产品。

作为该项目中心信用社示范项目的一部分，这类示范项目在试点前开展一项市场调查，以衡量消费者对PLS产品潜在的兴趣。2006年11月和12月，该调查在印第安纳州的克拉克斯维尔地区随机选择了547名沃尔玛客户进行调查。克拉克斯维尔位于印第安纳州克拉克县，人口达103 569人，根据美国人口普查数据，该县的平均家庭收入为41 719美元（全国为48 451美元）。该调查的主要问题是："您是否对根据您储蓄金额而得到机会赢取奖金的储蓄账户感兴趣？该账户不收取任何费用，不设最低余额，且可以赚取利息。"该调查旨在评估当地人对该产品的兴趣。虽然不具有全国代表性，也不是随机的，但如果该产品在美国提供，对产品感兴趣人群的人口特征仍然可能反映PLS的受众人群。

在那些接受试点前调查的受访者中，58%的人表示对调查中描述的PLS产品感兴趣，26%表示不感兴趣，16%的人回答不知道。在多元分析中涵盖了传统的人口统计信息，Tufano等人（2008）发现，那些声称没有定期储蓄计划的人更加偏好这类产品，那些被定义为没有储蓄或储蓄很少的人，如果他们碰巧有钱，那可能是因为他们尚未支付当月支出。与具有储蓄计划的个人或家庭相比，没有储蓄的人对PLS产品感兴趣的可能性高出70%。相比于那些毫无储蓄或者储蓄更多的人，几乎没有储蓄的人（储蓄额为1~2 000美元）对PLS产品的需求最为强烈。他们还发现，乐观是对PLS账户感兴趣的决定性积极因素，在此，乐观通过相信未来5年自己的财务状况会改善来衡量。最后，调查表明在过去6个月内在博彩游戏上花费100美元以上的人，对该账户感兴趣的程度是其他人的2倍。

在消费者接受度方面，尽管营销有限，但在项目推出后3个月内，中央信用社开设的"超级储蓄"账户超过1 300个，累计吸收超过50万美元的存款。在2007年初，这些账户占所有银行储户数的1.3%。此外，在该产品推出3个月后，大多数储户仍然保留其存款余额。作为单一信用合作社的小型试点项目，该机构的项目奖金很少，这可能限制了它最后的成功。[1]现在仍需要实验研究来确定PLS产品设计与消费者兴趣和参与度的关系。[2]

12.3.1 密歇根州"多存、多赢"示范项目

另一个PLS示范项目已于2009年在密歇根州启动。从2009年1月底到2009年12月底，密歇根州共有8家信用社参加了"多存、多赢"示范项目。根据密歇根法

---

[1] Tufano(2008)、Lobe和Holzl(2007)都表明,大奖与溢价债券的销售密切相关。

[2] 这是我们在随机设计领域的实验中特别提出的检验。如前所述,我们尚未在该领域成功实施这样的实验设计。Guryan和Kearney目前正在马里兰大学经济系的实验室进行实验,用来检验这一观点。

律中的一项独特条款，这一示范项目在法律上是被允许的，该法律允许州内的信用合作社只向那些有资格通过储蓄获得利息的人（与彩票相比）提供"储蓄促销活动"。"多存、多赢"项目使几个信用社联合起来，以提供一个 PLS 产品，这个产品提供吸引人的 10 万美元大奖，与之前所描述的中央信贷合作社所面临的小规模问题形成鲜明对比。

在 2009 年的任何时候，参加信用合作社的会员都可以开立董事资格股份认证账户，进入"储蓄促销"项目。这个认证账户是 12 个月的定期存款，只需 25 美元就可以开户。存款额度是不受限制的，但是每个月能进入促销项目的会员只有 10 个。每个信用社支付这些认证账户的利息不同，但在 2009 年，利率从 1%～1.5% 不等。每月奖金的价值从 15～400 美元不等，奖金的数量每月也不等。2010 年初颁发了这项 10 万美元的大奖。12 个月内只允许取款一次，并须缴纳标准认证账户提前取款的手续费。然而，不像大多数 CDS 那样，储户可以随着时间的推移增加他们账户的资金。

在"多存、多赢"项目开展的 11 个月里，参与项目的信用社共开立了 11 600 个账户，并吸收了超过 860 万美元的存款。如下文中所述，信用合作社位于中西部经济较为萧条的地区。在诸如弗林特和底特律这样的地方，汽车工业的消亡导致了高失业率和经济困难。与其他促进储蓄、增加新储户的尝试相比，储蓄促销项目更为有利，如个人发展账户（IDA）匹配储蓄计划。[1]

每个"多存、多赢"认证账户的持有人在开户时也被邀请完成一个自愿调查。截至 2009 年 12 月底，超过半数的账户持有者（约 6 027 名信用合作社成员）完成了这项调查。认证账户调查已经在所有年龄、收入水平以及过去有（不同）储蓄行为的信用社客户中开展。特别是"多存、多赢"持有者中有 56% 的人表示，他们在开办该账户之前没有定期存款；39% 的持有者持有的金融资产（不包括房屋净值）为 5 000 美元或更少；59% 的持有者在过去 6 个月里一直花钱购买彩票；68% 的人家庭收入低于 60 000 美元，44% 的人家庭收入低于 40 000 美元。

"多存、多赢"示例的调查数据不允许我们确定项目在产生新储蓄方面的有效性。尽管如此，中央信贷和"多存、多赢"提供的 PLS 产品有着明显的吸引力，特别是在声称没有其他常规储蓄计划的人中。这表示 PLS 产品对那些有着低水平常规储蓄的人群具有吸引力。

12.3.2 PLS 项目在美国的法律障碍[2]

根据《国家银行法》的定义，彩票有三个基本组成部分：（a）提供奖金；（b）偶

---

[1] 例如，4 年多来，具有里程碑意义的美国梦示范 IDA 项目（ADD）的 2 364 名参与者已经累计储蓄 1.25 万亿美元（Schreiner et al.，2002）。

[2] Andrea Ryan 为本章的这一部分内容做出了贡献，这些内容借鉴了哈佛法学院的学生 Angela Seensun Kang、Anooshree C.Sinha 和 Howell Jackson 所做的工作，受益于 Jackson 和 Tufano 的学生在其关于消费金融的 JD-MBA 课程中的见解，Daniel Preysman 以及 D2D 基金及其法律顾问贡献巨大。

然有机会获奖；（c）可选择（金钱或其他有价值的东西换取获奖机会）。如果PLS项目被视为博彩活动，那么它们将全部被叫停。国家反彩票法、州和联邦银行法均有这方面的法律限制。国家反彩票法禁止私人发行彩票，部分原因是为了使各州能够保持对这些项目的垄断，以减少彩票项目筹集的资金。以联邦银行法为例，它禁止联邦特许银行和储蓄银行（分别由货币监督局或储蓄监督办公室规定）参与彩票活动，以保护银行系统的安全性和健全性。[①]

前面列举的两个美国示范实验可以利用两个法律漏洞。中央信贷合作社推出的项目，从结构上看是一个抽奖活动，而不是彩票。人们不需要进行存款，可以通过邮寄一张卡片来代替储蓄。"可选择"这一条件明显不具备，表明这可能是银行利用抽奖作为促销活动，正如2009年初摩根大通的"翻倍您的存款"促销活动，以及2010年初马里兰州推出的"翻滚的金钱"刺激储蓄的活动（FDIC，2009）。抽奖这一解决方案允许未储蓄的人获利，增加了项目运营的复杂性，并且主要用于临时的营销活动。推广"多存、多赢"计划依赖于不同且独特的州法律。密歇根州信贷联盟法第411条允许国家信用合作社将由国内信用社推广的"储蓄抽奖活动"定义为"储蓄促销活动"，获得赢取制定奖品机会的唯一条件是要在国内信用合作社的储蓄账户或其他储蓄项目中至少存入一定数额的资金。[②]这种划分标准已被推广到其他地区，但想要大范围推行这些计划仍受到一些限制。信用合作社的章程规定其会员仅限于某一特定人群，如与特定雇主或组织有关的人，或居住在特定地区的人。这些限制妨碍了规模化发展，使得这种奖金模式往往不能由信用社推广。通过信用合作社运行PLS项目有利于扩大存款规模，如"多存、多赢"项目，但将产生不必要的协调成本。2010年中期，另外两个州通过了一项类似于密歇根州的法律。

12.3.3 州政府运营PLS项目？

在美国，PLS产品也能由联邦政府（联邦溢价债券）或州政府提供。考虑到联邦政府对第一种选择没有兴趣，我们将重点放在各州的选择上。

国家彩票发行由于欺诈在19世纪末被关闭，后在1964年被新罕布什尔州重新启动，国家彩票发行被赋予的任务从未改变：产生国家收入（Coughlin et al.，2006）。但这类彩票的任务可能与州政府运营的具有彩票性质的PLS产品不太一样，PLS产品仅产生有限的收益。除此之外，在大多数情况下，需要支付奖金收益的一小部分作为彩票佣金。在PLS项目中，如果将存款或债券的购买金额计入总销售额，那么将不能用销售额的规定部分支付奖金，并仍保证存款人能够收回全部本金投资。在PLS资金池中，仅有一小部分可以被用来支付，其余部分可用于支付相关费用，并向州政府提供收益。

---

① 参见12 U.S.C § 25a(2008)。

② 参见Mich.Comp.Laws §490.411(2008)。

下面通过一个真实的例子强调国有项目的其他法律限制。1975年，马里兰州授权国家彩票局管理一项以英国溢价债券为参考的溢价储蓄计划。主要投资资金具有保障并能够随时赎回，债券持有人可能获得非正常利息，这被马里兰州官员称为"随机利息奖"（Phillips，1975）。储户的投资规模决定了抽奖中的奖项数量和大奖的金额。然而，在最初的可行性研究之后，法律意见指出，它实质上是一个"隐形彩票"，"将受现行彩票法律约束"。其中包括市场营销限制，该计划需要接受马里兰州以外的任何人的债券投资，并通过银行发售债券。此外，该产品需要通过彩票代理商进行销售。按惯例，彩票代理商将在所有彩票销售额中抽取大约5%的佣金（Phillips，1975）。简而言之，即使被定义为彩票并通过彩票机构运营，其产品结构方面的因素也仍使其在当时并不可行。

虽然PLS的经济结构是较为合理的，但现有的美国法律和法规仍需做出相应改变，允许私营或公共部门进入。南非MaMA提供给我们一个暂停此类项目的理由：当产品开始流行时，南非彩票局对该银行提出诉讼，要求停止发售这种"非法彩票"，而南非最高法院做出了有利于彩票局的裁定。尽管该类案件在美国法律中并无先例，但法院观点的结构表明了与美国类似的法律是如何叫停PLS项目的。

12.4　结论

虽然现在仍没有针对美国PLS项目的正式评估，但有几点显而易见的经验教训可供借鉴。首先，这类产品已经存在三个多世纪了，在一些司法辖区已经持续存在五十多年。从运作的角度看，这类产品已经经过了严格测试。其次，该产品吸引了很多人，尤其是那些可能无法利用（或有兴趣使用）更多标准化产品的人对它更感兴趣。最后，如果法律法规暂无变化，将十分限制这类产品的运用。

关于PLS的正面和负面消息共存，强调了对该储蓄方式重新进行严密研究的重要性。迄今为止，我们尚未讨论该产品会产生何种影响，如果有的话，PLS的使用可能会影响传统彩票的需求。更为根本的是，有一个关键问题尚未得到解答，即PLS的使用是否会产生新的储户和储蓄，以及这种新的储户和储蓄是由谁带来的。未来的研究应解决这一问题。为了回答PLS产品对家庭储蓄行为有何影响的问题，研究人员需要获得能够使用PLS产品的人的储蓄结果，并与没有使用的人进行对比。理想情况下，这将借助实验研究设计来进行调查，从而使研究人员确定是否是奖金挂钩的性质促进并增加了储蓄，而不是因为相关的营销工作。此外，这种设计对于政策分析人员来说至关重要，再加上两组人员的详细数据，将帮助调查人员确定新的PLS账户是否意味着个人或家庭层面的新储蓄，也能帮助他们研究允许大范围推行PLS产品的法律变化是否与良好的公共政策相符。

致谢

Tufano 在此感谢 HBS 研究部门的资金支持，感谢 Andrea Ryan、Howell Jackson、Robert Keip 和 FNB 银行的工作人员，并感谢 Doorways to Dreams 基金会的工作人员以及他们的消费金融专业的学生就该问题进行的许多有益讨论。我们也对 Seth Freed-man 和 Kyung Park 提供的有益于研究的帮助表示感谢。

参考文献

Bankrate.com (2010). *Savings Overnight Averages*. North Palm Beach, FL: Bankrate.com. http://www.bankrate.com/checking.aspx.

Bureau of Labor Statistics(BLS)(2010). *Average Annual Expenditures and Characteristics, Consumer Expenditure Survey*. Washington, DC: BLS. http://www.bls.gov/cex/2008/Standard/age.pdf.

Cole, S., D.Collins, D.Schneider, and P.Tufano(2007). *First National Bank´s Golden Opportunity*. Cambridge, MA: Harvard Business School Case 208-072.

Collecting-Tull.com(2010). *Thick as a Brick*. London, UK: Collecting-Tull.com. http://www.collecting-tull.com/Albums/Lyrics/ThickAsABrick.html.

Consumer Federation of America(CFA)(2006). *How Americans View Personal Wealth Versus How Planners View This Wealth*. Washington, DC: CFA.

Coughlin, C.C., T.A.Garrett, and R.Hernandez-Murillo(2006). 'The Geography, Economics, and Politics of Lottery Adoption,' *Federal Reserve Bank of St Louis Review*, 88(3): 165-80.

Department of Works and Pensions United Kingdom(DWPUK)(2010). *Family Resources Survey: United Kingdom, 2004-05*. London, UK: DWPUK. http://research.dwp.gov.uk/asd/frs/.

Federal Deposit Insurance Corporation(FDIC)(2009). *Public Presentation by a Senior FNB Executive to the Prize-Linked Subcommittee of the FDIC Advisory Committee on Economic Inclusion*. Washington, DC: FDIC. http://www.vodium.com/MediapodLibrary/index.asp? library=pn100472_fdic_advisorycommittee&SessionArgs=0A1U0100000100000101.

Green, R. and K.Rydqvist(1997). 'The Valuation of Non-Systematic Risks and the Pricing of Swedish Lottery Bonds,' *Review of Financial Studies*, 10: 447-79.

Guillen, M. and A.Tschoegl(2002). 'Banking on Gambling: Banks and Lottery-Linked Deposit Accounts.' *Journal of Financial Services Research*, 21(3): 219-31.

Kearney, M.(2005). 'State Lotteries and Consumer Behavior,' *Journal of Public Economics*, 89: 2269-99.

La Fleur, T.and B.La Fleur(2001). *La Fleur´s 2001 World Lottery Almanac*. Boyds, MD: TLF Publications, Inc.

Levy-Ullman, H.(1896). 'Lottery-Bonds in France and in the Principal Countries of Europe,' *Harvard Law Review*, 9(6): 386-405.

Lobe, S.and A.Holzl(2007). *Why are British Premium Bonds So Successful? The Effect of Saving with a Thrill*. Regensburg, Germany: University of Regensburg. http://69.175.2.130/~finman/Reno/Papers/PremiumBond_i.pdf.

Morduch, J.(1999). 'Between the State and the Market: Can Informal Insurance Patch the Safety Net?' *World Bank Research Observer*, 14(2): 187-207.

Murphy, A.L.(2005). 'Lotteries in the 1690s: Investment or Gamble?' *Financial History Review*, 12 (2): 227-45.

National Savings and Investments(NSAI)(2006). *A Short History of Premium Bonds*. Glasgow, UK: NSAI. http://www.nsandi.com/files/asset/pdf/history_pb.pdf.

——(2010a). *History of Premium Bonds*. Glasgow, UK: NSAI. http://www.nsandi.com/products/pb/premiumbondstory.

——(2010b). *Premium Bonds*. Glasgow, UK: NSAI.

North American Association of State and Provincial Lotteries (NASPL) (2010). *Lottery Sales and Profits*. Geneva, OH: NASPL. http://www.naspl.org/index.cfm? fuseaction=content&PageID=3&PageCategory=3.

O´Donoghue, J., L.Goulding, and G.Allen(2004). 'Consumer Price Inflation since 1750.' *UK Office for*

National Statistics, *Economic Trends*, 604:38-46.

Phillips, L. (1975). 'The Premium Savings Bond: Respectable Revenue through Legalized Gambling,' *Tulsa Law Review*, 11:241-57.

Schneider, D. and P. Tufano (2007). 'New Savings from Old Innovations: Asset Building for the Less Affluent,' in J.S. Rubin, eds, *Financing Low-Income Communities*. New York, NY: Russell Sage, pp.13-71.

Schreiner, M., M. Clancy, and M. Sherraden (2002). *Saving Performance in the American Dream Demonstration Project*. St Louis, MO: Center for Social Development, Washington University. http://csd.wustl.edu/Publications/Documents/ADDReport2002.pdf.

Tufano, P. (2008). 'Savings Whilst Gambling: An Empirical Analysis of U.K. Premium Bonds,' *American Economic Review Papers and Proceedings*, 98(2):321-6.

Tufano, P. and D. Schneider (2008). 'Using Financial Innovation to Support Savers: From Coercion to Excitement,' in R. Blank and M. Barr, eds, *Insufficient Funds*. New York, NY: Russell Sage, pp.149-90.

——N. Maynard, and J. De Neve (2008). 'Consumer Demand for Prize-Linked Savings: A Preliminary Analysis,' Harvard Business School Working Paper 08-061. Cambridge, MA: Harvard University.

Volpp, K.G., L.K. John, K., A.B. Troxel, L. Norton, J. Fassbender, and G. Loewenstein (2008a). 'Financial Incentive-Based Approaches for Weight Loss,' *Journal of the American Medical Association*, 300(22):2631-7.

——G. Loewenstein, A.B. Troxel, J. Doshi, M. Price, M. Laskin, and S.E. Kimmel (2008b). 'A Test of Financial Incentives to Improve Warfarin Adherence,' *BMC Health Services Research*, 8:272.

第13章 如何提高金融知识水平：一些成功的方法

Diana Crossan

在过去的十年里，提升新西兰人金融知识水平的举措已经在不断加快进行。本章讨论了五个已经取得了一些成功的方法。前两个方法——制定国家金融知识战略和寻求公私合作关系——是新西兰金融教育方法的基础。接下来的两个方法——选择一个可以持续推进的网站作为提升金融知识水平的基础工具和将金融教育融入学校和高等教育——是具体方法。第五个方法是一项与毛利人部落共同开发的一个项目，现正在推进中，主要惠及新西兰本土的毛利人，这也为更广泛的推广提供了一些方向。

随着时间的推移，上述及其他关于金融知识的举措正在定期监测和追踪。本章结尾讨论了监督和评估的重要性，同时指出要证明以下因果关系：金融教育可提高金融知识水平，从而改善金融福利，但存在固有困难。

13.1 金融知识适用于何处

在新西兰，金融知识与退休保障之间的联系已经得到了很好的理解。人们通常认为，要想使退休生活得到保障，需要有信心和能力，在他们的一生中对个人财务做出明智而持续的决策。无论如何，金融知识并不是唯一的条件。作为一个发达国家，新西兰还需要有效和稳定的政府退休收入政策以及值得信赖的金融服务部门，这些金融服务部门能够提供易懂且专业的建议，供那些受过金融教育的人没有后顾之忧地使用。

新西兰退休委员会在这三个方面都有所贡献，这对国家的退休收入框架至关重要。退休委员会成立于1993年，是一个小型的、自治的政府实体单位。其主要活动是提供金融信息，因此人们可以在金融方面为退休做准备，并对退休收入政策进行定期审查。该委员会的作用不是直接增加储蓄，而是提供信息，以便新西兰人可以对其个人金融做出明智的决定。

大多数新西兰人都拥有某种形式的金融产品或服务，无论是银行账户、抵押贷款或是备用协议，因此委员会的目标是帮助所有5~105岁的新西兰人进行"财务分类"。新西兰有一个旨在提高金融知识水平的独立的政府资助机构，这是其特有的。在其他国家，金融教育机构往往存在于广受市场关注的大型组织中，例如保护或监管机构（O'Connell，2009）。

13.2 新西兰的情况

新西兰是一个岛国，其人口仅有430万。其人口和文化都很多元化，土著毛利人占总人口的15%（新西兰统计局，2010）。

提升新西兰人社会素养的方法涵盖许多经济和社会因素。和大多数发达国家一样，由于婴儿潮一代的老龄化，退休收入成为一个重要问题。到2031年，将有1/5的新西兰人年龄在65岁以上。在2009年的最后一次官方统计中，65岁以上的新西兰人有552 600人，占人口的12%。20年后，这一数字将近翻一番，达到1 071 800人，占人口的21%（新西兰统计局，2009）。

新西兰很早就提供了国家出资的养老金，公共养老金仍然是该国退休储蓄制度的基础。新西兰退休金，或者称为"NZ Super"，是一种基本的、按照通货膨胀率调整的应纳税通用国家养老金。对于那些从某个国家带来国家养老金的移民来说，它是减少的。NZ Super提供的养老金是平均工资的一部分，并支付给有特定居留权和特定年龄的人——目前定为65岁。

新西兰人的房屋拥有率很高——在上次人口普查时，65~79岁的人中有75%拥有自己的房屋（新西兰统计局，2007）。房屋所有权是新西兰退休收入平台的组成部分。

在过去的两年中，新西兰还引入了自愿、自行登记工作场所退休储蓄计划，被称为KiwiSaver。这项计划包括政府资助的激励措施和强制性雇主出资。在特定情况下，它还允许首次购房者一次性提取。除了KiwiSaver之外，退休储蓄没有其他税收优惠措施。在65岁以上的新西兰人中，NZ Super是其中40%的人的唯一收入，是另外20%的人的主要收入来源，他们还有其他政府转移收入（社会发展部，2009）。

NZ Super意味着新西兰人比其他许多发达国家的人在晚年生活中遇到的困难更少。这对于收入较低或无定期收入的群体很重要，如许多女性（退休委员会，2007）。

不过，单靠NZ Super是困难的。大多数新西兰人有一些私人储蓄。生活中的金融教育将帮助新西兰人更好地为退休做好财务准备，帮助他们在退休时管理自己的钱。

过去十年里，提高新西兰人的文化素养受到更多关注。在过去的三年中，这一现象一直存在，部分原因是新西兰几家公司倒闭和全球金融危机的影响。下面介绍了五种方法的运用范围和迄今为止取得的一些成功经验。

13.3 国家金融知识战略

两年前，新西兰成为制定国家金融知识战略的第一批国家之一。其目标是确保新西兰人拥有金融知识和教育，可以在他们的一生中做出明智的金融决策。该战略认为金融知识是帮助人们在日益复杂的环境中实现个人金融福利的八大因素之一，个人金融福利内容如图13-1所示。

高效且有效的监管——合规成本最小化

繁荣的经济——竞争和高效的市场

多元化金融产品和服务市场

有金融能力的居民

新西兰人个人金融福利

消费者行使市场支配力

消费者欺诈/诈骗保护

提供透明和易懂的服务的值得信任的金融部门

福利条款安全网

图13-1 个人金融福利内容

资料来源：退休委员会（2008）。

该战略从三个方面为新西兰金融知识倡议设定了框架。具体如下：

发展质量：提供使居民可以理解并持续跟进的相关的、公正的、可获取的信息和教育；

扩大范围：识别和填补差距，以便金融教育能够吸引更多的新西兰人；

监测和评估：了解什么可行，并分享最佳做法。

在退休委员会的领导下，该战略代表了公共、私营和非营利部门之间的成功合作，三者均为其发展和实施做出了贡献。该战略得到广泛的支持，并由一个顾问委员会负责监督，该委员会汇集了新西兰储备银行、证券委员会、退休委员会、私营投资部门、储蓄和保险协会、教育部的负责人，以及奥克兰大学商学院毛利人和太平洋发展副院长。该委员会每年向新西兰议会报告并每六个月更新一次财政部长的战略进展情况。

13.4 发展公私合作关系

新西兰金融知识国家策略的公私合作是它区别于其他国家的地方，其他国家更倾向于由单一的政府机构来负责（O'Connell，2009）。退休委员会决定直接与私营部门和非营利部门合作，以使最终的战略能够为更广泛的新西兰社区带来好处。这种方法需要了解这些部门内不同组织的需求，以及完整的利益相关者管理和沟通战略。合作关系方式超越了国家战略，并反映在其保护伞下的许多举措中。这意味着金融教育正成为许多人关注的问题，扎根于社区的不同地方，而不仅仅是政府的责任。

有很多例子说明这正在为这个国家带来利益。例如，新西兰是少数几个进行全国成人金融知识调查的国家之一。在一家大银行的资金支持下，这项调查自2005年以来进行了两次。此外，退休委员会领导的全国性金融知识会议每两年进行一次，由该国的银行、金融服务公司和一些政府部门提供部分资金。私营部门资金被用来将国家战略的网站转变成共享信息的焦点。新西兰主要的银行也在2008年资助了试点项目，该项目将个人金融教育纳入国家学校课程。这一举措将在下文中详细描述。在非营利部门，一家银行将个人财务管理模块引入全国儿童教育计划中，为家庭提供所需的工具，以便其对预算和消费习惯做出明智的决策。该计划将银行的金融专业知识与非政府组织（NGO）的儿童教育经验相结合。

首先，退休委员会积极寻求公私合作的伙伴关系，开展许多活动，包括个人项目以及国家战略。随着这种方式的成熟，私营部门现在也在与政府和非政府组织建立合作关系。

13.5 发展"分类"方法

退休委员会于1993年成立时，其目标是制订公共教育计划，为退休金财务规划提供独立和公正的信息。这个计划成功地覆盖了许多新西兰人。然而，"为退休储蓄"的信息并没有引起年轻人或有可支配收入的人的共鸣。研究表明，该计划主要吸引了那些已经在为退休储蓄做好准备的人。

因此，委员会在2000年决定将该计划的重点从退休理财规划转向终身金融技能，并将重点放在三大目标受众（青少年、家庭以及工作中的人群）的信息需求上。该计划的一个新品牌被开发出来，不再强调"R"字（退休）并吸引以前难以接触的受众，最终形成了Sorted品牌和网站http：//www.sorted.org.nz（新西兰人使用术语"sorted"来表示"准备好"或"有组织"）。新计划不仅破旧立新，而且它标志着在互联网还处于青春期的时候，从传统印刷资源向基于网络的传递方式的转变。

今天，1/3的新西兰人已经使用了Sorted网站或其相关资源，1/4的人在过去的12个月里使用过该网站（退休委员会，2009）。大多数用户表示，他们将进行一些个人金融活动，其中最为常见的是理财规划和预算（尼尔森公司，2009a）。自推出以来，Sorted已经从一个关于储蓄和管理债务的网站（只有一套有限的计算器）发展成专注于广泛的金融主题的网站，并有40多种互动工具。最新增加的功能包括一个保险计算器和一个"金钱追踪"工具，该工具链接到个人的网上银行账户，以帮助他/她查看他/她的资金去向。在过去的一年中，Sorted也进入了社交媒体，并在Facebook和Twitter以及博客上发布消息。该网站通过一系列新西兰最受欢迎的网站和门户网站出售其内容和工具，其中包括TradeMe，相当于新西兰的eBay。

尽管数字媒体的数量日益增长，但该项目最近又开始重新印刷小册子。这一举措是因为研究表明，小册子是低中等金融知识水平读者的首选，并且学习成果最为一致（Colmar Brunton，2008）。这种转变并没有以Sorted网站为代价。教育学表明，为了实现委员会的金融教育目标，需要综合各种形式，以适应各种成人学习方式。目前的组合包括网站、小册子、研讨会、社交媒体和在线微电影。

提供高质量的资源只是战略的一部分，还有其他方面正在吸引人们。提供分类信息，特别是推广Sorted的资源，是退休委员会工作和预算的重要组成部分。在截至

2009年6月的一年中，该委员会3/4的金融教育和信息预算用于推广，其余的则用于业务。这种对Sorted品牌的持续投资——提升知名度并建立信任——在过去十年中一直是该战略的重要组成部分。超过80%的新西兰人现在知道这个品牌，虽然"分类"是一个通用的口语词汇，但40%的人将其与金钱事务相关联（尼尔森公司，2009b）。一系列媒体，包括网络、电视和平面广告、搜索引擎营销和公共关系，使人们了解到Sorted。研究表明，如果没有这种积极的推广，使用量会下降。

13.6 将金融教育融入学校和大专教育

推广活动虽然类型不同，但却是将金融教育融入新西兰国立学校课程和高等培训资格的关键。我们有充分的理由认为应该确保每个孩子早年接受金融教育——这是21世纪必不可少的知识。儿童需要在早期就获取信息，以便他们能够建立基本的经济和金融概念，而他们每天应对的金融系统也日益复杂。

尽管如此，金融教育往往不是教师和教育部长关心的焦点。在新西兰，这意味着要向他们证明5年课程教育中的金融教育是有好处的，以此来鼓励他们优先重视金融教育。另一个重要步骤是让广泛的利益相关者群体参与，包括教师协会和董事会，以确保他们对这个战略有主人翁意识。5年计划中的关键时间点如图13-2所示。

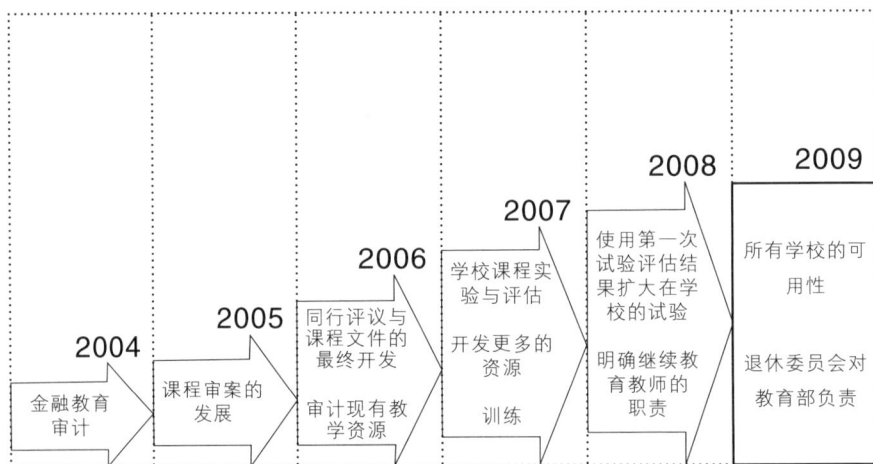

图13-2 将金融教育引入新西兰学校

资料来源：作者计算得到；见本文。

制定个人金融教育框架以适应学校课程的时机非常理想，因为新西兰国家课程正在接受审查，以便在2010年实施。这意味着教育部能够研究金融知识教学怎样实现课程、原则和价值观的设定目标。这项战略的关键步骤之一是在10所中小学试行框架草案，以测试其作为教师辅助工具的有效性。然后对该实验进行正式评估，并将结果与教育部分享。

评估提供了一些经验教训，以便将框架更广泛地纳入新西兰教育。这包括有必要对个人金融教育的接受度进行评估的认识；个人金融教育是一个高度"可销售"和相关学习领域；一系列的教学利益与将个人金融教育纳入课程相关；该实验为成功的专业发展提供了有效的模式（Martin Jenkins，2009）。如前所述，另一个重要步骤是利用私营部门对该战略的支持，以资助新西兰银行这种实验形式进行的。

2009年，学校的个人金融教育责任由退休委员会转到教育部，并且全部学校均可使用这类教育资源。从2011年开始，个人金融教育已被纳入语言、社会研究、数学和技术学校课程，时间为1~10年。虽然框架是课程的一部分，但挑战在于它仍不是强制性的。新西兰的学校是自主管理的，这意味着学校必须讲授国家规定的课程，但在其内部，学校能够自主设计学习课程，以满足学生的特殊需求和愿望。该方案现在得到推广至关重要，这使学校和教师都有动力采用它。

计划的实施将由新西兰教育评估办公室负责监督，政府机构负责公开评估和报告所有学校的教育情况。它也将在OECD的2012年国际学生评估计划（PISA）中进行衡量，该计划将包括一个金融教育部分，用于评估学生有关金融问题的数学知识和技能水平。

由于迄今为止尚未通过学校系统提供金融教育，因此许多已经离开或是将要离开学校的年轻人，不具备必要的技能和信息，做出有关金钱的明智决策。新西兰希望通过贸易或技术培训和就业前课程（基础教育）来弥补这一差距。虽然国家资格框架承认了16个有关个人金融管理的主题（单位标准），但缺乏教学资源。选择方法为开发七个主题资源，并使其免费提供给行业培训机构和高等院校。经过深思熟虑，在这个过程的早期阶段让所有对这一战略的成功至关重要的组织参与进来，并让他们始终参与其中。这包括新西兰质量管理局、高等教育委员会、行业培训机构、私人培训机构、工会和雇主。所有人都已经认识到进行金融教育的必要性，因此我们要做的是将这种认识转化为积极的参与和承诺。

在上述所有组织的支持下，有关7个单位标准的各种资源于2009年下半年推出。目前新西兰正在努力将这些资源推广到重点行业培训组织和其他高等院校。这个单位标准的实施将在今年正式评估。再次强调，推广是一个关键问题。

13.7　覆盖土著居民

覆盖到新西兰毛利人的战略还处于发展阶段，但近年来 Te Puni Kokiri（Maori发展部）和南岛最大的部落 Ngai Tahu 已经进行的工作为我们提供了一些方向。毛利人约占新西兰人口的15%，并且一直是传统金融教育难以普及的对象。这一群体的人口相对年轻，年龄中位数为22.7岁，而新西兰人整体年龄中位数为35.9岁。只有4.1%的毛利人超过65岁，而新西兰人65岁以上的人口占整体人口比例为12.3%（新西兰统计局，2006）。

与其他人口相比，毛利人金融知识水平低的可能性更大。最新的金融知识调查发现，56%的毛利人是最缺乏金融知识的群体，而总人口和新西兰欧洲人的该比例分别为31%和24%（退休委员会，2009）。

毛利人通过他们的iwi（部落）和hapu（支派）来定义自己。家族或大家庭是另一个重要概念，包括直系亲属、婚姻亲属以及所有以血缘关系为纽带的人。Ngai Ta-hu部落的倡议始于2003年，为在两所双语学校就读的低龄毛利人建立试点，开展儿童金融教育计划。除了关注儿童外，该计划的目标还包括提高家族金融知识和理解，并为更广泛的学校社区内的个人金融教育提供高水平的支持。然后，将该计划扩展到另外5所学校，以进一步开发和测试资源、教学方法和专业发展。

一项单独的评估发现该计划大大提高了儿童对金钱的认识、理解和兴趣。它还推进了课程的其他组成部分，如数学和社会研究（PricewaterhouseCoopers，2007）。然而，将家族融入课程和项目很困难。当孩子们理解了金融概念时，几乎没有证据表明该计划也提高了父母和家族的理解水平。该报告得出结论认为，社区和学校的性质以及家族的障碍需要进一步考虑、保障和解决。此后，Ngai Tahu在大约80个家族间推出了一项独立金融计划，重点放在投资、预算、目标设定和债务合并上。

这些计划是四年前为部落成员特别设立的储蓄计划的重要补充。它与KiwiSaver类似，但是能够为高等教育拨款，Whai Rawa围绕着Ngai Tahu的指导原则——"为我们和我们的孩子"而设立。该计划被视为一种保障部落的未来和分配财富的方式，这些财富最初来自历史上违反1840年《怀唐伊条约》的财务协议及随后发生的商业活动。2010年，Ngai Tahu计划调查其成员的金融知识，这可能是世界上第一批这样做的土著人。该调查将建立在全国成人金融知识调查的基础之上，可以将全国结果作为基准进行调查，如果重复调查，则可以进行长期比较。它还将帮助部落确定未来需要关注的金融教育举措的特定领域。

新西兰现在面临的挑战是向全国的毛利人提供金融教育。退休委员会成立了一个咨询委员会，在2010年底之前制订完成五年战略和行动计划。该委员会聚集了来自政府机构、金融和教育部门以及社区的各种利益相关者，通过战略思维方法平衡各方代表。尽管目前和未来许多毛利人会通过主流方式获得金融教育，但显然与其他群体一样，毛利人需要一条通往与其相关并且值得信任的信息的途径。传统的价值观，如集体主义，在毛利人中依然强大，可以在促进现代金融知识方面发挥作用。其他传统观念，如manaakitanga（尊重主人或热情待客），aroha（同情）和whanaungatanga（亲属关系）也可以提供一些帮助。

初步研究表明，为了与毛利人产生更多共鸣，资源需要进一步开发，例如借鉴Maori范式并反映毛利人认为具有影响力的方面。虽然Ngai Tahu选择通过部落团体和家族进行工作，但并不是所有的毛利人都与这些结构有联系。这表明学校、社区团体和其他网络（包括社交媒体）将需要参与推广。行动计划可能从小规模开始，然后在5年内逐步建立。

13.8 评估有效性

那么，有关金融教育的这些和其他方法是否会影响新西兰人的金融知识水平？监测和评估构成了国家金融知识战略的第三部分。这些对于发现什么是有效的，什么是无效的及其原因，以及找到怎样在未来最好地发展金融教育方面的经验教训都很重要。

如前所述，新西兰是为数不多的在国家层面上衡量金融知识标准的国家之一，2005/2006年度成人金融知识水平调查于2009年又进行了一次。这些调查已经使该国处于高水平的长期监测的轨道上，随着时间的推移，将成为一种宝贵的资源。第一次调查发现，虽然人们的金融知识总体上是合理的，但许多人并不了解一些关键的金融概念（退休委员会，2006）。这有助于多个团体开发并提供更多有用的信息，例如通过贷款合并管理债务、复利对储蓄的影响以及选择抵押贷款和管理抵押贷款债务等主题。第二次调查发现，人们的金融知识在3年间得到了改善，更多的人拥有较高的知识水平（43%与33%）。但知识水平低的人数变化不大（31%与33%）（退休委员会，2009）。

这些结果的早期指标之一，是从较低的基础开始改进金融知识可能更困难，并且可能需要更多时间。金融教育和信息本身可能不足以改变那些金融知识水平较低的人的地位。例如，基本的知识和计算能力也可能需要注意。

在本章几个地方提到的项目层面也进行了评估。例如，Sorted对新西兰人的个人金融管理的影响在很多方面都有所体现。网站的影响是通过访问、用户会话和人口统计来衡量的。然后通过在线调查、一般市场调查和广告成本效益测量来补充这些网站统计数据。

在新西兰，和其他国家一样，也在加大评估的范围。新西兰积极参与国际举措，以改善对金融教育项目的评估工作，由退休专员主持OECD关于该问题的小组。在2010年期间，小组制定的一套准则草案将发送给国际金融教育网络的成员国进行认证。新西兰将在三个不同的项目中进行测试，目的是确保所有项目都使用通用标准进行评估。通过一套共同的指导方针可以比较哪些是有效的、对哪些组更有效、什么情况下有效。但作为独立研究人员，Alison O'Connell（2009）最近在一份针对新西兰政府资本市场发展工作组的文件中指出，评估在本质上是困难的："尚未证实一个简单的金融教育模式能提高金融知识水平，从而改善了财务状况。"

O'Connell在退休委员会工作的基础上提出，在考虑金融知识政策和实践时，应牢记三项原则。首先，金融知识是复杂和多方面的。不同类型的金融教育可能以不同的方式提高不同的人的各类范畴的金融技能。其次，由于金融教育的有效性不可能以简单的因果关系的方式得以证明，因此政策制定者应该对金融教育的好处以及金融知识提高的影响持有现实态度。最后，金融知识是政策组合的一部分，还有其他改善个人金融状况的方法。

13.9 结论

金融教育包罗万象，触及人们生活的不同时间、不同环境的不同部分。这意味着提高金融知识水平的策略必须是多方面、多层次的。

本章简述了在提升新西兰人金融知识水平方面取得了一定程度成功的五种方法：制定国家金融知识战略、追求公私合作关系、选择一个以持续推广为支撑的网站作为提高金融知识水平的一项基本工具、将金融教育融入学校和大专培训并覆盖新西兰本土的毛利人。贯穿其中的共同要素包括公共、私人和非营利部门合作的好处，确保金融教育的所有权扎根于社区的不同部分，同时也一直需要人们可以理解并能够与之相联系的高质量资源。最后，在普通民众、政府部长、教师、雇主或工会中开展推广工作至关重要。

最重要的是，金融知识需要一个捍卫者。很幸运新西兰有一个以提高金融知识水平为主要目标的独立政府机构。

参考文献

Colmar Brunton(2008). 'Sorted Materials Evaluation,'Working Paper prepared for the Retirement Commission.Wellington,New Zealand: Colmar Brunton.

Martin Jenkins(2009). 'Evaluation of the Personal Financial Educational Trial,'Working Paper prepared for the Retirement Commission.Wellington,New Zealand: MartinJenkins.

Ministry of Social Development(2009). *Household Incomes in New Zealand: Trends in Indicators of Inequality and Hardship 1982 to 2008.*Wellington,New Zealand: Government Ministry of Social Development.

O'Connell,A.(2009). 'Financial Literacy in New Zealand,'Working Paper prepared for the New Zealand Government Capital Market Development Taskforce. Wellington, New Zealand: Capital Market Development Taskforce.

PricewaterhouseCoopers(2007). 'Financial Literacy Program Evaluation,'Working Paper prepared for the Retirement Commission.Wellington,New Zealand:PricewaterhouseCoopers.

Retirement Commission(2006). *ANZ-Retirement Commission 2006 Financial Knowledge Survey—Summary.*Wellington,New Zealand:Retirement Commission.

——(2007). *2007 Review of Retirement Income Policy.*Wellington,New Zealand:Retirement Commission.

——(2008). *National Strategy for Financial Literacy.*Wellington,New Zealand: Retirement Commission.

——(2009). *ANZ-Retirement Commission 2009 Financial Knowledge Survey—Summary.*Wellington,New Zealand: Retirement Commission.

Statistics New Zealand(2006). *2006 Census.*Wellington, New Zealand: Statistics New Zealand. http://www.stats.govt.nz/Census/2006CensusHomePage

——(2007). *New Zealand's 65+ Population: A Statistical Volume.*Wellington,New Zealand: Statistics New Zealand.

——(2009). *National Population Projections: 2009(Base)-2061.*Wellington,New Zealand: Statistics New Zealand.

——(2010). *New Zealand in Profile: 2010.*Wellington,New Zealand:Statistics New Zealand.

The Nielsen Company(2009a). 'Sorted User Survey 2009,'Working Paper prepared for the Retirement Commission.Wellington,New Zealand: The Nielsen Company.

——(2009b). 'Brand Awareness and Perceptions of Sorted November 2009,'Working Paper prepared for the Retirement Commission.Wellington,New Zealand:The Nielsen Company.

第14章 为中低收入国家带去金融知识和金融教育

Robert Holzmann

近十年来人们对金融知识的兴趣日益增加，同时公共和私人领域的措施也使得人们提高了对金融知识的关注度。虽然这些关注最早出现在高收入水平国家（high-income countries，HICs），但其热情已经开始扩散到世界上一些较为贫困的地区。世界各国共同关注的主题是，个人对金融问题的理解层次太浅，对个体和经济会产生负面影响。试想如果金融教育被视作关键干预手段，则可以减少知识欠缺并改善不良（投资）结果。一些富裕国家已经建立了一套综合的国家金融知识战略，许多国家也在考虑采取同样的做法。许多较贫穷的国家也想效仿，它们正在寻求指导和支持。虽然各国和主要国家行动者共同交流关于概念和实践方面的信息并在经验上取得了一定进展，但在向低收入国家和中等收入国家（LICs and MICs）提供有益指导方面的进展较慢。概念性的不确定性涉及金融的目标、定义和度量等方面；经验性的不确定性涉及金融教育的有效性及与其他改善结果的干预手段的比较。然而，想要（使金融教育）转变以适应低收入和中等收入国家的国情可远不是那么简单的。

这一章概述了目前由世界银行在俄罗斯联邦政府资助的信托基金运行下对低收入国家和中等收入国家实行金融知识和教育的项目（financial literacy and education，FLE）。这些活动的重点是制定衡量金融知识（实际是金融能力）和金融教育成效的方法和操作手段。它借鉴了经济合作与发展组织（OECD）成员国间并行开展的推广活动，这些国家同样受益于这个信托基金。这两个项目的结果都应有助于各国更好地设计国家战略和干预措施。

为推进世界银行主导的工作项目，我们从高收入国家的金融知识和教育经验中得出一些概念性的思考。接下来概述了将概念和方法迁移到低收入和中等收入环境时需要考虑的特殊情况。其后，我们阐释了对低收入国家和中等收入国家适用的方法和程序上的实现途径，即世界银行工作项目所关注的内容。最后我们给出结论。[①]

---

① 关于这种框架的要素，见 Microfinance Opportunities（2006，2009）、Kempson（2008）、Kempson and Atkinson（2009）、Mundy（2009）和 O'connell（2009）。

14.1 来自高收入国家的经验和教训

在过去的十年中，一些国家在金融知识和教育方面采取了一系列主要举措，在盎格鲁–撒克逊联盟中尤为明显，并且在经合组织领导下分享这一经验（的活动）取得了重大进展。在各国创办的专门机构中，如新西兰（1995年成立退休委员会）、英国（2000年成立金融服务局）、加拿大（2001年成立金融消费者管理局）、美国（2003年成立金融知识和教育委员会）、澳大利亚（2005年成立金融知识基金会）的专门机构中，都将金融知识问题提上议程，它们的网站上都提供大量国内和国际相关信息，包括那些正在进行的创新研究和工具。经合组织2003年创办的金融教育项目以人们知道多少这样一项国际评定开始，2005年则以股票持有在国际上的水平开始研究。另外，在2008年，经合组织成立了国际金融教育网络和国际金融教育门户网站，成为金融教育的国际信息交流中心。[①]

金融知识和金融教育相关的政策和学术研究的回顾提出了一些经验教训和问题，非常符合低收入国家和中等收入国家的情况。首先，金融知识的概念正在扩展。尤其是人们对金融知识及其理解的兴趣转移到了包括投资技能、能力、态度、行为等一系列领域中。为了更好地说明这个宽泛的概念，英国提出了金融能力的概念，其他国家也越来越多地使用这个概念。[②]这一变化对内容和相关定义很重要，因为它对如何定义和衡量目标以及如何改进这些目标的干预措施的选择具有重要意义。虽然如今人们一致认为这个更宽泛的概念是和原有概念相关的，但定义、衡量和影响它仍然是一个动态的目标。

我们脑中有关金融能力的概念会让我们认为有金融能力的个人应该表现出明智的金融行为，如安排预算和为养老进行储蓄。这要求我们从有知识转变到有技能，从有态度转变到有行动（Kempson，2008）。金融知识包括理解储蓄目的及储蓄工具；技能指的是制订储蓄计划的能力；态度涉及储蓄的意愿；行为上需要用存储的实际行动来证明。在这个概念中，信息和认知理解力是最终理想的金融行为的基础。这种基于信息的认知途径也是许多金融教育的基本概念，它也与采用课程参与（投入）来衡量对认知技能（中间产出）或实际行为（结果）的影响的学术研究相一致。然而，这种价值链可能不需要产生结果，但也不能始终以概念化方式运作。我们将在后面对后者进行更多讨论。

与引发金融能力的干预类型无关，问题仍然是如何最好地界定金融能力。我们因此采用了Kempson提出的对金融能力的有效定义（2008：3）："一个具有理财规划能力的人拥有知识、技能以及自信去把握金融机会，知道去哪里寻找帮助，做出理性的

---

① 有关活动和文件,请参阅经合组织网站:http://www.oecd.org.

② 本章将"金融知识"这一词汇和金融能力互换使用。

选择，并且能够做出有效行动提高他或她的金融福利，而以有利的金融能力建设环境将促进获得这些技能。"

为落实金融能力概念，金融储蓄局提出了英国国家金融能力调查中探讨的五个内容领域（FSA，2005，2006a，2006b，2006c）：注意动向、收支平衡、提前规划、选择产品、保持消息灵通。这种方法是通过焦点小组（focus group）和探索性研究自下而上地发展起来的，它是衡量金融能力、确定能力差距、目标群体的公认方法。在爱尔兰（2008）和加拿大（2010）这种方法已经在应用中进行了调整，其他各国也在考虑进行这一步。因此，它已成为衡量跨越时空的金融知识/能力的国际方法论的核心。

尽管内容看起来具有广泛的吸引力，但挑战在于将其转化为考虑国家和地区具体情况并据此改变问题和编码。在理想情况下，问题和分数对各国应该广泛适用，但有时也可能需要对问题或编码或两者同时进行调整。要做好这件事将需要大量的准备工作，并需要跨国协调来获得具有可比性的结果。

14.2　建立结果框架及测试

各国之间的密切交流有利于寻找解决关键问题的方法：为什么以及是什么，为了谁，怎么做。为了建立和实行这样一种跨国框架，需要：（a）明确国家战略和各个组成部分力求实现的目标；（b）明确提出有待测试的假设，以及推测拟议的干预措施（干预类型和传递模式）如何影响产出和结果；（c）为定量和定性模拟及评估提供一种方法。然而实际上，关键元素在这样的框架下总是缺失的。

加强对金融理解（知识/能力）的目标相对明确，从金融市场工具的供给增加和日益复杂，到个人在金融知识水平较低的背景下更好地兼顾自己的需要以及对个人和社会的影响（Orton，2007）。但是迄今为止还没有形成关于这个特定结果的一致共识。目标和提出的干预措施之间的联系也应该被实证分析从而检测基于前期工作和度量的假设。但实际上，定量评估常被当作探索潜在联系的手段。结果是，干预措施的"有效性"可能仅仅具有提示意义。[①]

还有一点，为提高金融知识而采取的（金融教育）干预措施的数量大幅增加，但对这些干预措施的严格监测和评价仍是例外且不规范的。影响评估往往是在事实指导之下完成的，而非限制结果质量和价值的总体干预设计的一部分。有许多原因解释为什么评估不被包括在干预措施之内，主要有项目赞助商缺乏理解、项目缺乏资金等。

14.3　金融教育、行为金融及影响结果的其他替代方案

近期的增加金融知识/能力的尝试提供了有限的经验证据，证明它们迄今为止非

---

① 有关讨论，请参阅 Ravallion（2008,2009）。

常有效。Atkinson（2008：5）的一项评述总结道："几乎没有有力的证据能显示金融培训的整体效果。"①这项总结对一些来自研究性培训和工作场所培训等不同类型的干预措施是有效的，在更贫穷的国家大多是围绕宏观金融项目展开的。缺乏证据的原因，包括选择的指标不当、数据问题和估计问题，对传递机制的类型和质量关注较少，缺少控制组，事后评估的主导优势地位及其他问题。在我们看来，这需要慎重对待，在获得更好的证据之前不能轻言放弃。事实上，需要进行更多、更严格的影响评估，这是整个项目设计的重要组成部分。

可能情况是金融教育对金融能力的作用很小，至少在提前计划方面的作用较小。例如，良好的金融知识教育能增加金融知识，如果和动手训练结合起来，能够提高金融技能——然而对金融态度甚至许多金融行为没有可度量的影响。②例如，可能会发生这样的情况，如果人们对金融机构缺乏信任或者他们有自己的文化标准，他们就会要求培训在金融教育之外进行。另外，即使金融高等教育可以克服态度问题和计划能力缺乏的问题，但仍有其他障碍。行为金融学文献提供了很多关于态度的认知偏差的例子，包括拖延、后悔和损失厌恶、心理账户和信息过载等行为。③这让许多作者质疑金融教育在提高金融能力中扮演的角色，并声称心理学而非单纯的知识更可能是理解人们实际行为的关键（例如，de Meza et al.，2008；Willis，2008）。Lusardi 和 Mitchell（2007）的研究是从另一个方向展开的，指出知识确实能够提高规划能力并积累财富。

事实上，如果金融教育是无效的，那么改善行为结果的干预措施的类型就需要改变。例如，干预措施可能会以行为金融学和心理学研究结果为指导，在某种程度上，这种情况已经发生了。美国企业和一些公共养老金计划中（新西兰和英国），缺乏规划和后续退休储蓄计划导致计划发起人更改了默认选择，利用惯性和维持现状的错误来克服行为缺陷。信息过载造成的选择困难可以通过减少选项来解决，例如减少养老基金可选择的数量。更进一步说，（金融）选择环境的设计可以调整以"推动"个人选择理想的行为，同时保持他们的决策自主权（Thaler and Sunstein，2008）。另外，更直接地来看，改变行为的方式也越来越多。据报道，在一些中欧国家，储蓄行为受到了"世界储蓄日"的积极影响，这与学校的信息宣传活动以及让同龄人把自己的小金库带到学校等活动形成的同行压力有关。其他直接影响金融态度和行为的努力包括"寓教于乐"的干预措施，如将这些行为信息通过电视剧、电视短片或者在街头演出来传播。然而至今很少对这些努力的影响进行严格评估。

---

① 见 Orton（2007）、Atkinson（2008）、Mundy（2009）、O'connell（2009）。

② 小额融资机会表明对知识和技能有可衡量的影响，尽管在玻利维亚和斯里兰卡很少有能观察到的结果，金融危机可能是对这一结果的合理解释。

③ Della Vigna 近期对心理学和经济学进行了出色的调查。

14.4　低收入国家和中等收入国家的金融知识

过去几年在低收入国家和中等收入国家也涌起了一股对金融知识的兴趣。从低收入国家发起金融知识倡议、举办会议和研讨会的国家数目、各国的具体倡议以及区域倡议都可以清楚地看出这一点。2008 年成立的为非洲融资工作的伙伴关系论坛重点关注金融能力；2009 年 9 月的阿克拉会议汇集了大多数来自非洲国家的约 200 名与会者，会议涉及金融能力和消费者保护问题。富裕程度较低的人群对国际金融知识的兴趣日益增强，可以认为他们有许多不同的动机，其中有三点值得注意：因金融能力水平较差而产生的担忧；因金融渠道较少而产生的担忧；认识到金融是创新和增长的关键要素。在这一部分，我们探索低收入国家和中等收入国家的特点，这些特点将作为衡量其金融知识水平和设计干预措施、提升金融知识水平的重要参考。

14.4.1　中低收入国家的定义及共同的相关特征

世界银行给低收入国家和中等收入国家的定义是通过它们获得世界银行集团的金融服务和人均国民收入（GNI）相结合来衡量的。低收入国家以人均国民收入小于 1 100 美元定义，这使得它们有资格获得国际开发署（世界银行集团的软贷款部门）的赠款和资助资金。中等收入国家的人均国民收入在 1 100～10 000 美元之间，可以按照国际复兴开发银行——IBRD（以市场为基础的贷款部门）的条款获得融资。诚然，这些限制有些武断，但它们大体上反映了资金需求和机会，如进入（或缺乏）国际资本市场的机会。五个相互关联的特征似乎与低收入国家尤其相关：获得的途径、贫困、农村、非正式性、风险管理。在低收入国家因人口众多，所以个体获得金融工具的机会非常有限。在众多低收入国家中，拥有账户的比例在 20% 左右或更低，而在高收入国家中这一比例在 80% 左右或更高，中等收入国家的这一比例在二者之间。这些数字可能夸大了个人层面的可得性，因为家庭也被考虑在统计中。以对比角度来看，我们很难区分理财能力和获得理财途径的能力，因为这两者是相互关联却又不同的。

就贫困问题而言，低收入国家不仅人均收入较低，而且人口中穷人的比例也很大，无论是绝对贫困（人均每日生活标准低于 1 美元或 2 美元）还是相对贫困（比方说，个人收入水平低于平均收入水平的 60%），其收入不平等程度通常都较高。绝对贫困引发特殊的行为，因为自身生存问题会刺激他们作出这种行为。观察到的行为似乎表明他们缺乏能力，即使不贫困，个人的行为也可能不同。这和在农村居住有关，因为低收入国家的人口生活在农村并处于人口稀少的地区，对金融机构和产品的接触有限。他们的现金需求较为有限，他们的资产主要是土地、牲畜、种子、黄金。他们的家族庞大，日常生活紧密联系。如果行为结果仅用金钱来衡量，这会让计划和储蓄行为产生特殊特征，那么这些功能可能会得不到充分的重视。

非正式性是指在低收入国家中有记录在案的工作形式，即正式就业的人（有劳动合同或者有执照，缴纳社会保险和所得税）仅限于人口中很小的一部分（通常为 10%

或者更低），而大多数人的社会角色身份都是自营工作者。结果是，为人口中的大部分管理资金和其他资源意味着为消费者和小微企业管理账目。此外，在低收入水平国家的居民面临着自然风险、安全风险、经济风险以及其他风险，获得正规风险管理工具（公共和私人）的途径有限。他们同样需要忍受不完善的金融市场和有限的社会转移计划。因此，短期天气保险和其他保险，如果有的话，将会大受欢迎。正是因为短期风险占据了主导地位，长期规划和（退休）储蓄往往显得不可行。结合这一背景，储蓄较少可能并不意味着缺乏金融能力甚至目光短浅或缺乏远见，这种做法可能是理性的。①

相反，中等收入国家可能同时具有低收入国家和高收入国家的特点。中等收入国家的一些人可能会表现出和低收入国家人口一样的特点和金融行为；而另一些则表现出和高收入国家人口一样的特征。撒哈拉以南的非洲主要由低收入国家组成，而在中欧、东欧和中亚（世界银行）区域，主要是中等收入国家，它们是经济转型后的新兴国家。在度量金融能力和设计干预措施时，这些也需要予以考虑。这些问题在一定程度上也存在于有少数民族和不同种族的高收入国家。

14.4.2　可能重要的特质特征

除了这些共同的特征，还有一些可能重要的特征，这些特征可能影响"为什么、怎么样、为谁、怎么做"这几点关乎金融知识计划的问题，尤其是在低收入国家。如下列出的可能并不详尽，但具有示范作用。

为什么和是什么。 低收入国家的金融知识目标的政策声明往往反映了中等收入国家和高收入国家的目标（或照搬了这些目标），这意味着金融知识应促进和增加获得金融服务的机会，即使它们只是最基本的（例如银行账户）。诚然，在这些国家还有另外两项也很重要：基本商业教育以及避免过度负债。

大多数低收入国家的个体是自营工作者，如之前提到过的，他们在进行财务管理时通常把自身具有的消费者和企业账户属性混为一谈，有时这对两者都有不利影响。因此，制订金融能力计划时常常要求加强基础商业教育。诚然，对这类消费者还有如何定义、度量以及如何将这些问题从金融能力中分离开的问题。在许多（但并非全部）低收入国家中，一个相关的压倒一切的问题是人口的主要子群体与正规和非正规放款人的债务水平问题。与高收入国家一样，这种负债与低水平的金融能力和贫困联系在一起，有时也可能反映很少探讨的文化问题。

为了谁。 如同一些国际性的金融知识（非能力）调查在低收入国家（和中等收入国家）中进行的那样，主要目标群体尚未确定。在能力调查中，性别可能需要特殊关注和对待，教育和其他干预项目也是一样。在一些地区和国家，性别差异对金融决策似乎很重要，例如当妇女被排除在重要的预算和计划决策之外，或者当妇女经营日常

---

① 参见 Holzmann 和 Jorgenson（2001）关于社会风险管理框架及其影响一书。

家庭生意并管理预防性储蓄预算时。

怎么做。金融能力调查和干预手段在低收入国家将需要考虑国家的具体情况来制定，同时还需要考虑内容和传递机制。例如，在许多国家汇款是家庭资源的主要运用方式。如果是这样，可能会影响金融能力的度量。类似的，有条件的现金转移对低收入国家和中等收入国家都具有重要意义，但也面临类似的挑战和机遇。一个有关的话题是，在低收入国家和中等收入国家中存在小额信贷机构，这些机构能够影响金融行为并提供金融教育。同样，移动电话正在成为一个提供金融渠道的主要工具，尤其对那些非常贫困的人来说。

文化差异。最后但同样重要的问题是，一些显著的文化因素可以解释储蓄行为并度量金融能力差异。例如，在大多数非洲国家，很难使可流动的资源远离大家族的需求。对于这类分享可用资源的请求，存在历史、经济和人类学解释（Platteau，1996），但这种做法导致流动性资产现金或账户持有量较低，以及对非流动资产的中长期需求的偏好。这不仅会影响金融能力度量，也意味着金融教育可能没有什么作用。

14.5　衡量金融能力、在低收入国家和中等收入国家干预措施的有效性：俄罗斯联邦信托基金支持的一个工作项目

在探讨了金融知识领域的发展之后，我们接下来谈谈世界银行管理的由俄罗斯联邦赞助的基于金融知识和金融教育的信托基金的工作项目。信托基金的起源与2006年俄罗斯八国集团轮值主席相关，2006年八国集团财政部长峰会上的声明（2006）和2006年在莫斯科举行的经合组织关于这一主题的会议上，广泛的国际参与同金融知识和教育作为一个重要议题进行介绍。这个主题和俄罗斯国内政策议程相近，人们的金融素养普遍过低，而金融素养又被认为对经济发展至关重要。一项俄罗斯与世界银行联名的关于金融知识和金融教育的联合项目正在筹备之中，大约在2010年展开。

俄罗斯政府官员在莫斯科会议上的讨论引出了信托基金应该协助进行的提议，并在峰会以声明形式发表。信托基金是2008年10月建立的。信托基金将资助建设经合组织和世界银行的个人工作项目，预计在3年的时间内投入总经费1 500万美元。这个工作项目的两个关键目标是：（a）为低收入国家和中等收入国家提供一项可操作的国别测试工具，使它们能够执行国家能力调查，提供可在时间和空间上比较的结果。（b）开发和测试一个工具包，以更好地评估金融教育和相关干预措施的有效性，提高金融能力。金融能力计划将分两个阶段进行测试：第一阶段将探讨8个国家试点的领域、问题和编码，最后提出问题草案。第二阶段将在同一国家和可能的其他国家开展问卷测试。预计进入最后阶段，成果和经验教训将转化为一项关于金融能力的业务调查工具，并作为一种公共物品提供。

金融评估教育项目由三个相互联系的组成部分构成：开发金融教育和相关干预的

M＆E工具箱；对特定国家干预项目进行影响评估的财政支持；为金融教育项目的综合影响评估提供资金。

要评估的特定程序将包括以下内容：

正规金融教育（一对一教育和课堂教育）：针对学童、在非正规经济部门工作的人或者一般的低收入消费者。

社会营销/寓教于乐：针对在非正规经济部门工作的人，一般的低收入消费者，包括重大生活事件所产生的机会，如新生儿的出生、家庭成员的死亡、与健康有关的问题等。

微型企业的金融教育：针对在非正规经济部门工作的人，家庭农场，或者代表低收入人口的其他子群体。

政府对人民通过转移支付提供的机会：有条件的现金转移（CCTs）；匹配规定缴费制（MDC）储蓄安排；其他政府对人民的转移支付。

为了更好地推广受资助试点的研究结果，所有项目都应衡量金融教育项目对丰富知识的影响；衡量金融教育项目对行为变化的影响；衡量行为变化改善决策和提高消费者金融福利的程度。每一个项目都需要评估执行机制以及金融教育方案的目标、结果和影响。采用过程评估和影响评估相结合的方法，包括定性研究（深度访谈、焦点小组或观察技术）和定量实验研究。

每项研究都必须确定因果关系和归属，并且必须能够尽可能地显示所观察到的结果是被评估的干预造成的。它还必须控制或以其他方式对观察到的结果以及可能决定结果异质性的未观测因素进行其他可能的解释。

14.6　结论

高收入国家对金融知识和教育活动表现出极大的关注和强烈的支持，为指导低收入和中等收入国家开展这类活动提供了丰富但不完整的材料。虽然在推动以金融知识为基础的概念转变为基于行为的概念方面取得了一定进步，但仍有许多事需要做。低收入国家和中等收入国家共同存在一些特殊之处，这些特点削弱了如何度量金融知识/能力以及如何提高金融知识/能力的概念间简单的可转换度。低收入国家的共同特征包括金融渠道狭窄、贫困程度高、农村性质人口、高度非正式性、特殊风险配置。特有特征包括信任问题、不同性别考虑的问题、不同国家的文化标准差异。中等收入国家因其人口的不同属性自然地拥有低收入国家和高收入国家的共性。这种复杂性要求调整金融能力的定义和度量方式，以及如何提供金融教育和相关计划。俄罗斯信托资助的世界银行活动应该着重提高对低收入国家和中等收入国家金融知识和教育工作的理解，并协助制订和实施有效的国家战略和计划。由于这是一个进行多年的工作方案，与国际研究界的互动对于参与这项工作以及提供反馈和指导至关重要。

参考文献

Atkinson,A.(2008).'Evidence of Impact:An Overview of Financial Education Evaluations,'Consumer Research No.68.London,UK:Financial Services Authority.

DellaVigna,S.(2009).'Psychology and Economics:Evidence from the Field,'*Journal of Economic Literature*,47(2):315 72.

De Meza,D.,B.Irlenbush,and D.Reyniers (2008).'Financial Capability:A Behavioural Economics Perspective,'Consumer Research No.69.London,UK:Financial Services Authority.

Financial Service Authority(FSA)(2005).'Measuring Financial Capability:An Exploratory Study,' Consumer Research Study No.37.London,UK:Financial Services Authority.

——(2006*a*).*Financial Capability in the UK:Establishing a Baseline*.London,UK:Financial Services Authority.http://www.fsa.gov.uk/pubs/other/fincap_baseline.pdf.

——(2006*b*).'Financial Capability Baseline Survey:Methodological Report,'Consumer Research Study No.47a.London,UK:Financial Services Authority.

——(2006*c*).'Financial Capability Baseline Survey:Questionnaire,'Consumer Research Study No.47b.London,UK:Financial Services Authority.

G8 Ministers of Finance (2006).'Pre-Summit Statement by G8 Finance Ministers,'St Petersburg, Russia,June 9.

Holzmann,R.and S.Jorgensen (2001).'Social Risk Management:A New Conceptual Framework for Social Protection,and Beyond,'*International Tax and Public Finance*,8(4):529 56.

Kempson,E.(2008).*Financial Education Fund:Fund Management Inception Report*.Paris,France:Financial Education Fund.http://www.oecd.org/dataoecd/0/41/42271820.pdf.

——A.Atkinson (2009).'Measuring Levels of Financial Literacy at an International Level,'OECD Working Paper.Paris,France:OECD.

Lusardi,A.and O.S.Mitchell (2007).'Baby Boomer Retirement Security:The Roles of Planning,Financial Literacy,and Housing Wealth,'*Journal of Monetary Economics*,54(1):205 24.

Microfinance Opportunities (2006).'Assessing the Outcomes of Financial Education,'Working Paper No.3.Washington,DC:Microfinance Opportunities.

——(2009).'Can Financial Education Change Behavior? Lessons from Bolivia and Sri Lanka,'Working Paper No.4.Washington,DC:Microfinance Opportunities.

Mundy,S.(2009).'Financial Education Programs in Schools:Analysis of Selected Current Programs and Literature:Draft Recommendations for Best Practices,'OECD Working Paper.Paris,France: OECD.

OECD (2005).*Improving Financial Literacy:Analysis of Issues and Policies*.Paris,France:OECD.

Orton,L.(2007).*Financial Literacy:Lessons from International Experience*.Ontario,Canada:Canadian Policy Research Network Research Report.http://cprn.org/documents/48647_EN.pdf.

O'Connell,A.(2009).'Evaluating the Effectiveness of Financial Education Programs,'OECD Working Paper.Paris,France:OECD.

Platteau,J.P.(1996).'Mutual Insurance as an Elusive Concept in Traditional Rural Societies,'*Journal of Development Studies*,23(4):461 90.

Ravallion,M.(2008).'Evaluation in the Practice of Development,'Policy Research Work Paper No.4547.Washington,DC:The World Bank.

——(2009).*Should the Randomistas Rule?* Berkley,CA:The Berkeley Electronic Press Economists Voice.http://www.bepress.com/cgi/viewcontent.cgi? article=1368&context=ev.

Thaler,R.and C.Sunstein (2008).*Nudge:Improving Decisions about Health*,Wealth and Happiness. New Haven,CT:Yale University Press.

Willis,L.E.(2008).'Against Financial Literacy Education,'*Iowa Law Review*,94:197 285.

第15章 提升金融知识水平：非营利组织的作用

J.Michael Collins

在美国，对低收入成年人的金融知识干预措施往往由非营利组织提供。这些干预措施包括金融教育项目、金融咨询服务以及旨在提高消费者金融能力的其他项目（Vitt et al.，2005）。非营利组织提供金融知识干预措施与营利组织提供财务规划服务以及公共部门组织的金融知识活动截然不同。在金融知识领域，非营利组织能够促使人们更好地理解旨在提升金融知识的公共政策和战略。本章回顾了非营利组织参与提供金融知识干预的原因，并简要介绍了该领域非营利组织的发展情况。接下来，我们试图利用税收记录确定非营利性金融知识行业的规模。然后本章继续研究非营利组织提供的金融知识干预的有效性，讨论这一领域的趋势，并总结对未来的影响。

15.1 金融知识、金融教育和金融咨询的定义

金融知识概念在消费者金融能力研究中越来越普遍。金融知识是一个常用术语，但并不准确。金融知识的概念借鉴了阅读素养领域，认为可以教授和衡量素养。但与阅读素养不同，衡量金融知识水平没有普遍认同的标准。总统金融知识顾问委员会（2009）将金融知识定义为"一生的理财福祉，是使用知识和技能有效管理金融资源的能力"。因此，金融知识不仅仅是对术语和定义的基本理解，因为委员会的定义凸显了能够将金融知识融入个人决策和行为的重要性。在本章中，金融知识被定义为一系列金融技能，能够制定决策、影响行为，并最终在整个生命周期中实现财务安全。

金融教育和金融咨询之间的区别并不总是很清楚。金融教育通常是指向参与者提供金融信息的集体研讨会或课程。金融咨询通常是指一对一的建议或咨询，一般是在即将做出决定或者是针对某个金融问题提供建议。但是，金融咨询活动可能包含很多金融教育的主题和材料，参与金融教育项目的人员可能会遇到教育工作者或其同行所提出的个人问题。电话和互联网服务的出现进一步模糊了金融教育和金融咨询之间的区别。由于金融教育和金融咨询在实践中有交叉，除非另有说明，本章对二者不做区别。

15.2　非营利组织提供金融知识服务

非营利组织与营利组织是不同的，因为它们一般不需为所有者和股东创造利润。但是"非营利"一词也可能造成一些混淆，因为非营利组织实际上可能会产生会计利润。非营利组织定义的特征在于利润不分配的原则。在美国，非营利组织由国家税务局（IRS）对税法的解释来定义（国家税务局，2008）。《国内税收法典》第501（c）（3）条列举了非营利慈善组织的免税地位。非营利组织与私人基金会不同，非营利组织不能使私人受惠。如果一个非营利组织从事某些交易，这些交易使得组织的重要责任人产生额外收益，那么IRS可能会征收消费税。除了禁止个人牟取超额利益外，非营利组织也受到其他限制，但并未被完全禁止参与政治活动。非营利组织帮扶的群众范围应该更广泛，不能局限于少数个人或家庭。教会和宗教组织的运作可能与《国内税收法典》第501（c）（3）条列举的组织类似，但没有正式确定税收地位，尽管其中一些组织可以基于税法形成其他团体以提供超出宗教职能的服务。

在一系列项目和政策背景下，已有大量文献研究了非营利组织在美国的作用。虽然本章暂不总结所有有关非营利组织的文献，但从过去的研究中获得的一些见解有助于理解为什么非营利组织致力于提升人们的金融知识。在广泛引用的研究中，Rose-Ackerman（1996）确定了非营利组织的三大经济职能。首先，非营利组织的管理者不需要为所有者或股东赚取利润。其次，由于非营利组织的经营者没有动机寻求利润，因此消费者可能会选择非营利性商品和服务，因为他们认为非营利组织很少有动机降低他们的服务。因此，在信息不对称而导致消费者不信任私营组织提供者的环境下，一个组织的非营利地位起到了质量信号的作用。最后，相对其他组织，非营利组织可以提供更多样的服务，因为非营利组织允许具有极端或不受欢迎的想法的个人在市场或政治经济压力之外发展和推进他们的想法或服务。在这种情况下，非营利组织可能会更好地满足那些私人组织服务不足的人的需求。

DiMaggio和Anheier（1990）从社会学角度考察非营利组织。作者回顾了非营利组织的历史发展，这些组织从镀金时代开始处理一些城市问题，同时也界定和保护了社会阶层的界限。随着时间的推移，非营利组织从与低层阶级合作的慈善机构发展成为执行通常属于政府职能范围的职能的组织。与Rose-Ackerman（1996）后来的观点类似，DiMaggio和Anheier（1990）观察到，非营利组织通过向没有中间选民代表的公众群体提供服务，为社会提供了多元化服务的途径。由于非营利组织存在于政府之外，因此他们可能有更大的愿望和能力来试点新的创新性政策干预措施。反过来，公共组织以后可能会采用在非营利组织实践中取得成功的项目和干预措施。

Weisbrod（1997）是长期研究非营利组织领域的学者，他探讨了非营利组织促进国内外公共项目和政策的发展。他的研究针对非营利组织问题提出了一些批评和挑战。随着非营利组织的发展，它越来越依赖公共资金、公司资助以及与项目有关的收入，而不再依赖慈善捐赠。这种从慈善捐助中转移出去的做法可能会影响消费者对非营利组织的看法，即非营利组织比营利团体更客观、更公正。非营利组织也越来越多地进入市场追求收益。进入新市场的非营利组织可能会损害已经参与这些市场的经济组织的利益。最后，缺乏市场或公共问责制可能会导致非营利组织干预公共组织和营利组织对社会需求的反应。

非营利组织参与金融知识领域反映在这篇文献中。首先，提供金融知识项目的非营利组织通常被认为对消费者的金融决策没有既得利益。与营利性金融机构不同，非营利组织不太可能从消费者改变金融决策中受益。非营利组织作为公正和客观的信息来源的机构，可以为消费者和捐助者充当质量信号，并可能促进公共组织的补贴。其次，非营利组织可能会为那些金融知识需求超出公共和营利组织提供的服务范围的消费者提供服务。在现实中，这个组织通常采取社区组织的形式，依据地理位置邻近或现有的社会关系，为低收入、少数民族或文化差异化的人群提供服务。这些努力可能会固化这样的看法：非营利组织的服务很容易获得，并且可能降低其他服务不足的人群获取服务的障碍。

15.3 非营利组织在提供金融知识干预方面的作用

非营利组织在所提供的服务及在经济中的地位方面高度异质。提供金融知识项目的非营利组织似乎包括一些特别多样化的组织。因此，对非营利组织的金融知识活动进行概括是不可行的。但是，即使是关于非营利领域的风格化事务及其参与提升金融知识的活动，也应该有助于理解非营利组织对这一领域的潜在贡献。从事提高金融知识水平的非营利组织，从志愿者举办教育讲习班的小型社区组织到提供专业人员的强化持续项目的大型多服务机构，范围很广泛。

很少有非营利组织明确为提供金融知识干预而建立；相反，大多数致力于提升提高金融知识水平的非营利机构是随着时间的推移而进入了这一领域。此外，该领域的许多非营利组织都与特定的资金来源和/或某种服务类型的组织相关联。例如，美国住房与城市发展部（HUD）的住房咨询项目已经存在了几十年，并且已经资助了超过 1 000 个提供与住房相关的金融教育或咨询的非营利组织（Herbert et al.，2008）。此外，美国卫生和人力服务部的独立资产（Assets for Independence，AFI）项目已经资助了近 300 家提供匹配储蓄账户的非营利组织，储蓄账户也称为个人发展账户（Individual Development Accounts，IDAs）。通过 AFI 项目管理 IDA 的大多数组织都提供甚至需要有某种程度的金融知识教育或咨询（社区服务办公室，2008）。为了提高消费者利用银行服务的能力，1977 年的《社区再投资法案》为金融机构提供了激励措施，为致力于加强消费者银行借贷素养的非营利组织提供财政支持。就为公共组织以外的团体提供支持的例子而言，国家信用咨询基金会自 20 世纪 50 年代以来为非营利性金融咨询机构提供了认证系统，部分目的是为各组织提供标准和凭证，也为金融机构和政策制定者提供了一个宣传的平台。然而，在每一种情况下，金融教育都与特定产品或行业相关联，而不是支持普通金融教育的发展。

在某些特定情况下，越来越多的政府政策强制推行金融教育和咨询服务。反过来，一般由非营利组织提供项目，满足政府制定的金融教育和咨询政策的要求。例如，根据2005年《防止破产滥用和消费者保护法》，个人必须接受金融咨询，然后才能向法院申请破产，并且在提交申请后参与金融教育。经批准的非营利组织必须提供这些金融咨询和教育服务。住房是政府在特定情况下强制进行金融咨询的另一个领域。在21世纪前十年的大部分时间里，政府资助的企业房利美和房地美，在批准按照某种指导原则的抵押贷款之前，需要进行金融咨询。房利美和房地美的住房咨询要求促进了提供金融咨询服务非营利组织的增加。

包括提供失业援助、粮食援助和家庭服务等的人力服务机构，也可以将金融教育或咨询纳入其项目。例如，在某些地区，与补充营养援助项目（以前称为食品券项目）签订合同的非营利教育机构的目标是帮助客户节省资金并提供更健康的食品，但也参与了预算编制工作。总体而言，提供金融知识服务以响应政府政策的非营利组织必须提供符合立法授权的金融教育和咨询服务。但他们的项目通常也涉及更宽泛的金融主题。

除了与具体任务或资金流相关的金融教育和咨询项目之外，一些非营利组织还参与提供更为全面的金融知识服务。这些项目通常以课堂或研讨会形式进行，目的是通过信贷、银行、税收和储蓄等各种主题增加参与者的金融知识。可以在各种环境和设置中提供服务，包括公共场所、工作场所和学校。通常，集体研讨会或讲习班关注特定的金融主题。面对面或通过电话一对一咨询，应针对严重危机或解决具体问题。

15.4 提供金融教育和咨询服务的成本

假设非营利组织提供金融教育和咨询服务的成本低于私人营利组织（由于取消利润率）或公共组织提供相同服务的成本（由于提高服务效率，包括更接近目标人群和使用捐赠的劳动力和材料）。但是，关于非营利、公立和营利组织提供服务成本的广泛实证文献对包括医疗保健和法律服务在内的一系列行业得出了不同的结果（Rose-Ackerman，1996）。虽然没有研究比较不同组织提供金融知识服务的成本，但整体分析的结果仍然是翔实的。很少有研究认为非营利组织提供的服务成本要低于营利组织，尽管一些研究表明非营利组织以相似的成本提供更高质量的服务。文献表明，在某些情况下，各组织之间在成本或质量方面不存在明显差异。然而，关于非营利组织收益的文献中，低成本并不是主要发现。现有的文献表明，非营利性金融教育和咨询项目可能不会比营利性和公共组织提供的服务便宜。

在可靠数据下估算非营利组织提供的金融知识服务的成本是一个有趣而难以获得的经验问题。虽然这方面的研究较少且尚未发表，但仍有少数研究试图量化各种金融教育和咨询项目的成本。由于这些研究倾向于采用不同的会计方法，所以在各研究之间比较研究结果具有挑战性（Dyllaand Caldwell-Tautges，2009；Gabrieland Todd，2010）。估算金融知识服务成本的一种方法是参考公共养老金系统使用的标准化成本计量系统（CEM Benchmarking Incorporated，2010）。根据 35 个国家养老金项目的结论，一对一咨询的成本中位数为 138 美元，2009 年集体研讨会咨询成本的中位数为每位客户 54 美元。这些数字与住房和信贷咨询行业的估算一致，与 HUD 住房咨询资金水平和这些基金服务的客户数量的估算也一致（Mayer et al.，2009）。

15.4.1 非营利组织提供金融知识服务的研究现状

很少有研究明确探究金融知识服务的非营利性提供者，本章确定的许多研究仅作为工作论文或报告出现，并未在同行评议的期刊上发表。Vitt 等人（2000）的一份广泛报告描述了在 21 世纪初运行的 80 多个金融教育项目。此报告主要基于案例研究，展示了现有金融教育活动的广度。该报告描述了一系列机构，包括人力服务机构、住房组织、非营利性信用合作社和教会组织。他们确定的 21 个以社区为基础提供金融知识服务的组织中，大多数是 1998 年以后成立的，地方政府或公私合作组织建立了许多这样的组织。Vitt 等人注意到这些举措通常是在复杂的合作伙伴联盟下组织的，而他们确定的大约 1/3 的群体都集中在房屋所有权教育上。根据关于非营利组织在经济中的作用的理论，许多组织在其报告中为有特殊需求的人群提供服务。典型的组织为每个客户提供了 9~12 小时的教育服务，尽管有些项目时间可能更加密集。与整个金融教育和咨询领域相比，由于报告中包含的房屋所有权项目比例很高，该报告中的项目可能会提供相对更长和更密集的服务。房屋所有权项目通常包括多天或数周兑现的多次会议。Vitt 等人还介绍了经常使用非专业志愿者或公益专业人士作为项目指导员或演讲嘉宾的情况。这些志愿者或专业人士中的一些人可能对客户决策有既得利益。例如，银行家和房地产经纪人可能是融资买房的专家，但他们也可能有激励特定的服务和服务提供商的动机。

关于非营利性金融知识服务的其余大部分研究，主要集中在金融教育或咨询项目的特定方面。例如，Herbert 等人（2008）关于住房咨询的论文，跟踪了 HUD 认证的住房咨询非营利组织。作者估计，2007 年有 170 万人通过 1 800 个 HUD 认证的非营利组织获得了住房教育和咨询。作者对这些组织的样本进行了调查，发现 HUD 资金是这些组织中最大的收入来源。该调查还显示，约 3/4 的 HUD 认证的非营利性咨询机构的雇员人数在 50 人以下，每年服务的客户不足 1 000 人。77% 的 HUD 认证的住房咨询机构报告提供金融知识教育。

如前所述，通过 AFI 项目管理 IDA 的大多数组织提供甚至需要有某种程度的金融教育或咨询。一项研究发现，大部分获得 AFI 资助的非营利组织（79%）提供一般金融知识服务（社区服务办公室，2008）。对 91 个 AFI 资助的项目进行的调查记录了组织报道的特定的金融主题。预算和信用管理是这些组织最常见的主题，其次是储蓄和银行业务。值得注意的是，AFI资助的项目所涵盖的主题不仅仅局限于信息和定义。该方案还涵盖了态度、目标，甚至价值观。事实上，更多的组织涉及金融价值和目标（86%），而不是房屋所有权（66%）或退休计划（37%）。典型的AFI资助的项目提供5~12小时的金融教育，并且80%的组织还提供金融咨询。

15.5 非营利性金融教育和咨询提供者的发展趋势

为了界定非营利性金融知识服务提供者，我们可以综合IRS的管理数据与提供非营利组织信息的GuideStar的数据。GuideStar与国家慈善统计中心合作，直接从IRS接收税务表格图像，然后在线发布。收入超过5 000美元的公共慈善机构每年必须向联邦税务局提交990表格或990-EZ表格。无论收入如何，每个私募基金会都必须向联邦税务局提交990-PF表格。表格的数据都会被数字化，以供搜索和下载。除了提供财务信息之外，每个组织还使用全国免税团体分类标准核心代码法（NTEE-CC）列出其免税目的或其四大项目的使命。这个分级体系将组织活动分为十个主要类别和几十个子类别。通过搜索每个组织的名称，就可以得到其业务介绍、财务报表评论、项目说明以及NTEE-CC代码。

一般来说，联邦税务局的表格和数据是准确可靠的（Froelich et al., 2000）。由于非营利组织会计年度的日期不同，联邦税务局表格的申请日期各不相同。如果组织规模扩大，那么它可以推迟6个月提交表格，并且可能会花费GuideStar长达6个月的时间来对联邦税务局数据进行数字化处理。因此，可能存在长达两年的数据滞后。我们的分析利用了2007年6月—2009年5月的税务记录。数据不包括不需要向联邦税务局报告的小型组织（年收入低于5 000美元），以及年收入低于25 000美元的缺乏充分的财务和计划信息的组织。GuideStar数据库提供的宗教团体信息很少，因为它们无论大小，都不需要向联邦税务局申报。但是，一些宗教组织自愿选择向联邦税务局申报，并可能在数据中有体现。其他挑战源于NTEE-CC代码可能过于宽泛，以及有很多程序化活动的组织可能没有列出与其次级活动相关的代码。

本章分析中的数据是使用这些关键词下载的，包括"金融知识"、"金融教育"、"金融咨询"、"信用咨询"和"住房咨询"。这样设计关键词是为了识别常见的描述性短语（例如"金融知识"），以便从事金融知识服务的组织全部被标记。我们从GuideStar数据库中的190万个免税组织中搜索并确定了2 218个独立组织；相比之下，用"贫困"和"健康"分别搜索出了6 056和124 752个结果。如果某个组织有多个记录可用，则只保留最近纳税年度的记录。

表15-1报告了2 218个组织的最高分组级别的NTEE-CC代码。数据集中3/4（74%）的组织被归类为人力服务机构。在提取的数据集中，教育和公益项目仅占组织总数的16%。剩余的大部分组织都是未编码或与健康有关的团体。

表15-1　按NTEE-CC代码从GuideStar数据库提取的免税组织（2007—2009）

NTEE-CCa	组织数量	占比（%）
艺术、文化、人文科学	24	1.1
教育	162	7.6
环境	3	0.1
健康	54	2.5
人类服务	1 570	73.8
国际事务	7	0.3
社会公益	188	8.8
宗教相关	22	1.0
未加分类	3	0.1
未知的	95	4.5
总计	2 128	100.0

ª全国免税团体分类标准核心代码

资料来源：作者计算得到；见本文。

　　表15-2列出了每个组织主要项目活动的项目类别代码。表中只列出了10种最常被引用的代码，不太常见的代码被汇总到"其他"类别中。40%的组织将"金融咨询/资金管理"列为项目活动。组织可以决定是否列出某个代码。具有多个活动的组织可能不会列出每个项目代码。在检查其余60%的项目代码时，这种情况很明显。在未编码的"金融咨询/资金管理"中，1 281个组织中很多都列出了人力服务代码（482个组织，占总数的23%，占未列为"金融咨询/资金管理"组织的38%）。"其他"类别涵盖2 128个组织中的486个（23%）。这一发现表明，在金融知识搜索条件下搜索到的组织正在参与广泛的项目活动。虽然人们可能会预测"金融咨询/资金管理"编码将涵盖整个金融教育和咨询领域，但单凭这些编码无法涵盖所有包括金融知识服务的业务介绍或项目说明的组织。最终，NTEE-CC代码本身不足以反映非营利组织提供的金融知识服务的程度，因为大约60%的组织不属于"金融咨询/资金管理"的范畴。

表 15-2   按项目类别在 GuideStar 记录中提取出的免税组织

（最活跃的前 10 个，2007—2009）

主要项目类别代码	个数	占比
金融资讯/资金管理	847	39.8
住房开发	97	4.6
人类服务：多元化	35	1.6
社区/邻里发展	40	1.9
人类服务：其他	482	22.7
教育：其他	32	1.5
住房：其他	31	1.5
住房重建	25	1.2
无房	28	1.3
家庭服务	25	1.2
其他	486	22.8
总计	2 128	100.0

注：根据全国免税团体分类标准核心代码进行项目分类。

资料来源：作者计算得到；见本文。

表 15-3 列出了提取组织的税收状况。根据《国内税收法典》第 501（c）（3）条，几乎所有组织（94%）都是公共慈善机构。3% 的组织或者仅有 71 个团体是私人非营运基金会，但这些基金会向其他慈善组织捐款。只有 20 个组织（1%）是私人运营基金会，这些基金会资助内部慈善项目，而不是提供捐款。数据集中只有少数其他合法形式的组织可以被识别。因此，被认定为金融知识服务提供者的大多数非营利组织都是狭义的法律意义上的慈善组织，而不是其他形式的非营利组织。

最后，表 15-4 报告了按 NTEE-CC 代码分类的组织的财务数据。数据包括总收入中位数、总费用中位数、收入占费用比例以及管理费用占总费用的比率。注意，在最初确定的 2 128 个组织（67%）中仅有 1 426 个组织数据可用。这意味着其余组织未能达到 25 000 美元的报告门槛并选择不报告详细费用。11 个项目代码中的 8 个费用中位数超过了收入中位数。在全部 1 426 个组织中，收入费用率为 82%，而属于金融咨询/资金管理项目代码的组织的收入费用率低至 44%。项目代码中的管理费用率占 10%~21%。就收入费用率而言，住房重建、社区发展和人力服务机构是最大的团体。金融咨询/资金管理组织的收入费用率相对较低，如前所述，具有此项目代码的组织的收入费用率最小（44%）。还要注意，在表 15-2 中的金融咨询/资金管理项目代码的 847 家（47%）组织中，只有 394 家报告了联邦税务局 990 表格中的财务数据。事实上，只有 47% 的这些组织达到了报告他们财务数据的最低门槛（每年总收入 25 000 美元），这表明 GuideStar 数据库中的许多金融咨询/资金管理组织都是小型法人团体，没有重大活动。

表 15-3 　　　　　　　　按照联邦税务局税收状况从 GuideStar 数据库提取的
金融知识服务提供者（2007—2009）

税收状况	个数	占比
501（c）（14）信用社	7	0.3
501（c）（19）战后退伍军人的职位或组织	2	0.1
501（c）（3）私人非营运基金会	71	3.3
501（c）（3）私人运营基金会	20	0.9
501（c）（3）公共慈善	1 990	93.5
501（c）（4）公民联盟和社会福利组织	25	1.2
501（c）（6）商业联盟等	11	0.5
501（c）（7）社交和娱乐俱乐部	1	0.1
501（c）（9）员工协会	1	0.1
总计	2 128	100.0

资料来源：作者计算得到；见本文。

表 15-4 　　　　　　按组织类别在 GuideStar 数据库记录提取金融知识提供者的收入、
费用的中位数美元值和管理费用占总费用比率（2007—2009）

项目代码	收入（$）	费用（$）	收入费用率（%）	管理费用率（%）	报告个数
金融咨询/财务管理	260 913	594 480	44	17	394
住房开发	1 433 816	1 168 027	123	16	91
人类服务：多元化	893 748	938 600	95	14	24
社区/邻里发展	1 787 428	1 569 170	114	17	35
人类服务：其他	1 102 373	1 251 253	88	15	411
教育：其他	255 450	281 096	91	10	17
住房：其他	591 464	599 135	99	16	28
住房重建	1 431 309	1 834 142	78	14	23
无房	665 780	678 046	98	15	28
家庭服务	528 852	486 380	109	21	24
其他	602 830	685 182	88	17	351
所有代码（中位数）	699 699	855 583	82	16	1 426

注：数据中 702 个组织没有报告选定的财务变量。

资料来源：作者计算得到；见本文。

由于用于提取数据的方法，与提交联邦税务局的表格和在线发布时间以及联邦税务局报告要求的性质相关的时间滞后，所以在解释这些发现时必须谨慎。总的模式似乎表明，专注于金融咨询/资金管理的组织所拥有的资源要少于将金融教育或咨询作为次要活动的组织。同样，金融咨询/资金管理组织的收入似乎也低于大多数其他项目代码下的组织。这一发现可能反映了这一领域相对较新的事实，也可能表明缺乏可持续的资源。

15.6 关于非营利组织提供的金融教育和金融咨询影响的研究

关于金融教育和咨询影响的文献越来越多，其中大多数都以非营利机构运营的项目为中心。例如，Zhan等人（2006）分析了与伊利诺伊州低收入人群金融链接项目相关的10家非营利机构运营的金融教育项目。这些网站为收入低于贫困线200%的个人提供了12小时的金融教育。参与者在事后调查问卷中完成了48个判断和多项选择题。这些问题涵盖了作者认为对低收入个人十分重要的五个领域：掠夺性贷款、公共福利和工作相关福利、储蓄和投资、银行业务以及信贷使用和信贷利率。参与者的金融知识得分增加了20%，平均得分为74，边际增长超过了1/3。然而，这项研究没有对照组，对照组能提高结论的准确性。

另一个的例证是Sanders等人对两个受虐待女性庇护所的金融教育项目的评估（2007）。在两个类似的庇护所中的女性在人数上差不多，可以作为一对实验组和对照组。金融教育项目包括4个为期3小时的部分，该金融教育的关注点是金钱和权力、制订生活开支计划、建立和修复信贷信誉，以及银行和投资。并在培训之前和培训完成后各用一个35题的问卷来衡量金融知识和态度的变化。对照组的平均评分从实验前到实验后没有变化，实验组的平均评分增加了5分（边际上）。虽然使用对照组的相对于缺乏对照组的研究有所改进，但这项研究凸显了该领域评估的另一个常见问题——样本损耗。只有57%的女性完成了培训后测试。另外，那些完成培训后测试的人和中途退出培训的人，她们的培训前测试分数就有明显差异。

Clancy等人（2001）利用一个准实验暴露模型去分析了美国梦政策示范项目中的14个非营利组织。资助项目提供了IDA，IDA是对低收入家庭提供补贴的储蓄账户。金融教育所需的小时数在不同的网站上有所不同，这使得作者可以估计每增加一小时的金融教育对参与者的存款频率和平均每月净存款的影响。这两项数据从参加项目3年以上的存款机构中获得的。从0到6小时，每增加1小时的金融教育，每月净存款增加1.24美元，从7~12小时，每增加1小时的金融教育，每月净存款增加0.54美元，在12小时以后，每月净存款出现减少和不合逻辑的情况。从0~12小时，每增加1小时的金融教育，边际存款频率增加2%。然而，寻求更多金融教育的参与者可能更有动力追求成功并且更可能成功，因此这些估计可能夸大了金融教育的因果效应。

Elliehausen等人（2007）使用准实验设计方法评估非营利性信用咨询。5家非营利组织提供面对面或电话咨询。所有的客户都参加了最初的60~90分钟的咨询会，还有些客户参加了不止一个咨询会。对照组由相同地区具有相似信用状况的未咨询借款人组成。虽然初步分析表明信用咨询导致信用评分显著提高，但在控制选择效应后，估计效应急剧下降。在低信用评分的咨询借款人中，信用评分比对照组增加不到1%。该评估设计不仅说明研究人员可以利用信用数据评估影响非营利项目相关的结果，还强调了在尝试对选择过程建模时需要一个非常大的样本。

距现在更近的一次实验中，Carswell（2009）调查了1 720名曾参与费城非营利性预购房屋咨询的抵押贷款借款人。由于该调查在咨询后5年进行，所以该调查值得关注。鉴于随访期漫长，24%的答复率（405个答复）很低，但结果仍然相当显著。超过72%的受访者表示他们没有支付抵押贷款的难度，85%的受访者表示他们将按揭付款优先于其他账单，64%的受访者表示他们自成为房主以来做出了财务牺牲。由于26个咨询机构参与了评估，Carswell分析了代理机构的特征是否与结果指标相关。然而，这部分分析并没有产生统计意义上的显著性结果，除了一些证据表明有更多财务问题的借款人参加了更多的金融服务，这与选择效应一致。

转向购买后住房所有权咨询，Collins（2007）分析了违约抵押贷款借款人的非营利性金融咨询。该数据包括299名接受面对面咨询和/或电话咨询的客户。作者查询了公共记录，在咨询后6~8个月确定抵押贷款的结果。由于咨询小时数可能是贷款结果的内生因素，因此作者使用城市用于促进每个地区咨询的营销材料的数量构建工具变量。该变量被证明与咨询小时数相关，但与个人止赎不相关。分析表明金融咨询减少了负面止赎结果的可能性。

Hirad和Zorn（2002）对非营利性金融咨询/教育服务的提供与其他服务的提供进行了明确比较，该研究评估了购房前住房所有权咨询对90天按揭贷款违约率的影响。数据允许他们将非随机比较组与参与四种不同咨询模式的个人进行比较：面对面咨询、教室咨询、家庭学习和电话咨询。面对面咨询降低34%的违约率，而教室和家庭咨询则分别降低26%和21%的违约率。非营利性金融教育/咨询对90天按揭贷款违约率甚至有更大的影响。但进一步的分析表明，这种关系是提供方式的结果。例如，贷方、公共机构或非营利组织提供的课堂教育会产生相似的效果，无论哪种类型的机构提供该种类的服务都会产生类似结果。当对选择效应进行建模时，只有课堂教育与违约率下降有关，对提供者类型没有影响。

总而言之，非营利项目有效性的证据并不健全。当前的咨询模式有可能在这样的危机时刻（例如止赎）被广泛运用，以至于它们不能显著地影响行为。同样，教育模型可能太浅显，缺乏实践和后续跟进的机会。缺乏可靠的结果也可能归因于评估设计中的问题。最重要的是，由于缺乏随机分配，现有的研究往往受到选择效应的影响。寻求和完成金融教育或咨询可能是内生的，并且以不可观测的方式进行结果测量。Meier和Sprenger（2008）的研究在这方面具有重要的参考价值。作者在税务准备现场提供了一个短期的信用教育研讨会。在时间偏好调查的基础上，偏好未来的个人也最有可能同意参加研讨会。作者的结论是，如果"金融知识干预措施的效应不依赖于随机化，那么他们观察到的教育效应很可能被高估"（Meier and Sprenger，2008：4）。

前面讨论的研究结果与最有动机的消费者会参与金融知识项目的观点是一致的。相对于非参与者，无论是否干预，这些消费者是最有可能发生知识增益和行为变化的。鉴于很少有研究使用随机实验，许多评估似乎高估了项目的影响。此外，依赖于自我报告的结果引起了对反应偏离的关注，在反应偏离中参与者选择了理想的调查答案。由于许多研究依赖服务点收集的自我报告，服务提供商可以或多或少地误导受访者选择特定的调查答案，这也会得到向上选择偏差结果。

在非营利组织是研究金融知识服务效果的背景下，后续随访时间的长度是很重要的。短暂的随访时间允许研究人员捕捉到即时的效果，但它们阻碍了研究者捕捉更多永久性效果的能力。然而，较长的随访期会加剧样本损耗的问题，因为访问到的最初参与者会更少。较长的随访期会带来更高的成本，原因可能是非营利组织相比营利性和公共部门面临更大的负担。非营利组织通常具有较高的员工流动率，这可能妨碍回访客户，甚至扰乱项目实施。任何有两个或多个数据收集点的项目都需要客户的合作，跟进不愿合作的客户，并在某些情况下，激励（抑制）客户的依从性（不合作），以尽量减少样本损耗。

最后考虑，当非营利组织提供财务信息或建议时，预计消费者行为发生变化的程度。一些竞争因素甚至可能会阻碍知识型消费者做出最佳的金融决策。有几个例子，其中金融教育是一个更大项目的组成部分，这个大项目包括购房者教育和配套储蓄倡议。在这样的项目中，财务信息从概念上增强了初级干预的有效性。另外，可以创建辅助项目作为金融教育的补充，并提高消费者对新获得的信息采取行动的能力。例如，如果缺乏自我控制能力阻碍消费者改变他们的行为，一个好的金融咨询师可以帮助客户设定和监控目标。提供直接补充金融教育的服务可能比单独提供金融教育更有效。

15.7 领先项目的组成部分

随着该领域的发展和成熟，更好的实践将更准确地把内容与不同类型的学习者匹配，同时可以找到学习者更能接受的授课模式。不幸的是，现有研究没有清楚记录不同内容领域的相对效果。与社区教育工作者进行讨论以及对广泛开设的课程进行审查表明，非营利性金融教育和咨询项目倾向于涵盖一系列关键的金融主题。目前，非营利组织倾向于关注广泛的概念和经验法则，而不是具体的金融战略。内容不是严格基于知识，而是侧重于本身形成的金融态度，并着眼于预防或改善负面金融行为。现有项目强调的领域包括：（a）制定目标，帮助人们控制其金融决策；（b）估计预算，严格监测支出促进积蓄和偿还债务；（c）管理信贷，包括矫正过去的问题和重新整合现有的债务；（d）获取金融服务，包括开立交易和储蓄账户并利用它们，以及借款；（e）所得税准备，其中包括使用退税策略以及如何利用税收规定；（f）为未来储蓄，包括最大限度地获得退休和其他福利以及有针对性的储蓄产品。大多数但不是所有的项目都涵盖这些主题。一些非营利项目开始涉及诸如投资、保险、残疾理赔以及低收入成年人感兴趣的其他主题等，但大多数仍然侧重于基本预算、信贷和储蓄。这些内容与私人理财规划师所涉及的问题和主题截然不同。诸如风险容忍度、投资组合配置和遗产规划等问题似乎更有可能由私人提供者处理。虽然这些组织可能会随着时间的推移而发生变化，但金融知识服务的营利性和非营利性提供者似乎并不存在高度的重叠或竞争。

直接和间接的证据都表明，金融知识项目正在吸引具有特定风险和动机的人进入具有特定模式和持续时间的金融教育和咨询服务中去（Meier and Sp renger，2008）。例如，能够参加长时间面对面服务去应对逻辑挑战的客户更可能被高度激励去改变行为。相比之下，被授权参加基于网络的研讨会的客户可能对持续改变行为缺乏兴趣。虽然一些从业者可能渴望与能够被高度激励的客户合作，但委托客户有一系列激励级别，并且将包括那些难以或甚至不可能改变的个人。非营利项目将能够更好地调整它们的推广项目和服务，因为选择效应可以更好地被解读。通过回顾参加每种服务类型的客户的特点，该项目将更好地为客户提供相应的服务。

15.8 结论

本章首先回答有关非营利组织在经济中的作用以及非营利组织参与金融知识服务规模的问题。尽管这方面的研究很少，但我们借鉴相关非营利组织的分析，认为非营利组织不太可能有误导消费者的动机，非营利组织可以满足公共项目和私人市场服务不足的人群的需求。我们对联邦税务局数据的分析表明，美国约有 2 100 家非营利组织提供金融知识服务。其中约2/3的组织非常活跃，它们必须向联邦税务局报告他们的收入和费用。可以看出，专注于金融咨询/资金管理的组织比将金融知识服务作为次级业务的多元化组织更小且成本上无优势。

我们的观察没有提供足够证据表明非营利组织提供的金融教育和咨询服务对其金融行为有强烈的影响。但是，鉴于许多项目的规模和影响力，很少有非营利组织参与大规模项目评估应该不足为奇。现有的研究受到选择偏差、缺乏纵向数据和样本损耗的影响。特别是使用准实验方法发现项目提供者类型对金融行为的影响不大。然而，即使在非营利组织中，随机等待或其他创新研究设计也可以让研究人员确定对照组，对照组中客户愿意接受服务。使用管理或机构数据可以缓解后续客户合作的问题。因此，非营利项目可以在未来进行更仔细的设计并实施评估。如果目标是促进行为改变，则可能需要更有针对性的干预措施，包括正在进行的咨询、财务指导或点对点服务。

2009 年，美国财政部社区发展金融机构基金启动了金融教育和咨询试点项目。这是联邦政府一项新的举措，向为未来的购房者提供金融知识服务的非营利组织提供捐款。明确关注非营利组织和金融知识项目与继续利用这一组织进行金融教育和咨询是一致的。联邦补贴的不断增加将有助于这一领域逐步扩大。

参考文献

Carswell, A.T. (2009). 'Does Housing Counseling Change Consumer Financial Behaviors? Evidence from Philadelphia,' *Journal of Family and Economic Issues*, 30(4): 339–56.

CEM Benchmarking Incorporated (2010). *Wisconsin DETF: Defined Benefit Administration Benchmarking Analysis FY 2009*. Toronto, Canada: CEM Benchmarking Incorporated.

Clancy, M., M. Grinstein-Weiss, and M. Schreiner (2001). 'Financial Education and Savings Outcomes in Individual Development Accounts,' Working Paper No. 01–2. St Louis, MO: Center for Social Development, Washington University.

Collins, J.M. (2007). 'Exploring the Design of Financial Counseling for Mortgage Borrowers in Default,' *Journal of Family and Economic Issues*, 28(2): 207–26.

DiMaggio, P.J. and H.K. Anheier (1990). 'The Sociology of Nonprofit Organizations and Sectors,' *Annual Review of Sociology*, 16(1): 137–59.

Dylla, D. and D. Caldwell-Tautges (2009). *Managing Foreclosure Counseling Caseloads and Costs*. Washington, DC: Freddie Mac.

Elliehausen, G., E.C. Lundquist, and M.E. Staten (2007). 'The Impact of Credit Counseling on Subsequent Borrower Behavior,' *The Journal of Consumer Affairs*, 41(1): 1–28.

Froelich, K.A., T.W. Knoepfle, and T.H. Pollak (2000). 'Financial Measures in Nonprofit Organization Research: Comparing IRS 990 Return and Audited Financial Statement Data,' *Nonprofit and Voluntary Sector Quarterly*, 29(2): 232–54.

Gabriel, L.T. and R.M. Todd (2010). *Minnesota Home Ownership Center Case Study Illuminates Costs of Foreclosure Counseling*. Minneapolis, MN: Federal Reserve Bank of Minneapolis. http://www.minneapolisfed.org/publications_papers/pub_display.cfm?id=4398.

Herbert, C.E., J. Turnham, and C.N. Rodgers (2008). *The State of the Housing Counseling Industry: 2008 Report*. Cambridge, MA: Abt Associates.

Hirad, A. and P. Zorn (2002). 'Pre-Purchase Homeownership Counseling: A Little Knowledge is a Good Thing,' in N.P. Retsinas and E.S. Belsky, eds, *Low-Income Homeownership: Examining the Unexamined Goal*. Washington, DC: Brookings Institution, pp. 146–74.

Internal Revenue Service (2008). *Publication 557: Tax-Exempt Status for Your Organization*. Washington, DC: Department of the Treasury.

Mayer, N.S., P.A. Tatian, K. Temkin, and C.A. Calhoun (2009). *National Foreclosure Mitigation Counseling Program Evaluation: Preliminary Analysis of Program Effects*. Washington, DC: The Urban Institute.

Meier, S. and C. Sprenger (2008). 'Discounting Financial Literacy: Time Preferences and Participation in Financial Education Programs,' IZA Discussion Paper. Bonn, Germany: Institute for the Study of Labor.

Office of Community Services (2008). *Report to Congress: Assets for Independence Program, Status at the Conclusion of the Eighth Year*. Washington, DC: Administration for Children and Families, US Department of Health and Human Services.

President's Advisory Council on Financial Literacy (2009). *2008 Annual Report to the President*. Washington: DC: The Department of the Treasury.

Rose-Ackerman, S. (1996). 'Altruism, Nonprofits, and Economic Theory,' *Journal of Economic Literature*, 34(2): 701–28.

Sanders, C.K., T.L. Weaver, and M. Schnabel (2007). 'Economic Education for Battered Women,' *Affilia*, 22(3): 240–54.

Vitt, L.A., C. Anderson, J. Kent, D.M. Lyter, J.K. Siegenthaler, and J. Ward (2000). *Personal Finance* and the Rush to Competence: Financial Literacy Education in the US. Middleburg, VA: Institute for Socio-Financial Studies.http://www.isfs.org/documents-pdfs/rep-finliteracy.pdf

——G.M.Reichbach, J.L.Kent, and J.K.Siegenthaler (2005). *Goodbye to Complacency: Financial Literacy Education in the US 2000-2005.* Middleburg, VA: Institute for Socio-Financial Studies. http://www.isfs.org/documents-pdfs/Goodbyeto-Complacency-nocover.pdf.

Weisbrod, B.A. (1997). 'The Future of the Nonprofit Sector: Its Entwining with Private Enterprise and Government,' *Journal of Policy Analysis and Management*, 16(4):541-55.

Zhan, M., S.G.Anderson, and J.Scott (2006). 'Financial Knowledge of the Low-Income Population: Effects of a Financial Education Program,' *Journal of Sociology & Social Welfare*, 33:53-74.